हिंदू
देवी-देवता

हिंदू देवी-देवता

पं. के.के. त्रिपाठी

सत्साहित्य प्रकाशन, दिल्ली

प्रकाशक : सत्साहित्य प्रकाशन, 205-बी चावड़ी बाजार, दिल्ली-110006
 / संस्करण : 2018 / मूल्य : पाँच सौ रुपए
मुद्रक : नरुला प्रिंटर्स, दिल्ली ISBN 978-81-7721-127-6

HINDU DEVI-DEVTA (Hindu Gods & Godessess)
by Pt. K.K. Tripathi ₹ 500.00
Published by Satsahitya Prakashan, 205-B Chawri Bazar, Delhi-110006

अपनी बात

हिंदू धर्म में देवी-देवताओं का समान रूप से पूजन-अर्चन होता है। जिस प्रकार ब्रह्मा, विष्णु और महेश तीन सर्वोच्च देवता हैं, उसी प्रकार सरस्वती, लक्ष्मी और दुर्गा या पार्वती की गणना सर्वोच्च देवियों में होती है। इन्हें तीनों देवगण की शक्ति भी कहा जाता है।

हिंदू धर्म में सरस्वती को शिक्षा, ज्ञान, विवेक और बुद्धि की दात्री देवी कहा गया है, इसलिए इन गुणों की प्राप्ति के लिए विशेष रूप से सरस्वती देवी की पूजा की जाती है। इसी प्रकार लक्ष्मी को धन-धान्य, संपन्नता और वैभव की दात्री देवी कहा गया है। दुर्गा हर तरह की दुर्गति का नाश करनेवाली शक्ति की देवी कही गई हैं।

हिंदू धर्मग्रंथों में दुर्गा देवी को सर्वोच्च स्थान दिया गया है। देश-विदेश में उनके विभिन्न रूपों की पूरी श्रद्धा और भक्ति के साथ आराधना की जाती है। धर्मग्रंथों में यह भी कहा गया है कि देवियाँ अलग-अलग नामवाली हो सकती हैं, लेकिन अपने भक्तों को आशीर्वाद सब समान रूप से देती हैं।

प्रस्तुत पुस्तक में विभिन्न हिंदू देवियों की उत्पत्ति की कथाएँ दी गई हैं। कुछ कथाओं में आपस में साम्यता भी हो सकती है। इन्हें हमने वेद, पुराणों और उपनिषदों से संकलित किया है। आशा है, पाठकों को ये रुचिकर लगेंगी।

कथा-सूची

हिंदू देवियाँ

हिंदू देवता

हिंदू देवियाँ

1

महालक्ष्मी

संसार में सुख-संपदा की प्राप्ति के लिए मनुष्य, राक्षस, देवता आदि जिस देवी की उपासना करते रहे हैं, वे साक्षात् धन-वैभव की देवी महालक्ष्मी हैं। महालक्ष्मी जहाँ दरिद्रों के दुःख दूर करती हैं, वहीं अपने भक्तों को इच्छानुसार वर प्रदान करके उन्हें धन-वैभव से अनुगृहीत भी करती हैं।

महालक्ष्मी की कृपा जिस व्यक्ति पर हो जाए, उसके सभी दुःख समाप्त हो जाते हैं और जिससे वे रुष्ट हो जाएँ, उसका वैभव और संपन्नता पल भर

में समाप्त हो जाते हैं। लक्ष्मीजी के आगे समस्त देवता, दानव एवं मनुष्य शीश झुकाते हैं और उनसे कृपा-दृष्टि बनाए रखने की प्रार्थना करते हैं।

भूखों को अन्न प्रदान करनेवाली, दरिद्रों की दरिद्रता दूर करनेवाली और संसार में विषय-भोगों को प्रदान करनेवाली माता लक्ष्मी की महिमा संपूर्ण जगत् में फैली हुई है।

लक्ष्मीजी की उत्पत्ति की कथा बड़ी रोचक है। एक बार महर्षि दुर्वासा भ्रमण करते हुए एक सुंदर वन में पहुँचे। वहाँ एक सुंदर कन्या ने उन्हें दिव्य पुष्पों की एक माला भेंट की। उस माला को महर्षि ने प्रेमपूर्वक ग्रहण किया और भ्रमण करते हुए आगे चल पड़े। एक स्थान पर महर्षि दुर्वासा को देवराज इंद्र दिखाई दिए। वे अन्य देवताओं के साथ हाथी पर सवार होकर उसी ओर आ रहे थे।

जब इंद्र ने आदर से झुककर महर्षि को प्रणाम किया तो उन्होंने प्रसन्न होकर वह माला इंद्र को दे दी। इंद्र ने वह माला अपने हाथी को पहना दी। हाथी ने पुष्पों की मधुर गंध से आकर्षित होकर माला को कुछ देर सूँघा और फिर उसे अपने पैरों तले रौंद डाला।

अपनी माला की यह दुर्दशा देखकर महर्षि दुर्वासा क्रोध से जल उठे और उन्होंने इंद्र को शाप देते हुए कहा, "हे इंद्र! जिस प्रकार तूने मेरी दी हुई दिव्य माला को मतवाले हाथी के पैरों तले कुचल जाने दिया, ठीक उसी प्रकार तेरा दिव्य तेज दैत्यों के आगे नष्ट हो जाएगा। मैं तुझे शाप देता हूँ कि तू श्रीहीन हो जाए। तेरा राज-पाट छिन जाए और तू वन-वन छिपता फिरे।"

यह कहकर महर्षि दुर्वासा वहाँ से चले गए।

महर्षि दुर्वासा के शाप के प्रभाव से इंद्र श्रीहीन हो गए और असुरों ने स्वर्ग पर आक्रमण कर दिया। इस युद्ध में देवताओं की पराजय हुई। असुर देवताओं को खोज-खोजकर मारने लगे। राक्षसों के भय से देवगण यहाँ-वहाँ छिपते फिर रहे थे। चारों ओर अधर्म का राज स्थापित हो गया था।

इस स्थिति से उबरने के लिए इंद्र आदि देवताओं ने विचार-विमर्श किया तथा ब्रह्माजी की शरण में पहुँचे और बोले, "हे परमपिता ब्रह्माजी! हमारी रक्षा करें। दैत्यों ने स्वर्ग पर आक्रमण करके अपना राज्य स्थापित कर लिया है। वे देवताओं पर अत्याचार कर रहे हैं। हमें इस संकट से उबारें, प्रभु।"

देवताओं की व्यथा सुनकर ब्रह्माजी बोले, "हे देवगण! यह सब महर्षि दुर्वासा के शाप का फल है। यदि आप इस शाप से मुक्ति पाना चाहते हैं तो भगवान् श्रीविष्णु की शरण में जाएँ। वे आपको इस संकट से बचाने के लिए उचित मार्ग बताएँगे।"

ब्रह्माजी के परामर्श के अनुसार सभी देवता श्रीविष्णु के दरबार में पहुँचे। विष्णु जी ने ध्यानपूर्वक देवताओं की बात सुनी और बोले, ''हे देवगण! इस समस्या से छुटकारा पाने के लिए आपको नीति से कार्य लेना होगा। आपको अपना मान-अपमान भूलकर शत्रु से भी मेल करना होगा।''

विष्णुजी की बात सुनकर देवगण ने आश्चर्य प्रकट करते हुए पूछा, ''शत्रु से मेल?''

श्रीविष्णु बोले, ''हाँ, शक्ति में असुर आपसे अधिक संपन्न हैं। उनकी तरह बलशाली होने के लिए आप लोगों को अमृत उत्पन्न करना होगा। अत: सागर से अमृत प्राप्त करने के लिए सागर-मंथन की आवश्यकता पड़ेगी। इस कार्य के लिए असुरों का सहयोग आवश्यक है। इसके लिए आपको असुरों की समस्त शर्तों को भी स्वीकार करना होगा।''

इतना कहकर श्रीविष्णु अंतर्धान हो गए और देवताओं ने असुरराज बलि से संधि करके उसे समुद्र-मंथन के लिए तैयार कर लिया।

और एक दिन समुद्र-मंथन का कार्य आरंभ हो गया। इसके लिए मंदराचल पर्वत को मथनी की भाँति समुद्र में डाल दिया गया और वासुकि नाग को मंथन के लिए रस्सी की भाँति उस पर लपेटा गया।

उस समय भगवान् विष्णु ने आकर समुद्र-मंथन के लिए वासुकि का फन पकड़ा तो असुर बोल उठे, ''अच्छा, तो तुम देवगण सर्प का मुँह पकड़ोगे और हमें यह अमंगलकारी पूँछ पकड़नी होगी। नहीं, हम पूँछ नहीं पकड़ेंगे।''

श्रीविष्णु स्वयं भी यही चाहते थे। उन्होंने सभी देवताओं के साथ नाग की पूँछ पकड़ी और असुरों ने उसका मुख पकड़ा। और इस प्रकार समुद्र मंथन आरंभ हो गया। सर्प के मुँह से निकलनेवाली विष की तीव्र फुंकार राक्षसों को आहत करने लगी। तब वे बहुत पछताने लगे कि पूँछ पकड़ लेते तो ही ठीक रहता, परंतु अब क्या हो सकता था।

पर्वत के नीचे कोई आधार न होने के कारण वह रह-रहकर डूबने लगता था। इस प्रकार उसे साधने के लिए देवता और असुरों को बहुत बल व्यय करना पड़ रहा था। यह देखकर श्रीविष्णु ने कच्छप अवतार लेकर मंदराचल पर्वत को नीचे से साध लिया। फिर इसके बाद मंथन-कार्य ठीक प्रकार से चलने लगा।

समुद्र से सर्वप्रथम भयानक कालकूट विष की उत्पत्ति हुई। इस भयानक विष ने सारे संसार को व्याकुल कर दिया। देवता और असुर भी शिथिल पड़ने लगे। सभी ने मिलकर भगवान् शंकर से विष ग्रहण करने की प्रार्थना की। भोले शंकर ने देवगण की प्रार्थना स्वीकार करके विष-ग्रहण कर लिया। इससे उनका

कंठ नीला पड़ गया और वे नीलकंठ कहलाए।

इसके पश्चात् समुद्र से कामधेनु, उच्चैःश्रवा अश्व, ऐरावत हाथी, कौस्तुभ मणि, कल्पवृक्ष और अप्सराओं आदि की उत्पत्ति हुई। इसके पश्चात् श्रीलक्ष्मी उत्पन्न हुईं। उनके तेज के प्रकाश से सारा ब्रह्मांड आलोकित हो उठा। असुर और देव एकटक उन्हें देखने लगे। मंथन रुक गया। श्रीलक्ष्मी के अनन्य रूप ने सबको मोह लिया। देव और दैत्य सभी उन्हें प्राप्त करने की इच्छा करने लगे। इंद्र उनके लिए अद्‌भुत आसन लेकर उपस्थित हुए, जिस पर श्रीमहालक्ष्मी ने आसन ग्रहण किया। सभी नदियाँ अपने-अपने रूपों में प्रकट होकर श्रीलक्ष्मी का अभिषेक करने लगीं। असुर, दैत्य, ऋषि, गंधर्व और अप्सराओं ने भाँति-भाँति से भगवती महालक्ष्मीजी की प्रार्थना की।

सागर ने श्रीलक्ष्मी को सुनहरे वस्त्र, विश्वकर्मा ने दिव्य आभूषण, नागों ने कुंडल, वरुण ने वैजयंती माला और ब्रह्माजी ने दिव्य कमल प्रदान किया।

मांगलिक वस्त्र-आभूषण धारण करने के पश्चात् लक्ष्मीजी अपने योग्य वर की खोज करने लगीं। देवताओं, असुरों, ऋषियों, नागों, मुनियों आदि में कोई भी उन्हें अपने योग्य नहीं लगा। लेकिन भगवान् विष्णु पर दृष्टि पड़ते ही उन्होंने उनका वरण करते हुए कमल-पुष्पों से गुँथी हुई माला को उनके गले में डाल दिया। इस प्रकार श्रीलक्ष्मी ने भगवान् श्रीविष्णु के हृदय में स्थान बना लिया।

तब सृष्टि के पालनकर्ता श्रीविष्णु ने प्रसन्न होकर लक्ष्मीजी को वरदान दिया और बोले, ''आप सागर से उत्पन्न हुई हैं और सागर ही मेरा निवास स्थान है। अर्थात् आप मुझसे प्रकट होकर मुझमें ही समाहित हैं। आपके तेज मात्र से सभी देवगण श्री-संपन्न हो गए हैं और आपकी उपेक्षा से दैत्य व असुर श्रीविहीन। अतः आप प्रसन्न होकर जिस मनुष्य पर कृपा-दृष्टि रखेंगी, वह सदैव सुखी और संपन्न रहेगा। इसके विपरीत जिस पर भी आपकी उपेक्षा होगी, वह सदैव श्रीविहीन होकर दुःख और कष्टों से घिरा रहेगा।''

यह सुनकर तीनों लोकों में श्री लक्ष्मीजी की जय-जयकार होने लगी। देवगण, ब्रह्मा और सभी प्रजापति श्रीविष्णु और लक्ष्मीजी का गुणगान करने लगे। श्रीलक्ष्मी ने देवताओं को सुखी रहने का वरदान दिया और असुरों की पूरी तरह उपेक्षा की। इस कारण वे श्रीविहीन, सत्ताहीन और कमजोर हो गए।

इसके पश्चात् समुद्र-मंथन का कार्य पुनः आरंभ हो गया। कुछ समय पश्चात् भगवान् धन्वंतरि अमृत का कलश लेकर प्रकट हुए। अमृत पाने के लिए देव और दानवों में पुनः युद्ध होने लगा। यह देख भगवान् विष्णु ने मोहिनी रूप धारण किया और असुरों को मोह में रखकर देवताओं को अमृत पिला दिया और

इस प्रकार श्रीविहीन हुए असुरों की पराजय हुई और राज्य-लक्ष्मी देवताओं पर प्रसन्न हुईं।

श्रीलक्ष्मी अभिन्न रूप से श्रीविष्णु के साथ जुड़ी हुई हैं। वे श्रीविष्णु के प्रत्येक अवतार में उनकी पत्नी के रूप में प्रकट हुई हैं। जब विष्णु वामन-अवतार के रूप में पृथ्वी पर प्रकट हुए तो लक्ष्मीजी कमल (पद्म अथवा कमला) के रूप में अवतरित हुईं। जब विष्णु परशुराम के अवतार हुए तो लक्ष्मी उनकी पत्नी धरणी के रूप में, जब विष्णु राम के रूप में अवतरित हुए तो वे सीता के रूप में प्रकट हुईं। जब विष्णु श्रीकृष्ण के रूप में अवतरित हुए तो वे पृथ्वी पर दो रूपों में प्रकट हुईं–राधा और रुक्मिणी के रूप में।

श्रीलक्ष्मी को भक्तजन अनेक नामों से संबोधित करते हैं। कुछ प्रमुख नाम इस प्रकार हैं–धनदा, पद्मिनी, पद्माक्षी, पिंगला, महाधना, यष्टि, हरिवल्वभा, लोकमाता, चंचला, जलधिजा आदि। पुराणों में वर्णन है कि लक्ष्मी जब-जब किसी व्यक्ति के शरीर के विभिन्न भागों पर आरूढ़ होती हैं तो भिन्न-भिन्न फल प्रदान करती हैं। जब लक्ष्मी पैरों पर आरूढ़ होती हैं तो वे अचल संपत्ति अर्थात् भवन आदि प्रदान करती हैं। जब जाँघों पर आरूढ़ होती हैं तो धन प्रदान करती हैं। जब वक्ष पर आरुढ़ होती हैं तो भाग्यशाली शिशु प्रदान करती हैं। जब लक्ष्मी हृदय पर आरूढ़ होती हैं तो मनुष्य की समस्त इच्छाएँ पूर्ण होती हैं। गरदन पर आरूढ़ होने पर बिछड़े हुए सगे-संबंधियों से मिलन होता है और जब मुख पर आरूढ़ होती हैं तो अनन्य सुंदरता प्रदान करती हैं।

श्रीलक्ष्मी को प्रायः भगवान् विष्णु के साथ ही दिखाया जाता है। प्रत्येक घर और दुकान में उनकी नियमित पूजा-अर्चना की जाती है। दीपावली पर हिंदू घरों में गणेशजी के साथ उनकी विशेष आराधना होती है। जब-जब मनुष्य धन-संपन्नता, वैभव आदि से परिपूर्ण रहता है तो कहा जाता है कि उस पर लक्ष्मीजी की विशेष कृपा है और जब किसी को व्यापार, कारोबार आदि में हानि उठानी पड़ जाए तो कहा जाता है कि उससे लक्ष्मी रूठ गई हैं।

समुद्र-मंथन के समय लक्ष्मीजी से पहले अलक्ष्मी उत्पन्न हुई थीं। जिस घर में दरिद्रता, दुःख, कष्ट, क्लेश आदि छाए रहते हैं, कहा जाता है कि वहाँ अलक्ष्मी का वास होता है।

श्रीलक्ष्मीजी ही देवियों के प्रत्येक रूप में अवतरित हुई हैं। सारा विश्व महालक्ष्मी से प्रकट हुआ है, क्योंकि ब्रह्मांड के रचयिता जो कुछ भी करते हैं, अपनी शक्ति लक्ष्मी के कारण ही संपन्न कर पाते हैं। यही कारण है कि महालक्ष्मी को जगज्जननी कहा गया है।

लक्ष्मीजी को श्री तथा लक्ष्मी रूप में अभिव्यक्त किया जाता है। दोनों ही रूपों में ये भगवान् श्रीविष्णुजी की पत्नियाँ हैं। श्रीलक्ष्मीजी की उत्पत्ति की एक अन्य कथा के अनुसार जब महालक्ष्मी ने भृगु ऋषि की पुत्री के रूप में अवतार लिया तो वे भार्गवी कहलाईं। इसकी कथा इस प्रकार है–

महर्षि भृगु की पत्नी ख्याति ने एक त्रिलोक सुंदरी कन्या को जन्म दिया। उसका नाम भार्गवी (लक्ष्मी) रखा गया। वह कन्या सभी शुभ लक्षणों से सुशोभित थी। बड़ी होने पर भार्गवी ने भगवान् विष्णु के गुणों का वर्णन सुना तो मन-ही-मन उनसे प्रेम करने लगी और उन्हें पति के रूप में प्राप्त करने के लिए सागर-तट पर एक हजार वर्ष तक घोर तपस्या की।

एक बार देवराज इंद्र भगवान् विष्णु का रूप धारण कर भार्गवी के पास आए और उनसे वर माँगने के लिए कहा। भार्गवी ने उनसे विश्व रूप का दर्शन कराने के लिए कहा। तब इंद्र लज्जित होकर वहाँ से लौट गए और उन्हें 'भगवती माता' कहा।

भार्गवी की घोर तपस्या के कारण अंत में भगवान् विष्णु को स्वयं प्रकट होना पड़ा।

भगवान् विष्णु भार्गवी के सम्मुख उपस्थित होकर बोले, "हे देवी! मैं तुम्हारी इस कठोर साधना से अति प्रसन्न हूँ। तुमने भोग-विलास का त्याग करके अपने चित्त को भक्ति मार्ग पर लगाया है, इसी कारण आज मुझे स्वयं तुम्हारे समक्ष प्रकट होना पड़ा। अतः हे देवी! तुम इच्छित वर माँगो। हम तुम्हारी समस्त इच्छाएँ पूर्ण करेंगे।"

भार्गवी बोलीं, "हे भगवन्! यदि आप मेरी साधना से प्रसन्न हैं तो मुझे अपने विश्व रूप के दर्शन कराएँ और इसके बाद मुझे अपनी पत्नी के रूप में स्वीकार करें।"

भगवान् विष्णु ने उनकी मनोकामना पूर्ण करते हुए अपने विश्व रूप के दर्शन कराए। इसके पश्चात् भार्गवी की इच्छानुसार श्रीविष्णु ने उन्हें पत्नी के रूप में स्वीकार कर लिया।

जो व्यक्ति मीठा बोलनेवाला, कार्य-कुशल, क्रोधहीन, उदार, कृतज्ञ, पुण्यात्मा, क्षमाशील और जितेंद्रिय हो, श्रीलक्ष्मी उस मनुष्य के पास सुख-संपत्ति, वैभव, बुद्धि, विवेक और समृद्धि के रूप में सदा निवास करती हैं। इसके विपरीत जो मनुष्य अधर्मी, कामचोर, कपटी, लोभी, नास्तिक, अनाचारी हो, उसके पास लक्ष्मी कभी नहीं टिकतीं। जो व्यक्ति धन-संपत्ति का अनादर करते हैं, उसे तुच्छ वस्तु मानते हैं; जिनका घर अव्यवस्थित, अस्वच्छ, कलहपूर्ण हो, वहाँ लक्ष्मी कभी

निवास नहीं करतीं। उलूक (उल्लू) को लक्ष्मीजी का वाहन कहा गया है। दिन में उल्लू को दिखाई नहीं देता। इसका अर्थ यह है कि जो लोग धन के नशे में चूर हो जाते हैं, उनमें बुद्धि का अभाव हो जाता है और वे ज्ञान रूपी प्रकाश से वंचित होकर उल्लू के समान देखने की शक्ति खो बैठते हैं। इस प्रकार, अज्ञानी मनुष्य लक्ष्मीवान् होकर भी लक्ष्मी (धन) का सदुपयोग नहीं कर पाते, ऐसे लोगों से लक्ष्मी शीघ्र ही रुष्ट हो जाती हैं। लक्ष्मीजी की कृपा दृष्टि प्राप्त करने के लिए मनुष्य को सदाचारी रहते हुए उनकी भक्ति करनी चाहिए। कहा गया है, 'उद्योगिन पुरुषसिंहमुपैति लक्ष्मीः' अर्थात् जो व्यक्ति कर्तव्यपूर्वक अपने कार्य में लगे रहते हैं, वे ही लक्ष्मी की कृपा प्राप्त करने के सच्चे अधिकारी होते हैं।

श्रीलक्ष्मीजी का पृथ्वी पर आगमन

लक्ष्मीजी का स्वर्ग से पृथ्वी पर आगमन कैसे हुआ ? इसका विवरण ब्रह्मवैवर्तपुराण में मिलता है। इस पुराण में वर्णित कथा के अनुसार, सरस्वती, गंगादेवी और लक्ष्मीजी तीनों ही श्रीहरि की पत्नियाँ थीं। एक बार सरस्वती जी के मन में यह भ्रम उत्पन्न हो गया कि श्रीहरि गंगा को उनसे अधिक चाहते हैं। इसी भ्रम के कारण उन्होंने गंगाजी को कुछ कठोर शब्द कह दिए। जब लक्ष्मीजी ने सरस्वती को इस प्रकार का व्यवहार न करने की सलाह दी तो सरस्वती ने क्रोधित होकर गंगाजी को नदी रूप में और लक्ष्मीजी को वृक्ष रूप में पृथ्वी पर जन्म लेने का शाप दे दिया।

सरस्वतीजी के शाप को लक्ष्मीजी ने तो शांतिपूर्वक स्वीकार कर लिया, परंतु गंगाजी ने सरस्वती को भी शाप देते हुए कहा, "हे सरस्वती! मैं तुम्हें शाप देती हूँ कि यदि मैं मृत्युलोक (धरती) में रहूँगी तो तुम भी नदी के रूप में मृत्युलोक में ही रहोगी।"

तभी वहाँ भगवान् विष्णु आ पहुँचे और तीनों के झगड़े का कारण तथा शाप की घटना जानकर लक्ष्मीजी से बोले, "हे लक्ष्मी! सरस्वती द्वारा दिए गए शाप का पालन करने के लिए तुम्हारे एक अंश को धरती पर वृक्ष-रूप में रहना होगा। तुम्हारा शेष अंश लक्ष्मी के रूप में मेरे पास ही रहेगा। पृथ्वी पर तुम 'तुलसी' के नाम से प्रसिद्ध होगी।"

इसके पश्चात् भगवान् श्रीविष्णु गंगा से बोले, "हे गंगे! शाप के प्रभाव के कारण तुम्हारा एक अंश नदी के रूप में धरती पर और दूसरा अंश महादेव शिव के पास जाएगा। पृथ्वी पर पापियों के पापों को ग्रहण करने के बाद भी

तुम निर्मल बनी रहोगी।''

इसके बाद विष्णुजी सरस्वती से बोले, ''हे सरस्वती! गंगा के शाप के कारण तुम्हारा भी एक अंश नदी के रूप में धरती पर और दूसरा अंश ब्रह्माजी के पास निवास करेगा।''

इस प्रकार श्रीलक्ष्मी पवित्र तुलसी के रूप में आज घर-घर पूजी ज़ाती हैं और गंगा तथा सरस्वती नदियों की महत्ता पौराणिक काल से आज भी बनी हुई है।

श्रीविष्णुजी के शब्द सुनकर तीनों देवियाँ अत्यंत दु:खी हो गईं। उन्होंने मिलकर श्रीविष्णुजी की चरण-वंदना की और शाप-मुक्ति का उपाय पूछा। तब श्रीविष्णु बोले, ''हे देवियो! कलियुग के पाँच हजार वर्ष बीत जाने के पश्चात् तुम्हारा उद्धार हो जाएगा और तुम पुन: मेरे पास लौट आओगी।''

इसके बाद तीनों देवियाँ भगवान् श्रीहरि की आज्ञा का पालन करने के लिए चली गईं। इस प्रकार लक्ष्मी के साथ-साथ गंगा और सरस्वती को भी धरती पर आना पड़ा। तभी से ये तीनों देवियाँ धरती पर नदी और तुलसी रूप में स्थित हैं।

पुराणों के अनुसार, श्रीलक्ष्मी को ही समस्त देवियों के अवतार की शक्ति कहा गया है। श्रीलक्ष्मी ही विष्णु के साथ लक्ष्मी के रूप में, शिव के साथ गौरी के रूप में तथा ब्रह्माजी के साथ सरस्वती के रूप में निवास करती हैं। सृष्टि और अपने भक्तों की रक्षा के लिए यही शक्ति दुर्गा अथवा काली बन जाती हैं। सूर्य से भी हजारों गुना तेजस्विनी यह शक्ति हाथ में खप्पर लेकर शत्रुओं का रक्त पीती है। इस प्रकार श्रीलक्ष्मी ही शक्ति के रूप में सृष्टि की रचना, पालन और विनाश तीनों कार्य कर रही हैं। सृष्टि के आरंभ से ही महालक्ष्मी की पूजा की जाती रही है। इनके सहयोग के बिना मनुष्य का जीवन अधूरा रहता है। नीचे दिए गए श्लोक में लक्ष्मीजी की सर्वव्यापकता का सुंदर उदाहरण मिलता है—

या श्री: स्वयं सुकृतिनां भवनेष्वलक्ष्मी:,
पापात्मनां कृतिघियाँ ह्रदयेषु: शुद्धि:।
श्रद्धा सतां कुलजन प्रभवस्य लज्जा
तां त्वानताहं परिपालय देवि विश्वम्।।

अर्थात् जो देवी पुण्यात्माओं के यहाँ लक्ष्मी के रूप में, पापियों के यहाँ दरिद्रता के रूप में, शद्ध ह्रदयवाले पुरुषों के मस्तिष्क में बुद्धि के रूप में, सज्जन पुरुषों के ह्रदय में श्रद्धा के रूप में और श्रेष्ठ मनुष्यों में लज्जा के रूप में निवास करती हैं, वही सारे संसार की पालनकर्ता हैं। महालक्ष्मी ही सृष्टि में छाए अज्ञान, भय, दरिद्रता, विषमता आदि अवगुणों को दूर करती हैं। इस प्रकार महालक्ष्मी ही

एकमात्र मूल देवी (मूल प्रकृति) हैं, जो विभिन्न कार्यों के अनुरूप भिन्न-भिन्न रूपों में अवतार धारण करती हैं।

महालक्ष्मी के पूजन-अर्चन का महत्त्व

भगवती महालक्ष्मी चल-अचल, दृश्य-अदृश्य सभी प्रकार की संपत्तियों, सिद्धियों एवं निधियों को प्रदान करनेवाली देवी हैं। इनके पूजन से सभी कल्याण, मंगल एवं आनंद प्राप्त होते हैं। दीपावली के अवसर पर श्री महालक्ष्मी का भगवान् गणेश के साथ विशेष पूजन किया जाता है।

पूजन के लिए किसी चौकी अथवा कपड़े के पवित्र आसन पर गणेशजी के दाहिने भाग में भगवती महालक्ष्मी की स्थापना करनी चाहिए। पूजा का स्थान स्वच्छ और पवित्र होना चाहिए तथा स्वयं भी पवित्र होकर श्रद्धा भाव से इनका पूजन करना चाहिए।

श्रीलक्ष्मी का पूजन मधु, घृत, दुग्ध, दही, इत्र, लाल चंदन, सिंदूर, कुमकुम, चावल, दूर्वा, धूप, दीप, नैवेद्य, पुष्प, फल, पान, सुपारी आदि से किया जाता है। वैसे, भगवती का पूजन समर्पण भाव से भी किया जा सकता है। इसमें किसी भौतिक सामग्री की आवश्यकता नहीं होती, बस पवित्र भक्ति का भाव होना आवश्यक होता है।

सिद्धि प्राप्ति के लिए हमारे धर्मग्रंथों में महालक्ष्मी के अनेक मंत्रों का वर्णन आया है। कुछ प्रमुख मंत्र इस प्रकार हैं—

श्रीं।

भगवती महालक्ष्मी का यह एकाक्षर बीज मंत्र है। 12 लाख की संख्या में जप करने पर यह मंत्र सिद्ध हो जाता है। इसकी सिद्धि होने पर साधक की समस्त इच्छाएँ पूरी होती हैं। उसे भोग और मोक्ष की प्राप्ति होती है।

नमः कमलवासिन्यै स्वाहा।

यह मंत्र 10 लाख जप से सिद्ध होता है। ऐश्वर्य, प्रसिद्धि, मान-सम्मान, वैभव, धन-दौलत आदि प्रदान करनेवाला यह एक अमोघ मंत्र है।

ऐं ह्रीं श्रीं ज्येष्ठाल्लक्ष्मि स्वयंभुवे ह्रीं ज्येष्ठाय नमः।

यह मंत्र एक लाख बार जपने से सिद्ध हो जाता है। इसके सिद्ध होने पर पशु-धन, स्वर्ण-रत्न, धन-वैभव, वाहन, चल-अचल संपत्ति जैसे सारे सुख प्राप्त होते हैं। महालक्ष्मी का यह एक श्रेष्ठ मंत्र है।

ग्लौं श्रीं अन्नं मह्यन्नं मे देह्यन्नाधिपतये ममान्नं प्रदापय स्वाहा श्रीं ग्लौं।

यह वसुधा लक्ष्मी का सर्वश्रेष्ठ मंत्र कहा गया है। इस मंत्र का एक लाख बार जप करने से यह सिद्ध हो जाता है। इसकी सिद्धि होने पर प्रतिष्ठा, प्रसिद्धि और सभी प्रकार की मनोकामनाएँ पूर्ण होती हैं।

लक्ष्मीजी के किसी भी मंत्र को नियमपूर्वक पूर्ण पवित्रता और भक्ति-भाव से जपा जाना चाहिए। मन के स्थिर न होने की अवस्था में भक्त को अपेक्षित सिद्धि-लाभ प्राप्त नहीं हो सकता। मंत्रों का जप हमेशा एकांत स्थान पर बैठकर करना चाहिए। मंत्रों का जप अनुकूल ग्रह-नक्षत्र एवं शुभ तिथि-वार से ही आरंभ करना चाहिए। जप के लिए तुलसी, रुद्राक्ष, स्फटिक अथवा चंदन की माला श्रेष्ठ मानी गई है। माला 108 मनकों की होनी चाहिए। इनके अतिरिक्त एक बड़ा मनका (सुमेरु) रहता है।

यंत्र

मंत्र के अतिरिक्त उपासना में यंत्रों को भी प्रयोग किया जाता है। कहा जाता है कि मंत्र देवगण की आत्मा हैं तो यंत्र उनके शरीर। अतः मंत्र और यंत्र दोनों के साथ पूजा-अर्चना करने पर शीघ्र ही अपेक्षित लाभ प्राप्त होता है।

महालक्ष्मी के अनेक यंत्र बताए गए हैं। इनमें 'श्रीयंत्र', 'श्री महालक्ष्मी सर्वतोभद्र यंत्र', 'व्यापारवर्द्धक लक्ष्मी यंत्र', 'महालक्ष्मी संपुट यंत्र' आदि प्रमुख हैं। ये यंत्र रेखाओं, त्रिकोण, अंकों और बिंदुओं से बनाए जाते हैं। साधक इन्हें पीले रंग के कागज पर रोली आदि से स्वयं भी बना सकते हैं और बाजार से बने-बनाए भी खरीद सकते हैं। प्रसिद्ध श्री यंत्र का धन संबंधी उपासना में सर्वाधिक महत्त्व है। यह यंत्र सभी प्रकार की कामनाएँ सिद्ध करनेवाला बताया गया है। यह यंत्र ब्रह्मांड की उत्पत्ति और विकास का प्रतीक है। हमारे धर्म ग्रंथों में तो यहाँ तक कहा गया है कि जो लोग श्री यंत्र का विधिपूर्वक पूजन नहीं कर सकते, वे इसके दर्शन मात्र से ही महान् फल की प्राप्ति कर सकते हैं। 'यामल ग्रंथ' में कहा गया है—

सम्यक् शतक्रतून् कृत्वा यत्फलं समवाप्नुयात्।
तत्फलं लभते भक्त्या कृत्वा श्रीचक्रदर्शनम्।।

अर्थात् जो फल विधि के अनुसार सौ यज्ञ करने पर प्राप्त होता है, वही फल भक्तिपूर्वक श्री चक्र (श्रीयंत्र) के दर्शन मात्र से सहज ही प्राप्त हो जाता है।

लक्ष्मीजी को सुख और समृद्धि की देवी माना गया है। ऋग्वेद के अनुसार, लक्ष्मी शब्द मात्र ही सुख-संपत्ति और सौंदर्य के गुणों से संपन्न है। इसके उच्चारण

मात्र से ही भक्त की सभी मनोकामनाएँ पूर्ण हो जाती हैं। अथर्ववेद के अनुसार, मनुष्य के जन्म के समय 101 लक्ष्मियाँ उसके साथ रहती हैं। इनमें लक्ष्मी और अलक्ष्मी दोनों होती हैं। व्यक्ति के आचरण के अनुसार ही उसे लाभ (लक्ष्मी) और हानि (अलक्ष्मी) प्राप्त होते हैं। जो व्यक्ति भक्ति और समर्पण के भाव से भगवती महालक्ष्मी की पूजा-अर्चना करते हैं, वे निश्चित ही सुख व संपन्नता के भागी बनते हैं। महालक्ष्मी की कृपा-दृष्टि उन पर सदैव बनी रहती है।

□

2

दुर्गा

प्राचीनकाल में एक महाप्रतापी दैत्य हुआ–दनु। दैत्यराज दनु के रंभ और करंभ नाम के दो शक्तिशाली पुत्र थे। रंभ और करंभ का विवाह हो चुका था, लेकिन वे दोनों संतानहीन थे। इसलिए पुत्र पाने के लिए उन्होंने कठोर तपस्या करने का निश्चय किया। दैत्य करंभ जल में डूबकर कठिन तपस्या करने लगा और रंभ ने एक वट वृक्ष के नीचे अग्नि के सामने साधना आरंभ कर दी। इंद्र को उनकी तपस्या के बारे में पता चला तो वे बहुत चिंतित हुए। उन दैत्यों की

तपस्या भंग करने के विचार से देवराज इंद्र करंभ के समीप प्रकट हुए। फिर उन्होंने मगरमच्छ का रूप धारण करके जल में प्रवेश किया और करंभ के पैर पकड़ लिये। करंभ ने लाख छूटने की कोशिश की, लेकिन इंद्र की मजबूत पकड़ से वह छूट नहीं पाया और उसका शरीर ठंडा पड़ता चला गया।

करंभ की मृत्यु से रंभ दुःखी हो गया। उसने तलवार निकालकर अपना सिर अग्निदेव को समर्पित करने का निश्चय कर लिया। तभी अग्निदेव प्रकट हो गए और रंभ को समझाते हुए बोले, "हे दैत्य रंभ! यह तुम कैसी मूर्खता करने जा रहे हो–आत्महत्या जैसे नीच कर्म में तुम्हारी प्रवृत्ति कैसे हो गई? इस विचार का त्याग कर तुम इच्छित वर माँगो। मैं तुम्हारी इच्छा अवश्य पूरी करूँगा।"

अग्निदेव के समझाने पर रंभ ने आत्महत्या का विचार त्याग दिया और प्रार्थना करते हुए बोला, "हे अग्निदेव! यदि आप प्रसन्न हैं तो मुझे अभीष्ट वर देने की कृपा करें। मैं तीनों लोकों पर विजय पानेवाला एक महाबली पुत्र चाहता हूँ। मुझे ऐसा पुत्र चाहिए, जिसके सामने शत्रु-सेना ध्वस्त हो जाए। देव, दानव, गंधर्व, मनुष्य–कोई भी उसे पराजित न कर सके। उसमें असीम शक्ति हो।"

अग्निदेव ने रंभ को वर प्रदान कर दिया। फिर रंभ प्रसन्न मन से अपने महल लौट आया।

रंभ ने एक महिषी (भैंस) पर मोहित होकर उसके साथ विवाह कर लिया। थोड़े दिनों में महिषी गर्भवती हो गई। एक बार एक दूसरे भैंसे ने काम में अंधे होकर महिषी का बलपूर्वक हरण करने का प्रयास किया। रंभ ने उस भैंसे को युद्ध के लिए ललकारा। दोनों में भीषण युद्ध हुआ। अंत में रंभ उस महाप्रतापी भैंसे के तीखे सींगों से मारा गया। तब रंभ की पत्नी महिषी अपनी रक्षा के लिए यक्षों की शरण में गई। यक्षों ने अपने विषैले बाणों से उस भैंसे को मार गिराया। जब अंतिम संस्कार के लिए रंभ का शव चिता पर रखा गया तो उसके मृत शरीर को देखकर महिषी दुःखी हो गई। उसने भी पति के साथ अपने प्राण त्यागने का निश्चय किया और शव के साथ चिता पर बैठ गई। उसी क्षण उसके शरीर से एक असुर निकला–महिषासुर। वह रंभ और महिषी का पुत्र था। स्वयं रंभ भी एक दूसरा शरीर धारण करके रक्तबीज के रूप में चिता से निकला। इस प्रकार महिषासुर और रक्तबीज की उत्पत्ति हुई। दैत्यों ने महिषासुर को अपना राजा घोषित करके उसका राज्याभिषेक कर दिया।

महिषासुर को ब्रह्मा का वरदान

एक बार महिषासुर के मन में ब्रह्माजी से वरदान प्राप्त करने का विचार उत्पन्न हुआ। उसने राज्य-भार रक्तबीज को सौंप दिया और तपस्या करने के लिए स्वयं सुमेरु पर्वत पर चला गया। वहाँ उसने दस हजार वर्षों तक कठोर तपस्या की। महिषासुर की कठोर तपस्या ने ब्रह्माजी के आसन को हिला दिया। वे उसके सामने प्रकट हुए और इच्छित वर माँगने को कहा। महिषासुर ने वरदान में उनसे अमरत्व माँग लिया। तब ब्रह्माजी उसे प्यार से समझाते हुए बोले, "वत्स महिषासुर, जनमे हुए प्राणी की मृत्यु और मृत प्राणी का पुनर्जन्म अवश्यंभावी है। सृष्टि में यह क्रम अनिवार्य रूप से चलता रहता है। अतः हे दैत्यश्रेष्ठ! अमरत्व को छोड़कर तुम कोई दूसरा उचित वर माँग लो।"

तब महिषासुर बोला, "पितामह, मुझे इच्छा-रूप धारण करने का वर प्रदान करें। देवता, दैत्य, गंधर्व, मानव–इनमें से किसी के हाथों मेरी मृत्यु न हो। हे ब्रह्मदेव! आप मेरी मृत्यु एक ऐसी कन्या के हाथों से सुनिश्चित करें, जो कुँवारी हो और जिसका जन्म किसी के गर्भ से न हो।"

ब्रह्माजी ने महिषासुर को इच्छित वर प्रदान कर दिया।

ब्रह्माजी से वर प्राप्त करके महिषासुर घोर अभिमानी हो गया। समस्त प्राणियों को उसने अपने अधीन कर लिया। बाहुबल से उसने संपूर्ण पृथ्वी को जीतकर उसका राज्य सँभाल लिया। चारों ओर उसका एकच्छत्र राज्य स्थापित हो गया। ऋषि-मुनि अपने यज्ञों का भाग महिषासुर को देने लगे। पृथ्वी और पाताल पर अधिकार जमाने के बाद महिषासुर ने स्वर्ग पर अधिकार करने का निश्चय किया। उसने अपने एक दूत कुमांड को देवराज इंद्र की सभा में भेजा।

कुमांड स्वर्गलोक में पहुँचा और इंद्र की सभा में महिषासुर का संदेश पढ़ने लगा, "हे इंद्र! तुमने स्वर्ग में रहकर अनेक वर्षों तक ऐश्वर्य, वैभव और भोग-विलास का आनंद लिया है। अब स्वर्ग का राज्य महिषासुर को सौंपकर यहाँ चले जाओ या दैत्यराज महिषासुर के सेवक बनना स्वीकार कर लो। महादयालु दैत्यराज महिषासुर तुम्हें अपनी शरण में लेकर तुम्हें कोई मंत्री पद भी दे सकते हैं। यदि तुम्हें यह प्रस्ताव स्वीकार न हो तो युद्ध के लिए तैयार हो जाओ।"

महिषासुर का प्रस्ताव सुनकर सभा में उपस्थित सभी देवताओं के चेहरे क्रोध से लाल हो गए। इंद्र कड़कते हुए बोले, "दूत कुमांड, तुम्हारे स्वामी को अपनी शक्ति पर अभिमान हो गया है, इसलिए उसका गर्व खंडित करना अति आवश्यक है। सदाचारी पुरुष दूत का वध नहीं करते, अतः मैं तुम्हें जीवनदान देता हूँ। तुम जाकर महिषासुर से कह दो कि वह युद्ध के लिए तैयार हो जाए। उसकी

मृत्यु निकट आ गई है। मैं उसके पूरे कुल का नाश कर दूँगा। मेरा वज्र उसके समस्त बल को नष्ट कर देगा।''

कुमांड ने इंद्र का निर्णय नमक-मिर्च लगाकर महिषासुर को कह सुनाया।

महिषासुर की इंद्र को चुनौती

कुमांड की बात सुनकर महिषासुर क्रोध से लाल हो गया। उसने प्रमुख दैत्यों को बुलाया और कहने लगा, ''हे दैत्यवीरो! देवता सदा से हमारा अहित करते आए हैं। उन्होंने हमसे अमृत छीन लिया था। हिरण्यकशिपु, बलि आदि अनेक दैत्यों के साथ छल किया था। उनकी इस नीच कायरता के लिए उन्हें दंडित करना अति आवश्यक है। वीरो, युद्ध की तैयारी करो। इंद्र हमसे युद्ध करना चाहता है। हम उसे उसकी गद्दी सहित उखाड़कर पाताल में कैद कर देंगे, गिर स्वर्ग पर हमारा राज्य होगा।''

आज्ञा मिलते ही दैत्यों ने उसी समय युद्ध की तैयारी आरंभ कर दी।

उधर दूत के जाने के बाद देवराज इंद्र देवताओं से बोले, ''हे देवो! महिषासुर एक दुष्ट, पापी और बलशाली दैत्य है। ब्रह्माजी से वर पाकर उसका अभिमान और बढ़ गया है। वह अनेक प्रकार की मायावी शक्तियों का ज्ञाता है। वह दुष्ट किसी भी पल स्वर्ग पर आक्रमण कर सकता है। अतः आप लोग इस विषय पर गंभीरता से विचार करें।''

परस्पर निर्णय करके देवताओं ने एक कुशल गुप्तचर को शत्रु के भेद जानने के लिए भेजा। उसने वापस आकर देवराज इंद्र को दैत्यों की युद्ध-तैयारी के बारे में विस्तृत रूप से बताया। दैत्य युद्ध की तैयारी कर रहे हैं, यह जानकर इंद्र देवगुरु बृहस्पति से बोले, ''हे देवगुरु! आप सर्वज्ञ और ज्ञानी पुरुष हैं। इस कठिन परिस्थिति में आप ही हमारा मार्गदर्शन करें।''

देवगुरु बृहस्पति बोले, ''राजन्, संकट के समय धैर्य रखना अति आवश्यक है। हार-जीत तो सदा देव-इच्छा पर निर्भर होती है। इसलिए निर्धारित नीति के अनुसार सदा कार्य में लगे रहना चाहिए। कार्य सिद्ध होगा अथवा नहीं, इसकी चिंता देव पर छोड़ देनी चाहिए। उनकी इच्छा के विरुद्ध इस सृष्टि में कुछ भी नहीं घटता। अतः हे देवेंद्र! आप अपने सुयोग्य मंत्रियों से परामर्श करके अतिशीघ्र युद्ध की तैयारी में जुट जाएँ।''

बृहस्पति के वचन सुनकर इंद्र दृढ़ स्वर में बोले, ''हे देवगुरु! मैं महिषासुर से अवश्य युद्ध करुँगा, क्योंकि युद्ध न करने की स्थिति में भी राज्य, सुख और

यश का मिलना असंभव है। पूर्वकाल में भी नमुचि आदि अनेक दैत्य मेरे हाथों काल का ग्रास बन चुके हैं। इसी प्रकार मैं महिषासुर को भी मार गिराऊँगा। वज्र का बल मुझे प्राप्त है। भगवान् विष्णु और शिव भी देवताओं की सहायता अवश्य करेंगे। हे मुनिवर! मैं सेना सहित महिषासुर का सामना करने को तैयार हूँ। आप देवताओं के कल्याण के लिए रक्षा मंत्र का जप करने की कृपा करें।''

देवगुरु बृहस्पति बोले, ''हे देवेश्वर! युद्ध में जाने से पूर्व आप अन्य देवताओं के साथ ब्रह्माजी का आशीर्वाद अवश्य लें। परमपिता ब्रह्मदेव सृष्टि के रचनाकार हैं। वे अवश्य ही आपको विजयश्री का आशीर्वाद देंगे।''

महिषासुर द्वारा देवताओं का मान-मर्दन

देवगुरु बृहस्पति के साथ देवराज इंद्र ब्रह्माजी की शरण में गए और उन्हें प्रणाम कर कातर स्वर में बोले, ''हे ब्रह्मदेव! आपके आशीर्वाद से बल पाकर महिषासुर स्वर्ग पर आक्रमण करने की तैयारी कर रहा है। धरती और पाताल को उसने पहले ही जीत लिया है। आप हम सभी देवताओं के अध्यक्ष हैं। हे पितामह! उससे भयभीत होकर हम आपके पास आए हैं। आप हम देवताओं को विजयश्री का आशीर्वाद दीजिए।''

ब्रह्माजी बोले, ''देवराज, हम सभी कैलास पर चलते हैं और भगवान् शिव एवं विष्णु के साथ मिल-बैठकर आगे की रणनीति तय करेंगे। सामूहिक परामर्श से देश और काल के संबंध में भली-भाँति विचार करके युद्ध करना उचित होगा।''

ब्रह्माजी सभी देवताओं के साथ कैलास पर्वत पर पहुँचे। उन्होंने भगवान् शिव की स्तुति की और उन्हें साथ लेकर विष्णुलोक गए। उन्होंने महिषासुर के बारे में बताकर श्रीहरि से युद्ध में सहायता करने की प्रार्थना की। भगवान् विष्णु देवासुर संग्राम में सम्मिलित होने के लिए सहमत हो गए। सभी देवगण अपने-अपने वाहनों पर विराजमान होकर युद्ध के लिए चल पड़े।

फिर शीघ्र ही दोनों सेनाओं में भयंकर युद्ध आरंभ हो गया। दिव्य शक्तियों का खुलकर प्रयोग करते हुए वे एक-दूसरे को मारने लगे। देवराज इंद्र ने दैत्य-सेना के सेनापति चिक्षुर और महाबली विडाल को अपने बाणों से मूर्च्छित कर दिया। यमराज ने ताम्र नामक भयानक दैत्य को अपने दंड के प्रहार से घायल करके अचेत कर दिया। शक्तिशाली दैत्य सेनापतियों के अचेत हो जाने पर महिषासुर भयंकर गर्जन करता हुआ गदा लेकर युद्धभूमि में आ गया। उसने देवताओं के

आस-पास विचित्र-सी माया की रचना कर दी, फलस्वरूप देवताओं को अपने चारों ओर अनेक महिषासुर दिखाई देने लगे। उसकी माया से सभी देव-वीर भयभीत हो गए।

तब भगवान् विष्णु ने अपने सुदर्शन चक्र से उस माया को काट दिया। यह देख महिषासुर ने अस्त्र उठा लिये और वाष्कल, उग्रास्य, उग्रवीर्य, असिलोमा, त्रिनेत्र व अंधक आदि दैत्यों के साथ युद्ध करने के लिए देवताओं के समक्ष पहुँच गया। भगवान् विष्णु और शिव के साथ महिषासुर एवं उसके सहयोगी दैत्यों का भीषण युद्ध होने लगा। धीरे-धीरे महिषासुर का पक्ष मजबूत होता चला गया।

भगवान् शिव और विष्णु ने अनेकानेक अस्त्र-शस्त्रों से महिषासुर को समाप्त करने का प्रयास किया, किंतु वे उसे परास्त नहीं कर सके। महिषासुर ने अपने पराक्रम के बल पर इंद्र के ऐरावत हाथी और कामधेनु को अपने अधिकार में कर लिया।

अंत में हारकर भगवान् विष्णु, शिव और ब्रह्माजी अपने-अपने लोकों को लौट गए; जबकि इंद्र आदि सभी देवता वनों, पर्वतों और कंदराओं में छिप गए।

वन-वन भटकते देवताओं की विष्णु से गुहार

देवताओं के भाग जाने से स्वर्ग खाली हो गया था। इसलिए दैत्यराज महिषासुर ने शीघ्र ही स्वर्ग पर अधिकार कर लिया। वह इंद्रासन पर आसीन हुआ और देवताओं के आसनों पर उसके दैत्य-मंत्री बैठने लगे। महिषासुर ने देवताओं के सभी अधिकारों को अपने हाथों में ले लिया। तब महिषासुर ने दैत्यों को आदेश देते हुए कहा, ''दैत्यवीरो, देवता पुनः शक्ति एकत्रित करके हम पर आक्रमण करें, इससे पहले ही उन्हें ढूँढ़-ढूँढ़कर कुचल डालो।''

हिषासुर की आज्ञा पाकर दैत्य देवताओं को तीनों लोकों में ढूँढ़ने लगे। इस प्रकार देवताओं को प्राण बचाने के लिए वन-वन भटकना पड़ रहा था। इस भयानक स्थिति में उन्हें अनेक कष्ट उठाने पड़ रहे थे।

अनेक वर्षों तक दुःख सहने के बाद जब देवताओं का धैर्य जवाब देने लगा तब वे सब ब्रह्माजी की शरण में गए और उनसे विनती करते हुए बोले, ''हे ब्रह्मदेव! दैत्यों से पराजित होकर हम पर्वतों की गुफाओं में जानवरों के समान जीवन बिता रहे हैं। स्वर्ग का वैभव अब सपनों की बात हो गया है। अतः हे प्रभु! हमारा कल्याण करें।''

ब्रह्माजी बोले, ''देवगण, महिषासुर को मेरे वर ने अभिमानी बना दिया है।

उसे कोई कुँवारी कन्या ही मार सकती है। किसी पुरुष के हाथों उसकी मृत्यु संभव नहीं है। ऐसी स्थिति में मैं कुछ नहीं कर सकता। इसलिए हे पुत्रो! हमें भगवान् शिव के साथ विष्णुजी की शरण में चलना चाहिए। वे कोई-न-कोई युक्ति अवश्य सुझाएँगे।''

इंद्र सहित सभी देवता ब्रह्माजी के साथ पहले कैलास पर गए। वहाँ से शिवजी को साथ लेकर वैकुंठ पहुँचे।

भगवान् श्रीहरि ने उनका आदर सहित स्वागत किया। तब सबसे पहले देवराज इंद्र दुःखी स्वर में बोले, ''भगवन्, महिषासुर हमें बड़ा कष्ट पहुँचा रहा है। ब्रह्माजी से वर प्राप्त होने के कारण उसमें अभिमान उत्पन्न हो गया है। हम चिंतित और भयभीत होकर वन-वन भटकते फिर रहे हैं। हे प्रभु! सारी बातें आपको भली-भाँति ज्ञात हैं। आपने अनेक बार देवताओं का उद्धार किया है। दानवी माया आपसे छिपी नहीं है। अतः दैत्य महिषासुर को मारने का आप ही कोई उपाय कीजिए।''

देवराज इंद्र को सांत्वना प्रदान करते हुए भगवान् विष्णु बोले, ''देवराज इंद्र, महिषासुर को किसी कुँवारी कन्या के हाथों मृत्यु का वरदान प्राप्त है। यदि संपूर्ण देवताओं के तेज से कोई शक्तिशाली देवी प्रकट हो जाएँ तो वे महिषासुर का वध कर सकती हैं। आप सब अपनी शक्तियों से ऐसा करने का अनुरोध करें। साथ ही समस्त देवियाँ भी इस प्रार्थना में सम्मिलित हो जाएँ, जिससे कि संपूर्ण शक्तियों और तेज के सम्मिश्रण से एक महान् शक्तिशाली देवी प्रकट हो जाएँ। इस प्रकार हमारी संयुक्त शक्ति के अंश से उत्पन्न वह परम शक्तिशाली देवी दैत्यराज महिषासुर का संहार अवश्य कर देंगी, ऐसा मेरा विश्वास है।''

भगवती दुर्गा की उत्पत्ति

इतना कहने के पश्चात् विष्णुजी की भौंहें तन गईं और मुँह टेढ़ा हो गया। तब अत्यंत क्रोध में भरे हुए चक्रपाणि श्रीविष्णु के मुख से एक महान् तेज प्रकट हुआ। इसी प्रकार ब्रह्मा, शिव तथा इंद्र आदि अन्य देवताओं के शरीर से भी बड़ा भारी तेज निकला। सब तेज मिलकर एक हो गए। महान् तेज का वह पुंज लपटों से घिरे पर्वत-सा जान पड़ा। उसकी लपटें संपूर्ण दिशाओं में व्याप्त हो रही थीं। संपूर्ण देवताओं के शरीर से प्रकट हुए उस तेज की कहीं तुलना नहीं थी। एकत्रित होने पर वह एक नारी के रूप में बदल गया और अपने प्रकाश से तीनों लोकों को आलोकित करने लगा। भगवान् शिवजी का जो तेज था, उससे उस देवी का

मुख प्रकट हुआ। यमराज के तेज से उसके सिर में बाल निकल आए। श्रीविष्णु के तेज से उसकी भुजाएँ उत्पन्न हुईं। चंद्रमा के तेज से दोनों स्तनों का और इंद्र के तेज से मध्य भाग (कटि प्रदेश) का उदय हुआ। वरुण के तेज से जंघाएँ और पिंडलियाँ तथा पृथ्वी के तेज से नितंब भाग प्रकट हुए। ब्रह्मा के तेज से दोनों चरण और सूर्य के तेज से उनकी उँगलियाँ प्रकट हुईं। वसुओं के तेज से हाथों की उँगलियाँ और कुबेर के तेज से नासिका प्रकट हुई। उन देवी के दाँत प्रजापति के तेज से और तीनों नेत्र अग्नि के तेज से प्रकट हुए। उनकी भौंहें संध्या के और कान वायु के तेज से उत्पन्न हुए। इसी प्रकार अन्य देवताओं के तेज से भी उन कल्याणमयी देवी का प्रादुर्भाव हुआ।

तत्पश्चात् समस्त देवताओं के तेज-पुंज से प्रकट हुईं दुर्गा देवी को देखकर महिषासुर के सताए हुए देवता बहुत प्रसन्न हुए। पिनाकधारी भगवान् शंकर ने अपने शूल से एक शूल निकालकर उन्हें दिया। भगवान् विष्णु ने भीं अपने चक्र से एक चक्र उत्पन्न करके भगवती को अर्पण किया। वरुण ने शंख भेंट किया, अग्नि ने उन्हें शक्ति दी और वायु ने धनुष व बाण से भरे हुए दो तरकश प्रदान किए। सहस्र नेत्रोंवाले देवराज इंद्र ने अपने वज्र से वज्र उत्पन्न करके दिया और ऐरावत हाथी से उतारकर एक घंटा भी प्रदान किया। यमराज ने कालदंड से दंड, वरुण ने पाश, प्रजापति ने स्फटिक की माला तथा ब्रह्मा जी ने कमंडलु भेंट किया। सूर्य ने देवी के समस्त रोम-कूपों में अपनी किरणों का तेज भर दिया। काल ने उन्हें चमकती हुई ढाल और तलवार दी।

क्षीर समुद्र ने उज्ज्वल हार तथा कभी जीर्ण न होनेवाले दो दिव्य वस्त्र भेंट किए। साथ ही उन्होंने दिव्य चूड़ामणि, दो कुंडल, कड़े, उज्ज्वल अर्द्धचंद्र, सब बाहुओं के लिए कंगन, दोनों चरणों के लिए घुँघरू, गले की सुंदर हँसली और सब उँगलियों में पहनने के लिए रत्नों की बनी अँगूठियाँ दीं। विश्वकर्मा ने उन्हें अत्यंत निर्मल फरसा भेंट किया। साथ ही अनेक प्रकार के वस्त्र और अभेद्य कवच दिए। इनके अतिरिक्त मस्तक और वक्षस्थल पर धारण करने के लिए कभी न कुम्हलानेवाले कमलों की मालाएँ दीं। सागर ने उन्हें कमल का फूल भेंट किया। हिमालय ने सवारी के लिए सिंह तथा भाँति-भाँति के रत्न समर्पित किए।

देवी के साथ असुरों का युद्ध

धनाध्यक्ष कुबेर ने मधु से भरा पानपात्र दिया तथा संपूर्ण नागों के राजा शेष ने, जो इस पृथ्वी को धारण करते हैं, उन्हें बहुमूल्य मणियों से विभूषित

नागहार भेंट किया। इसी प्रकार अन्य देवताओं ने भी आभूषण और अस्त्र-शस्त्र देकर देवी का सम्मान किया। तत्पश्चात् देवी ने बारंबार अट्टहासपूर्वक उच्च स्वर में गर्जना की। उनके भयंकर नाद से संपूर्ण आकाश गूँज उठा। देवी का वह अत्यंत उच्च स्वर में किया हुआ सिंहनाद कहीं समा न सका। आकाश उसके सामने लघु प्रतीत होने लगा। उससे बड़े जोर की प्रतिध्वनि हुई, जिससे संपूर्ण ब्रह्मांड में हलचल मच गई और समुद्र काँप उठे। पृथ्वी डोलने लगी और समस्त पर्वत हिलने लगे। उस समय देवताओं ने अत्यंत प्रसन्नता के साथ सिंहवाहिनी भवानी से कहा, "देवी, तुम्हारी जय हो!" साथ ही महर्षियों ने भक्तिभाव से विनम्र होकर उनका पूजन किया।

संपूर्ण त्रिलोकी को क्षोभग्रस्त देखकर दैत्यगण अपनी समस्त सेना को कवच आदि से सुसज्जित कर, हाथों में हथियार लेकर खड़े हो गए। उस समय महिषासुर ने बड़े क्रोध में आकर कहा, "आह, यह क्या हो रहा है?" फिर वह संपूर्ण असुरों से घिरकर उस सिंहनाद की ओर लक्ष्य करके दौड़ा और आगे पहुँचकर उसने देवी को देखा, जो अपनी प्रभा से तीनों लोकों को प्रकाशित कर रही थीं। उनके चरणों के भार से पृथ्वी दबी जा रही थी। माथे के मुकुट से आकाश में रेखा-सी खिंच रही थी तथा वे अपने धनुष की टंकार से सातों पातालों को क्षुब्ध किए दे रही थीं। देवी अपनी हजारों भुजाओं से संपूर्ण दिशाओं को ढके हुए खड़ी थीं।

तत्पश्चात् उनके साथ दैत्यों का युद्ध छिड़ गया। अनेक प्रकार के अस्त्र-शस्त्रों के प्रहार से संपूर्ण दिशाएँ डोलने लगीं। चिक्षुर नामक महान् असुर महिषासुर का सेनानायक था। वह देवी के साथ युद्ध करने लगा। अन्य दैत्यों की चतुरंगिणी सेना साथ लेकर दूसरा सेनापति चामर भी लड़ने लगा। 60 हजार रथियों के साथ आकर उदग्र नामक महादैत्य ने लोहा लिया। 1 करोड़ रथियों को साथ लेकर महाहनु नामक दैत्य युद्ध करने लगा। असिलोमा नामक दैत्य, जिसके रोएँ तलवार के समान तीखे थे, 5 करोड़ रथी सैनिकों सहित युद्ध में आ डटा। 60 लाख रथियों से घिरा हुआ वाष्कल नामक दैत्य भी उस युद्धभूमि में लड़ने लगा। परिवारित नामक महादैत्य हाथी सवार और घुड़सवारों के अनेक दलों तथा 1 करोड़ रथियों की सेना लेकर युद्ध करने लगा। विडाल नामक दैत्य 5 अरब रथियों से घिरकर लोहा लेने लगा। इनके अतिरिक्त और भी हजारों महादैत्य रथ, हाथी और घोड़ों की सेना साथ लेकर वहाँ देवी के साथ युद्ध करने लगे।

स्वयं महिषासुर उस रणभूमि में करोड़ों रथों, हाथी और घोड़ों की सेना से घिरा हुआ खड़ा था। वे दैत्य देवी के साथ तोमर, भिंदिपाल, शक्ति, मूसल,

खड्ग, परशु और पट्टिश आदि अस्त्र-शस्त्रों के साथ युद्ध कर रहे थे। कुछ दैत्यों ने उन पर शक्ति का प्रहार किया, कुछ दैत्यों ने पाश फेंके तथा कुछ दूसरे दैत्यों ने खड्ग-प्रहार करके देवी को मार डालने का प्रयास किया।

देवी और दैत्यों का महासंग्राम

देवी ने भी क्रोध में भरकर खेल-ही-खेल में अस्त्र-शस्त्रों की वर्षा करके दैत्यों के समस्त अस्त्र-शस्त्र काट दिए। उनके मुख पर परिश्रम या थकावट का रंचमात्र भी चिह्न नहीं था। देवता और ऋषि-मुनि उनकी स्तुति कर रहे थे और वे भगवती परमेश्वरी दैत्यों के शरीरों पर अस्त्र-शस्त्रों की वर्षा करती रहीं। देवी का वाहन सिंह भी क्रोध में भरकर गरदन के बालों को हिलाता हुआ असुरों की सेना में इस प्रकार विचरने लगा, मानो वनों में दावानल फैल रहा हो। रणभूमि में दैत्यों के साथ युद्ध करती हुई देवी ने जितने निःश्वास छोड़े, वे सभी तत्काल सैकड़ों-हजारों गणों के रूप में प्रकट हो गए और परशु, खड्ग, भिंदिपाल एवं पट्टिश आदि अस्त्रों द्वारा असुरों का नाश करते हुए नगाड़े और शंख आदि बाजे बजाने लगे। उस संग्राम में कितने ही गण मृदंग बजा रहे थे।

तत्पश्चात् देवी भगवती ने त्रिशूल से, गदा से, शक्ति की वर्षा से और खड्ग आदि से सैकड़ों महादैत्यों का संहार कर डाला। कितनों को घंटे के भयंकर नाद से मूर्च्छित करके मार गिराया। अनेक दैत्यों को पाश में बाँधकर धरती पर घसीटा। कितने ही दैत्य उनकी तीखी तलवार की मार से दो-दो टुकड़े हो गए। कितने ही गदा की चोट से घायल हो धरती पर सो गए। कितने ही मूसल की मार से अत्यंत आहत होकर रक्त की उलटी करने लगे। कुछ दैत्य शूल से छाती कट जाने के कारण ढेर हो गए। उस रणभूमि में बाण-समूहों की वर्षा से कितने ही असुरों की कमर टूट गई।

बाज की तरह झपटनेवाले दैत्य अपने प्राणों से हाथ धोने लगे। किन्हीं की बाँहें छिन्न-भिन्न हो गईं। कितनों की गरदनें कट गईं। कितने ही दैत्यों के मस्तक कट-कटकर गिरने लगे। कुछ लोगों के शरीर मध्य भाग में ही विदीर्ण हो गए। कितने ही महादैत्य जाँघें कट जाने से पृथ्वी पर गिर पड़े। कितनों ही को देवी ने एक बाँह, एक पैर और एक नेत्रवाला करके दो टुकड़ों में चीर डाला। कितने ही दैत्य मस्तक कट जाने पर भी गिरकर गिर उठ जाते और केवल धड़ के रूप में अच्छे-अच्छे हथियार हाथ में लेकर देवी के साथ युद्ध करने लगते थे। कई सिर-कटे दैत्य युद्ध के बाजों की लय पर नाचते थे। कितने ही बिना सिर के

धड़ हाथों में खड्ग, शक्ति और फरसे लिये दौड़ते थे तथा 'ठहरो, ठहरो' यह कहते हुए देवी को युद्ध के लिए ललकारते थे। जहाँ वह घोर संग्राम हुआ था, वहाँ की धरती देवी के गिराए हुए रथ, हाथी, घोड़े और असुरों की लाशों से ऐसी पट गई थी कि वहाँ चलना-गिरना असंभव हो गया था।

दैत्य-सेना में हाथी, घोड़े और असुरों के शरीरों से इतनी अधिक मात्रा में रक्तपात हुआ था कि थोड़ी देर में वहाँ खून की बड़ी-बड़ी नदियाँ बहने लगीं। जगदंबा ने असुरों की विशाल सेना को कुछ ही समय में नष्ट कर दिया, ठीक उसी प्रकार जैसे घास-फूस के भारी ढेर को आग कुछ ही क्षणों में भस्म कर देती है। और वह सिंह भी गरदन के बालों को हिला-हिलाकर जोर-जोर से गर्जना करता हुआ दैत्यों के शरीरों से मानो उनके प्राण चुने लेता था। वहाँ देवी के गणों ने भी उन महादैत्यों के साथ ऐसा युद्ध किया, जिससे कि आकाश में खड़े हुए देवतागण उन पर बहुत संतुष्ट हुए और फूल बरसाने लगे।

सेनापति चिक्षुर और चामर का वध

जगदंबा के श्रीअंगों की कांति उदयकाल के सहस्रों सूर्यों के समान है। वे लाल रंग की रेशमी साड़ी पहने हुए हैं। उनके गले में मुंडमाला शोभा पा रही है। वे अपने कर-कमलों में जपमालिका, विद्या और अभय तथा वर नामक मुद्राएँ धारण किए हुए हैं। तीन नेत्रों से सुशोभित मुखारविंद बड़ा शोभायमान हो रहा है। उनके मस्तक पर चंद्र के साथ ही रत्नमय मुकुट बँधा है तथा वे कमल के आसन पर विराजमान हैं। ऐसी देवी इतना भयानक युद्ध कर सकती हैं, असुरों ने सपने में भी नहीं सोचा था।

दैत्यों की सेना को इस प्रकार तहस-नहस होते देख महादैत्य सेनापति चिक्षुर क्रोध में भरकर देवी से युद्ध करने के लिए आगे बढ़ा। वह असुर रणभूमि में देवी के ऊपर इस प्रकार बाणों की वर्षा करने लगा जैसे बादल मेरुगिरि के शिखर पर पानी की धार बरसा रहा हो। तब देवी ने अपने बाणों से उसके बाण समूह को अनायास ही काटकर उसके घोड़ों और सारथि को भी मार डाला। साथ ही उसके धनुष तथा अत्यंत ऊँची ध्वजा को भी तत्काल काट गिराया। धनुष कट जाने पर वह असुर ढाल और तलवार लेकर देवी की ओर दौड़ा। उसने तीखी धारवाली तलवार से सिंह के मस्तक पर चोट करके देवी की बाईं भुजा में बड़े वेग से प्रहार किया। देवी की बाँह पर पहुँचते ही वह तलवार टूट गई। फिर तो क्रोध से लाल आँखें करके उस राक्षस ने शूल हाथ में लिया और उसे भगवती

दुर्गा के ऊपर चलाया। वह शूल आकाश से गिरते हुए ग्रह की भाँति अपने तेज से दहक उठा। उस शूल को अपनी ओर आते देख देवी ने भी शूल का प्रहार किया। दैत्य-शूल के सैकड़ों टुकड़े हो गए। साथ ही महादैत्य चिक्षुर की भी धज्जियाँ उड़ गईं।

महिषासुर के पराक्रमी सेनापति चिक्षुर के मारे जाने पर देवताओं को पीड़ा देनेवाला चामर हाथी पर चढ़कर आया। उसने भी देवी के ऊपर शक्ति का प्रहार किया, किंतु भगवती ने उसे अपनी हुंकार से ही आहत एवं निष्प्रभ करके तत्काल पृथ्वी पर गिरा दिया। शक्ति टूटकर गिरी हुई देख चामर को बहुत क्रोध आया। अब उसने शूल चलाया, किंतु देवी ने उसे भी अपने बाणों द्वारा काट दिया। इतने में ही देवी का सिंह उछलकर हाथी के मस्तक पर चढ़ बैठा और उस दैत्य के साथ बाहु-युद्ध करने लगा। वे दोनों अत्यंत क्रोध में भरकर एक-दूसरे पर भयंकर प्रहार करते हुए लड़ने लगे।

तत्पश्चात् सिंह बड़े वेग से आकाश की ओर उछला और उधर से गिरते समय उसने पंजों की मार से चामर का सिर धड़ से अलग कर दिया। इसी प्रकार उदग्र भी शिला और वृक्ष आदि की मार खाकर रणभूमि में देवी के हाथ से मारा गया तथा कराल भी दाँतों और थप्पड़ों की चोट से धराशायी हो गया। क्रोध में भरी हुई देवी ने गदा की चोट से उद्धत का कचूमर निकाल दिया। भिंदिपाल से वाष्कल को तथा बाणों से ताम्र और अंधक को मौत के घाट उतार दिया। देवी ने त्रिशूल से उग्रास्थ, उग्रवीर्य तथा महाहनु नामक दैत्यों को मार डाला। तलवार की चोट से विडाल के मस्तक को धड़ से काट गिराया। दुर्धर और दुर्मुख को भी अपने बाणों से यमलोक भेज दिया।

महिषासुर का वध

इस प्रकार अपनी सेना का संहार होते देख महिषासुर ने भैंसे का रूप धारण किया और देवी के गणों को मारने लगा। किन्हीं को थूथन से मारकर, किन्हीं के ऊपर खुरों का प्रहार करके, किन्हीं-किन्हीं को पूँछ से चोट पहुँचाकर, कुछ को सींगों से विदीर्ण करके, कुछ गणों को वेग से, किन्हीं को सिंहनाद से, कुछ को चक्कर देकर और कितनों को निःश्वास वायु के झोंकों से महिषासुर ने धराशायी कर दिया। इस प्रकार गणों की सेना को गिराकर वह असुर महादेवी के सिंह को मारने के लिए झपटा। यह देख जगदंबा को बड़ा क्रोध आया। उधर महापराक्रमी महिषासुर भी क्रोध में भरकर धरती को खुरों से खोदने लगा तथा

के रक्त की बूँदें भूमि पर गिरने लगीं। इसके फलस्वरूप वहाँ अनेक रक्तबीज उत्पन्न हो गए और वे देवियों से युद्ध करने लगे। भगवती ने अनेक बार रक्तबीज का मस्तक काटा, किंतु प्रत्येक बार उसके रक्त से वहाँ अनेक रक्तबीज उत्पन्न हो जाते थे। यह देख सभी देवता चिंतित हो उठे।

जब किसी भी प्रकार से रक्तबीज का अंत न हो सका, तब कौशिकी ने काली से कहा, ''हे चामुंडे! तुम इस दुष्ट के रक्त को ऐसे पीओ कि इसकी एक भी बूँद भूमि पर न गिरे।''

यह कहकर माता भगवती ने तलवार से सभी रक्तबीजों का अंत करना आरंभ कर दिया। देवी कालिका रक्तबीज के रक्त को अपने खप्पर में भर-भरकर पीने लगीं और इस प्रकार शीघ्र ही समस्त रक्तबीजों का अंत हो गया।

शुंभ और निशुंभ का वध

रक्तबीज के मरने के बाद शुंभ निराश हो गया। निशुंभ उसे धैर्य बँधाते हुए बोला, ''राजन्, शोक न करें। मैं अभी जाकर उस दुष्टा काली को समाप्त करके कौशिकी को आपके चरणों में लाकर पटकता हूँ। आप उस तुच्छ स्त्री के विषय में चिंता न करें। कहाँ वह एक साधारण स्त्री और कहाँ मेरी भुजाओं का अमित बल, जो तीनों लोकों को वश में रख सकता है। मैं युद्धभूमि से विजय पाकर ही लौटूँगा।''

शुंभ को सांत्वना देकर निशुंभ युद्धभूमि की ओर चल पड़ा। उसकी भुजाएँ अस्त्र-शस्त्रों से सुसज्जित थीं। निशुंभ एक पराक्रमी योद्धा था। युद्ध में विजय प्राप्त करनी है या अपने प्राणों का त्याग कर देना है, यह सोचकर वह युद्धभूमि में आ पहुँचा।

निशुंभ ने युद्धस्थल पर पहुँचकर अपना धनुष उठाया और माता कौशिकी पर बाणों की वर्षा आरंभ कर दी। उसे देखकर भगवती चंडिका भयंकर अट्टहास करते हुए बोलीं, ''मूर्ख, तू अपनी मौत की इच्छा से युद्धभूमि में आया है। चंड, मुंड, रक्तबीज आदि महाबलशाली दैत्यों की मृत्यु से भी तुमने सबक नहीं सीखा। हाँ, क्योंकि तुम्हारी भी मृत्यु अनिवार्य है। संपूर्ण देवताओं के सामने आज मैं तुम्हारा नाश कर दूँगी।''

फिर तत्काल उन्होंने धनुष धारण कर लिया और बाणों का उत्तर बाणों से देने लगीं। माता का सिंह अपने नखों और दाँतों से दैत्य सैनिकों को मारकर खाने लगा। यह देखकर निशुंभ और अन्य दैत्य योद्धा रोष में आकर देवी पर और

तीक्ष्ण प्रहार करने लगे। क्रोध से उनकी आँखों से रक्त टपकने लगा। तभी निशुंभ की सहायता के लिए शुंभ भी अपने सैनिकों के साथ वहाँ आ गया।

उसने देखा, भगवती जगदंबा युद्धभूमि के मध्य में खड़ी हैं। उनके चारों ओर दैत्यों के शव पड़े हैं। उनके अंग-अंग से भयानकता टपक रही है। क्रोध के कारण उनकी आँखें लाल हैं। देवी के इस रौद्र रूप को देखकर शुंभ की उनके साथ विवाह करने की इच्छा समाप्त हो गई। उसने धनुष सीधा करके माता भगवती पर तीखे प्रहार आरंभ कर दिए। जब माता चंडिका ने दोनों के धनुषों को काट दिया, तब वे तलवार लेकर एक साथ माता कौशिकी और उनके सिंह से युद्ध करने लगे।

निशुंभ ने सिंह पर प्रहार किया। इससे माता भगवती भीषण क्रोधित हो उठीं और उन्होंने अपनी तलवार से निशुंभ के मस्तक को धड़ से अलग कर दिया। निशुंभ प्राणहीन होकर भूमि पर गिर पड़ा। उसके मरते ही एक पल के लिए शुंभ युद्ध करना भूल गया और एकटक निशुंभ को देखने लगा। किंतु अगले ही पल वह तलवार लेकर माता भगवती से युद्ध करने लगा। शीघ्र ही भगवती ने शुंभ का भी मस्तक काट दिया और उसकी जीवन-लीला समाप्त कर दी। शुंभ और निशुंभ के मरते ही देवताओं में आनंद छा गया। ब्रह्मा, विष्णु, शिव, इंद्र, वरुण, अग्नि, कुबेर आदि देवगण पुष्पों की वर्षा करते हुए अनेक प्रकार से भगवती कौशिकी की स्तुति करने लगे। वातावरण मंगल शंखध्वनि से गूँजने लगा।

□

4

सरस्वती

माता सरस्वती विद्या, ज्ञान और विज्ञान की देवी हैं। एक पौराणिक कथा के अनुसार सर्वप्रथम सरस्वती श्रीविष्णु की पत्नी थीं, लेकिन बाद में इनका एक अंश नदी रूप में पृथ्वी पर और शेष अंश ब्रह्माजी के पास प्रतिष्ठित हुआ। श्वेत कमल पर विराजमान देवी सरस्वती वीणा-वादन करते हुए संसार में ज्ञान का प्रकाश फैलाती हैं।

हिंदू धर्मग्रंथों में देवी सरस्वती के प्रकट होने की दो कथाएँ प्रचलित हैं। एक कथा के अनुसार, पूर्व काल में जब शुंभ-निशुंभ आदि दैत्यों ने इंद्र आदि देवताओं के सारे अधिकार छीन लिये, तब देवताओं ने उन दैत्यों के अत्याचारों से मुक्ति पाने के लिए हिमालय पर जाकर भगवती पार्वती की अनेक प्रकार से स्तुति की और बोले, "हे माँ! आप ही दुर्गा हैं। आप ही महाकाली हैं। संसार की कोई भी शक्ति आपका पार नहीं पा सकती। ब्रह्मांड में आप ही केवल वह आदि-शक्ति हैं, जो संपूर्ण जगत् में प्रकाशमान हैं। आपके तेज के समक्ष देवता, दैत्य, ऋषि, मुनि, मनुष्य आदि सभी प्रभावहीन और तेजहीन हैं। हे माँ हमें दर्शन देकर अनुगृहीत करें।"

देवताओं की प्रार्थना पर भगवती पार्वती ने प्रकट होकर उन्हें दर्शन दिए।

माता पार्वती के प्रकट होने पर देवगण अपने कष्टों को बताते हुए बोले, "हे माता! आज संसार में देव-शक्तियों का प्रभाव समाप्त हो गया है। दैत्यों ने स्वर्ग पर आक्रमण करके देवताओं को पराजित कर दिया है। हे माँ! केवल आप ही देवताओं पर आए इस संकट को दूर कर सकती हैं। आपने अनेक बार हमें इन कष्टों से मुक्ति दिलाई है। इस बार भी सभी देवगण आपकी शरण में हैं। हम पर दया करें, माता। हम सब आपकी शरण में हैं।"

देवी ने जब देवताओं के कष्टों का विवरण सुना तो वे क्रोधित हो उठीं। उसी समय देवी के शरीर-कोष से एक दिव्य तेज प्रकट हुआ और धीरे-धीरे उसने एक तेजस्वी कन्या का रूप धारण कर लिया। यही कन्या देवी सरस्वती थीं। भगवती पार्वती के शरीर-कोष से प्रकट होने के कारण सरस्वती देवी का एक नाम 'कौशिकी' भी प्रसिद्ध हुआ।

भगवती सरस्वती का अवतार असुरों के विनाश और देवताओं के उद्धार के लिए हुआ था। अतः वे असुरों की खोज में चल पड़ीं।

शुंभ-निशुंभ नाम के दैत्य अत्यंत क्रूर और अत्याचारी थे। उन्होंने इंद्र का सिंहासन छीन लिया था और स्वर्ग पर राज कर रहे थे। माता सरस्वती यदि चाहतीं तो उन्हें स्वर्ग में भी जाकर समाप्त कर सकती थीं, लेकिन तब वहाँ काफी रक्तपात होता। अतः उन्होंने एक सरल राह निकाली। वे एक अत्यंत सुंदर युवती का रूप धारण करके हिमालय पर्वत में एक मनोरम स्थान पर जाकर बैठ गईं, जहाँ उन्हें शुंभ-निशुंभ के दूतों ने देखा।

उन दूतों ने शुंभ-निशुंभ को इसकी सूचना दी और कहा, "हे स्वामी! ब्रह्मांड में आप सबसे अधिक शक्तिशाली हैं और वह स्त्री ब्रह्मांड की सर्वश्रेष्ठ सुंदरी। ऐसी परम सुंदरी को आप ही ग्रहण करने योग्य हैं। संसार में उसका

आगमन केवल आपके लिए ही हुआ है। आप उसे ग्रहण करके उसके जीवन को सफल बनाएँ।''

शुंभ-निशुंभ ने जब दूत के मुख से देवी सरस्वती के रूप की इतनी प्रशंसा सुनी तो वे उन्हें पाने के लिए व्याकुल हो उठे।

शुंभ-निशुंभ ने शीघ्र ही अपने विश्वसनीय परमवीर दूत सुग्रीव को देवी सरस्वती के समीप विवाह का प्रस्ताव स्वीकार करने के लिए भेजा।

सुग्रीव तपस्या में लीन देवी सरस्वती को दैत्यराज शुंभ-निशुंभ का विवाह प्रस्ताव सुनाते हुए बोला, ''हे परम सुंदरी! अब आपको इस जंगल में अकेले रहकर तप करने की कोई आवश्यकता नहीं है। आपके सभी कष्टों के निवारण के लिए स्वर्ग के राजा शुंभ-निशुंभ ने मुझे आपके पास भेजा है। आप शीघ्र ही मेरे साथ स्वर्ग की ओर प्रस्थान करें।''

दूत की बात सुनकर देवी ने उत्तर में कहा, ''हे सुग्रीव! मैंने यह प्रतिज्ञा की है कि जो भी व्यक्ति युद्ध में मुझे पराजित कर देगा, मैं उसकी ही पत्नी बनूँगी। यदि तुम्हारे राजा मुझसे विवाह करना चाहते हैं तो उन्हें पहले मुझे युद्ध में जीतना होगा। इसके बाद ही मैं उन्हें अपना पति स्वीकार करूँगी।''

सुग्रीव ने जब यह संदेश शुंभ-निशुंभ को दिया तो वे क्रोधित होते हुए बोले, ''एक वन-कन्या का यह दुःसाहस कि वह तीनों लोकों के विजेता शुंभ-निशुंभ को युद्ध के लिए ललकारे। वह हमारी शक्ति से परिचित नहीं है। इसलिए हम उसे क्षमा माँगने का एक अवसर अवश्य देंगे।''

तत्पश्चात् उन्होंने अपने सेनापति धूम्रलोचन को देवी को पकड़ने के लिए भेजा। धूम्रलोचन 60 हजार की दैत्य सेना के साथ वहाँ पहुँचा और देवी को युद्ध के लिए ललकारा।

धूम्रलोचन की ललकार सुनकर देवी सरस्वती ने मुसकराते हुए केवल 'हूँ' शब्द के उच्चारण मात्र से उसे उसकी 60 हजार सेना सहित भस्म कर दिया। तभी से देवी सरस्वती 'धूमावती' नाम से भी प्रसिद्ध हुईं।

धूम्रलोचन की मृत्यु के पश्चात् शुंभ-निशुंभ ने अपने अनेक शक्तिशाली असुर सेनापतियों को युद्ध के लिए भेजा, लेकिन कोई भी असुर अधिक समय तक देवी के सामने नहीं टिक सका और सभी देवी सरस्वती के हाथों मारे गए।

असुर सेना के व्यापक विनाश से शुंभ-निशुंभ विचलित हो उठे और अंत में स्वयं ही युद्ध के लिए देवी के समक्ष आए।

शुंभ-निशुंभ ने जब देवी को देखा तो उन्हें अत्यंत आश्चर्य हुआ। वे उपहास करते हुए बोले, ''हे सुकोमल कन्या! तुम किस बल पर शुंभ-निशुंभ को

ललकारने का प्रयत्न कर रही हो? तुम्हारे पास न तो अस्त्र-शस्त्र हैं और न ही कोई सेना। फिर तुमने यह मूर्खतापूर्ण कार्य क्यों किया? अभी भी समय है, यदि तुम चाहो तो युद्ध टल सकता है, अन्यथा परिणाम के लिए तुम स्वयं दोषी होगी।''

शुंभ-निशुंभ की बातें सुनकर देवी शांत-भाव से बोलीं, ''हे दुष्टो! यह युद्ध नहीं टल सकता। जिस प्रकार तुम्हारी असुर सेना को मैंने यमलोक पहुँचाया है, उसी प्रकार आज तुम्हारी आत्मा भी तुम्हारा त्याग करके ब्रह्म में लीन हो जाएगी। आज तुम्हारे पापों का अंत होगा और चारों ओर शांति व भक्ति का शंख बज उठेगा।''

इसके पश्चात् शुंभ-निशुंभ और देवी में घमासान युद्ध आरंभ हो गया। दोनों दैत्यों ने अनेक प्रकार से मायावी युद्ध किया, लेकिन देवी के आगे अधिक समय तक नहीं टिक पाए और अपनी शेष सेना के साथ मारे गए।

जैसे ही शुंभ-निशुंभ का देवी के हाथों अंत हुआ, वैसे ही चारों तरफ विजयी शंख बज उठे। सभी देवता माता भगवती की जय-जयकार कर उठे। उन्होंने देवी सरस्वती के ऊपर पुष्पवर्षा करते हुए विभिन्न प्रकार से उनकी स्तुति की।

कुछ हिंदू पौराणिक ग्रंथों के अनुसार, कौशिकी ही साक्षात् सरस्वती हैं। उन्हें 'उग्रतारा' और 'महोग्रतारा' भी कहा गया है। माता पार्वती के शरीर से स्वत: प्रकट होने के कारण वे 'मातंगी' भी कहलाती हैं।

'देवी भागवत' के अनुसार, सरस्वती देवी भगवान् श्रीकृष्ण की जिह्वा से प्रकट हुईं। श्रीकृष्ण ने सरस्वतीजी को भगवान् नारायण को समर्पित कर दिया। सबसे पहले भगवान् श्रीकृष्ण ने ही संसार में सरस्वतीजी की पूजा-अर्चना आरंभ की। धर्मग्रंथों में कहा गया है कि श्रीकृष्ण की जिह्वा से प्रकट होने के साथ ही श्रीकृष्ण को स्वत: ही बाँसुरी बजानी आ गई। इसी प्रकार जब देवी सरस्वती महर्षि वाल्मीकि की जिह्वा पर विराजमान हुईं तो वे महान् कवि बन गए। इसी के साथ देवी सरस्वती विद्या और ज्ञान की देवी के रूप में पूजी जाने लगीं।

सरस्वती अपने एक अंश से नदी रूप में धरती पर और दूसरे अंश से ब्रह्माजी की पत्नी होने के कारण 'ब्राह्मी' या 'ब्रह्माणी' नाम से प्रसिद्ध हुईं। कुछ हिंदू धार्मिक ग्रंथों के अनुसार एक अंश से सरस्वती ब्रह्माजी की पुत्री भी कही जाती हैं।

एक बार ब्रह्माजी ने सरस्वतीजी से कहा, ''हे देवी! तुम किसी योग्य पुरुष के मुख में शब्द-शक्ति बनकर निवास करो।''

ब्रह्माजी के आदेशानुसार सरस्वती योग्य पात्र की खोज में निकलीं। पूरा सतयुग बीतने पर भी उन्हें कोई योग्य पात्र नहीं मिला। त्रेतायुग के आरंभ में

सरस्वतीजी भ्रमण करते हुए भारत भूमि पर तमसा नदी के तट पर पहुँचीं।

वहाँ महातपस्वी वाल्मीकि का निवास था। महर्षि वाल्मीकि उस समय अपने आश्रम में घूम रहे थे। इतने ही में उनकी दृष्टि एक क्रौंच पक्षी पर पड़ी, जो उसी समय एक शिकारी के बाण से घायल होकर गिरा था। पक्षी का सारा शरीर रक्त-रंजित था। मादा क्रौंच उसके पास बैठकर करुण क्रंदन कर रही थी। करुणा में डूबे दयालु महर्षि के मुख से उसी समय संसार के प्रथम महाकाव्य (रामायण) का पहला श्लोक निकला—

मा निषाद प्रतिष्ठां त्वमगमः शाश्वती समाः।
यत् क्रौञ्चमिथुनादेकमवधीः काममोहितम्॥

यह श्लोक माँ सरस्वती की कृपा का प्रथम प्रसाद था। उन्होंने महर्षि को देखते ही उनकी असाधारण योग्यता का परिचय पा लिया था। माता सरस्वती की कृपा पाकर महर्षि वाल्मीकि आदिकवि के नाम से प्रसिद्ध हुए।

माता सरस्वती के अनेक रूप और नाम प्रचलित हैं, जैसे शारदा, अंबा, जगन्माता आदि। उनमें सर्वाधिक प्रचलित नाम सरस्वती है। सरस्वती शब्द का अर्थ है—सरस, अर्थात् रसपूर्ण और वती का अर्थ है—स्वामिनी, अर्थात् सभी प्रकार के रसों की स्वामिनी देवी।

माता सरस्वती को विद्या, वाणी, ज्ञान, संगीत और कला की देवी तो माना ही जाता है, ब्रह्माजी की भाँति सृष्टि की रचना और श्रीहरि विष्णु की भाँति सृष्टि के पालन में भी उनका महत्त्वपूर्ण योगदान है। माँ सरस्वती माता के रूप में, नदी के रूप में तथा देवी के रूप में सृष्टि के आरंभ से ही ऋषि-मुनियों, ज्ञानियों, देवताओं और मनुष्यों की श्रद्धा व विश्वास का केंद्र रही हैं।

सरस्वती का एक नाम वाग्देवी भी है। ब्रह्म ज्ञान भी वही हैं। नदी के रूप में जल प्रवाहित कर देवी सरस्वती मनुष्यमात्र का पालन-पोषण करती हैं। जिस प्रकार सूर्य के प्रकाश से अंधकार समाप्त हो जाता है, ठीक उसी प्रकार जो व्यक्ति विद्या अर्थात् देवी सरस्वती का आश्रय लेता है, वह परब्रह्म परमात्मा में लीन हो जाता है।

वेद हमारे धर्म के मूल आधार हैं। ये वेद माँ सरस्वती जी की कृपा के ही प्रसाद हैं। माँ सरस्वती साक्षात् शब्द स्वरूप हैं। अतः प्रत्येक शब्द उनकी कृपा से ही प्रकट होता है, चाहे वह लिखित हो अथवा कथित।

हिंदू धर्म में ईश्वर के तीन रूप बताए गए हैं—ब्रह्मा सृष्टि के उत्पन्नकर्ता, विष्णु सृष्टि के पालनकर्ता और शिव सृष्टि के संहारक अथवा नष्टकर्ता। ठीक इसी तरह हिंदू धर्मग्रंथों में मातृ शक्तियों के भी तीन रूप बताए गए हैं—भगवती

सरस्वती, भगवती महालक्ष्मी और भगवती महाकाली।

हिंदू धर्म ग्रंथों के रचनाकारों के मतानुसार, जगत् के निर्माता परमपिता परमेश्वर सृष्टि की रक्षा के लिए अपनी अलौकिक माया से पुरुष अथवा स्त्री के रूप में अवतार ग्रहण करते रहे हैं। जब उनका अवतार पुरुष के रूप में होता है, तब संसार ब्रह्मा, विष्णु, शिव, राम, कृष्ण आदि नामों से उनकी स्तुति करता है और जब उनका अवतार स्त्री के रूप में होता है, तब उन्हें महाकाली, महालक्ष्मी, महासरस्वती आदि नामों से पुकारा जाता है।

जगत् के पालनकर्ता की तमोप्रधान शक्ति को महाकाली कहा जाता है, जो मुख्यतः दुष्टों का संहार करती हैं। सत्त्वप्रधान वैष्णो रूप को महालक्ष्मी कहते हैं, जो जगत् का पालन करती हैं तथा रजप्रधान ब्राह्मी शक्ति को सरस्वती कहा जाता है, जो मुख्यतः जगत् की उत्पत्ति तथा उसमें ज्ञान के संचार का कार्य करती हैं।

विद्या की स्वामिनी माता सरस्वती चार भुजाओंवाली देवी हैं। इनके चारों हाथों में क्रमशः वीणा, वरमुद्रा, पुस्तक तथा माला शोभायमान रहती हैं। इनका वाहन हंस है। सरस्वतीजी श्वेत वस्त्र धारण करती हैं और श्वेत कमल पर निवास करती हैं। ब्रह्मा, विष्णु, शिव, इंद्र आदि सभी देवगण उनकी स्तुति करते हैं। हंस के अतिरिक्त मयूर को भी सरस्वती का वाहन बताया गया है। देवी सरस्वती विद्या, बुद्धि, गीत, संगीत, कला, साहित्य आदि की स्वामिनी हैं। इनकी कृपा के प्रसाद से व्यक्ति परम विद्वान् बन जाता है। कालिदास, वाल्मीकि, उतथ्य जैसे निरक्षर व्यक्तियों ने देवी सरस्वती की कृपा से ही महान् ग्रंथों की रचना करके संसार में प्रसिद्धि पाई।

सरस्वती जहाँ नदी रूप में धरती को धन-धान्य से संपन्न करती हैं, वहीं विद्या की देवी के रूप में भक्तजन को बुद्धि और ज्ञान प्रदान करती हैं।

सरस्वतीजी की उपासना का महत्त्व

सर्वप्रथम भगवान् श्रीकृष्ण ने भगवती सरस्वती की पूजा की। तभी से देवी सरस्वती सर्वपूजिता हो गईं। माघ महीने की शुक्ल पंचमी के दिन देवी सरस्वती की विशेष पूजा-अर्चना की जाती है। इस दिन स्नान आदि के बाद स्वच्छ वस्त्र धारण करके सर्वप्रथम गणेशजी का पूजन करें, तत्पश्चात् इष्ट देवी भगवती सरस्वती का पूजन करें। इनके पूजन में श्वेत पुष्प, श्वेत वस्त्र, श्वेत शंख, श्वेत आभूषण आदि अर्पित करें। नारियल, मौली, ताजा मक्खन, केले, सफेद तिल के

लड्डू, खोए से बनी मिठाइयाँ और सफेद रंग का ही नैवेद्य (घर में बना भोजन) और ऋतु-फल अर्पित करें।

पूजन के समय इस प्रकार ध्यान करें, भगवती सरस्वती श्वेत वर्णा हैं। वे परम सुंदरी और हँसमुख हैं। करोड़ों चंद्रमा मिलकर भी उनकी आभा की तुलना नहीं कर सकते। ब्रह्मा, विष्णु, महेश जिनकी पूजा करते हैं। श्रेष्ठ मुनि, मनुष्य और ऋषिगण जिनके चरणों में मस्तक झुकाते हैं, ऐसी भगवती सरस्वती को मैं प्रणाम करता हूँ।

माँ सरस्वती यद्यपि विद्या, ज्ञान और कला की देवी हैं; परंतु हम उन्हें विद्या द्वारा प्राप्त तर्क-शक्ति, बुद्धि, धन अथवा बल के माध्यम से प्राप्त नहीं कर सकते। इसके लिए हमें उनको हृदय की संपूर्ण गहराई के साथ समर्पित भाव से पुकारना, याद करना अथवा नमन करना होगा।

मनुष्य निस्स्वार्थ भाव से कभी भी किसी देवी-देवता की स्तुति नहीं करता। स्वार्थ की भावना से की गई स्तुति उतनी लाभप्रद नहीं होती। भक्त को यह सदैव ध्यान रखना चाहिए कि देवगण यह जानते हैं कि हमें किस वस्तु की आवश्यकता है। उसी के अनुरूप वह फल प्रदान करते हैं। अत: गुप्त रूप से, कामना-रहित होकर की गई आराधना-उपासना ही वास्तव में सच्ची भक्ति है। साधक को उसी का अपेक्षित फल प्राप्त होता है।

जब हम संसार को दिखाकर पूजा-पाठ, आराधना, जागरण आदि करने लगते हैं, तब माँ सरस्वती की उपासना उपासना नहीं, आडंबर मात्र बनकर रह जाती है। माँ सरस्वती की कृपा-प्राप्ति के लिए आवश्यक है कि आप एकांत स्थान में शांत मन से उनकी उपासना करें। आप माँ सरस्वती की उपासना नियमित रूप से अवश्य कीजिए, परंतु मन में कोई इच्छा न रखिए और न ही इसका प्रदर्शन कीजिए। फिर माता सरस्वती की विशिष्ट कृपा आपको सहज ही प्राप्त होगी। साथ ही उनके चरण-कमलों में स्थान भी मिलेगा।

आँखें बंद करके माता सरस्वती को अपने हृदय में साक्षात् देखते हुए मानसिक रूप से किए गए पूजन का सर्वाधिक फल प्राप्त होता है। संपूर्ण जगत् का भरण-पोषण करनेवाले ईश्वर को हम कुछ नहीं दे सकते। अत: यह आवश्यक नहीं है कि भौतिक सामग्री द्वारा ही देवी-देवताओं को प्रसन्न करने की चेष्टा की जाए।

प्रमुख सरस्वती मंत्र

देवी-देवताओं का कोई आकार नहीं होता। हम अपनी भावनाओं की दृष्टि

से उनके आकार का स्वयं निर्माण करते हैं। हिंदू धर्मग्रंथों में बताया गया है कि मंत्रों में देवता निवास करते हैं। मंत्रों के नियमित विधिपूर्वक जप से किसी भी देवता को प्रसन्न किया जा सकता है।

पूजा-अर्चना के अंतिम चरण में किसी मंत्र का नियमित जप करने से उपासना भलीभाँति पूर्ण तो होती ही है, मंत्रों के जप की शक्ति से विशेष सिद्धियाँ भी प्राप्त की जा सकती हैं। वैसे शुद्ध भाव से मंत्रों का जप कहीं भी और कभी भी किया जा सकता है। जप-तप, आराधना-उपासना, भजन-पूजन आदि सभी धार्मिक क्रिया-कलाप मन की शक्ति को बढ़ाने और जीवन में पवित्रता का संचार करने में महत्त्वपूर्ण भूमिका निभाते हैं।

देवी सरस्वती की आराधना के लिए कुछ प्रमुख मंत्र-

श्रीं ह्रीं सरस्वत्यै स्वाहा।

माता सरस्वती का यह अष्टाक्षर मंत्र परम श्रेष्ठ और सर्व-हितकर है। प्राचीनकाल में भगवान् विष्णु ने इस मंत्र का उपदेश वाल्मीकि को, परशुराम जी ने पुष्कर में दैत्यगुरु शुक्राचार्य को, भगवान् शिव ने कण्व ऋषि को, महर्षि मरीच ने देवगुरु बृहस्पति को दिया था। इस मंत्र के प्रभाव से याज्ञवल्क्य, कात्यायन, शृंगीमुनि, आस्तीक, भृगु, भरद्वाज, शाकटायन, पाणिनि आदि ऋषि प्रसिद्ध विद्वान् बन सके थे। इस मंत्र की सिद्धि के पश्चात् मनुष्य बृहस्पति के समान योग्यता प्राप्त कर लेता है। सभी वेद, शास्त्र, उपनिषद्, स्मृति आदि कंठस्थ हो जाते हैं और संसार में मान-सम्मान प्राप्त होता है।

ऊँ ऐं नमः।

यह मंत्र आकार में छोटा होते हुए भी अर्थ और महत्त्व में अत्यंत विराट् है। तीन शब्दों के इस मंत्र में ॐ शब्द परब्रह्म परमेश्वर के लिए है और ऐं शब्द मातेश्वरी सरस्वती का बीज मंत्र है।

ॐ ह्रीं ऐं ह्रीं ऊँ सरस्वती नमः।

यह मंत्र माता सरस्वती का एक प्रसिद्ध मंत्र है। अनेक ऋषि-मुनियों ने इसकी सिद्धि प्राप्त करके माता सरस्वती के चरणों में उच्च स्थान प्राप्त किया है। नियमित जप-तप से इस मंत्र को सिद्ध किया जा सकता है।

ॐ नमः श्रीं श्रीं ह्रीं वद वद वग्वादिनी भगवति सरस्वत्यै नमः स्वाहा।
विद्या देवि मम ह्रीं सरस्वती स्वाहा।।

इस मंत्र में माता सरस्वती से विद्या-प्राप्ति के लिए प्रार्थना की गई है। छात्र-छात्राओं और कला-साधकों को इस मंत्र का नियमित जप करना चाहिए। इससे उन्हें निश्चित ही अभीष्ट ज्ञान-विज्ञान की प्राप्ति होती है।

भगवान् श्रीविष्णु समाधिलीन हो गए। तत्पश्चात् श्रीविष्णु की नाभि से एक कमल-पुष्प प्रकट हुआ। उस कमल-पुष्प से ब्रह्माजी की उत्त्पति हुई।

भगवान् श्रीविष्णु ने ब्रह्माजी को सृष्टि की रचना करने का आदेश दिया। श्रीविष्णु की आज्ञानुसार ब्रह्माजी ने अपना कार्य आरंभ कर दिया।

एक बार भगवान् विष्णु योगनिद्रा की अवस्था में शेष-शय्या पर विराजमान थे। उसी समय उनके कानों के मैल से एक तेज प्रकट हुआ। धीरे-धीरे उस तेज ने दो दैत्यों का रूप धारण कर लिया। यह दैत्य मधु-कैटभ के नाम से विख्यात हुए।

भगवान् श्रीविष्णु के अंश से जन्म लेने के कारण इन दैत्यों का मुख सूर्य के समान तेजपूर्ण और विकराल था। इन विकराल दैत्यों ने ब्रह्माजी को अपने निकट देखा तो गर्जना करते हुए बोले, ''हे चार मुखोंवाले मानव! तुम कौन हो और यहाँ क्या कर रहे हो ? अतिशीघ्र बताओ, अन्यथा हम तुम्हें अभी मार डालेंगे।''

मधु-कैटभ दैत्यों की बात सुनकर ब्रह्माजी अत्यंत भयभीत हो गए। भगवान् विष्णु योगनिद्रा में लीन थे, अतः अपनी रक्षा हेतु ब्रह्माजी माता दुर्गा का स्मरण करते हुए बोले, ''हे माता दुर्गा! दर्शन दें। अपने भक्तों की रक्षा करनेवाली, अष्ट-भुजाधारी माँ, अपने पुत्र की इन दुष्ट दैत्यों से रक्षा करो।''

ब्रह्माजी की करुण पुकार सुनकर माता दुर्गा अपने अष्ट-भुजाधारी रूप में प्रकट हुईं। ब्रह्माजी ने उनकी स्तुति की और बोले, ''हे जगज्जननी! भगवान् श्रीविष्णु योगनिद्रा की स्थिति में हैं। उनके कानों के मैल से प्रकट होनेवाले ये दोनों दैत्य मधु-कैटभ मुझे मारना चाहते हैं। हे देवी! इन दुष्टों से मेरी रक्षा करें। भगवान् श्रीहरि के अतिरिक्त केवल आप ही मेरी रक्षा कर सकती हैं। अपने भक्त पर कृपा करें।''

ब्रह्माजी की करुणा भरी पुकार सुनकर देवी दुर्गा अत्यंत क्रोधित होती हुई बोलीं, ''हे परब्रह्म! तुम निश्‍चिंत रहो। ये दोनों दैत्य तुम्हें अहित नहीं पहुँचा सकते। मेरा काली-अवतार युद्ध में इन दैत्यों को समाप्त करके तुम्हारे संकट को हर लेगा।''

इतना कहने के बाद माता दुर्गा के चमत्कार से भगवान् विष्णु के नेत्रों व मुख आदि से एक दिव्य प्रकाश स्रोत निकलकर वहाँ एक स्त्री के रूप में प्रकट हो गया, जो महाकाली थीं। माता दुर्गा को अंबे, जगदंबे और महादेवी कहा गया है। वे शिवजी की अर्द्धांगिनी हैं। दुर्गा की अवतार माता महाकाली को भी वही स्थान प्राप्त है। काल अर्थात् शिवजी की पत्नी होने के कारण इन्हें महाकाली कहा गया।

जब मधु-कैटभ ब्रह्माजी को मारने के लिए आगे बढ़े तो महाकाली ब्रह्माजी की रक्षा के लिए अस्त्र-शस्त्र लेकर उनके मध्य में खड़ी हो गईं।

तब ब्रह्माजी बोले, ''हे दुष्टों का संहार करनेवाली माता! प्रभु के विधान के अनुसार इनकी मृत्यु भगवान् श्रीविष्णुजी के हाथों लिखी है।''

ब्रह्माजी के ये वचन सुनकर महाकाली ने अपनी माया द्वारा भगवान् विष्णु को योगनिद्रा से जाग्रत् कर दिया।

भगवान् विष्णु ने मधु-कैटभ को देखा तो उन्हें सारी स्थिति का ज्ञान हो गया।

श्रीविष्णु मधु-कैटभ को युद्ध के लिए ललकारते हुए बोले, ''हे दुष्टो, तुम मेरे अंश से उत्पन्न होने पर भी दुष्ट प्रकृति के हो। अपनी दुष्टता के कारण तुम सृष्टि के निर्माता का ही वध करना चाहते थे। तुम्हें इसका दंड अवश्य मिलेगा। सृष्टि के कल्याण के लिए तुम्हारी मृत्यु आवश्यक है।''

भगवान् विष्णु का दोनों दैत्यों के साथ बाहु-युद्ध आरंभ हो गया।

यह युद्ध पाँच हजार वर्षों तक चला। इस युद्ध ने विकराल रूप धारण कर लिया, जिसके कारण भीषण लपटें प्रकट होने लगीं। इन लपटों से तीनों लोकों में हाहाकार मच गया। देवगण, दैत्य, ऋषि-मुनि आदि अपने प्राणों की रक्षा के लिए माता महाकाली की वंदना करने लगे।

इस युद्ध में भगवान् विष्णु को अपने ही अंशावतार मधु-कैटभ से युद्ध करना पड़ रहा था। दोनों दैत्य उनके समान ही बलशाली थे। अतः उन्हें पराजित कर पाना उनके लिए अत्यंत कठिन हो गया। उनके प्रत्येक अस्त्र-शस्त्र को दोनों दैत्य कुछ ही समय में नष्ट कर देते थे।

इंद्र आदि सभी देवगण इस युद्ध को देख रहे थे। जब उन्होंने देखा कि श्रीहरि की शक्ति क्षीण होती जा रही है तो वे सभी ब्रह्माजी की शरण में उपस्थित हुए।

ब्रह्माजी की प्रार्थना के पश्चात् देवराज इंद्र बोले, ''हे परमपिता परमेश्वर! आप तो अंतर्यामी हैं। आप जानते हैं कि मधु-कैटभ भगवान् विष्णु के ही अंश से उत्पन्न हुए हैं, इस कारण वे भी उन्हीं की भाँति बलशाली और अपराजेय हैं। उनके इस युद्ध के कारण स्थान-स्थान पर लपटें भड़कने लगी हैं, जो तीनों लोकों के सभी प्राणियों को कष्ट पहुँचा रही हैं। आप इन दैत्यों को पराजित करने का कोई उपाय करें और इन लपटों को शांत करें, अन्यथा सारा ब्रह्मांड नष्ट हो जाएगा।''

देवगण की बात सुनकर ब्रह्माजी बोले, ''हे देवपति इंद्र! भगवान् श्रीविष्णु केवल विधि के विधान के लिए ही इन दैत्यों से युद्ध कर रहे हैं। यह सब माता महाकाली की माया के कारण हो रहा है। वास्तव में केवल महाकाली ही वे आदि-शक्ति हैं, जो इस युद्ध में कर्ता भी हैं और उसकी निवारण करनेवाली भी। इन दैत्यों के संहार के लिए आप सभी देवगण को माता महाकाली की स्तुति करनी चाहिए। माता महाकाली की कृपा से ही यह संकट समाप्त हो सकता है।''

ब्रह्माजी के परामर्श के अनुसार देवगण माता महाकाली की स्तुति करते हुए उनसे प्रार्थना करने लगे, ''हे आदिशक्ति! हे दुष्ट संहारिनी माता! सभी को मनोवांछित वर देनेवाली माता, जगत् का कष्ट हरो। इस भयंकर युद्ध का अंत

केवल आप ही कर सकती हैं। केवल आप ही इन दैत्यों को पराजित कर सकती हैं। अतः हे माता! बिना विलंब किए अपने भक्तों की रक्षा कीजिए।''

इंद्र आदि देवगण की स्तुति से प्रसन्न होकर माता महाकाली बोलीं, ''हे देवगण! आप चिंता न करें। विधि का लिखा होकर रहेगा। अब इन दैत्यों का अंतिम समय आ गया है। ये दोनों मेरी माया के वशीभूत होकर शीघ्र ही मृत्यु को प्राप्त होंगे। आप सभी निश्चिंत रहें।''

इतना कहकर महाकाली ने अपनी माया फैलानी आरंभ की।

माता महाकाली की माया के कारण युद्ध करते हुए मधु-कैटभ के मन में यह अभिमान उत्पन्न हो गया कि 'वे दोनों महाशक्तिशाली हैं। रावण, हिरण्यकशिपु, कंस और बलि जैसे दैत्यों को मारनेवाले श्रीविष्णु उनके सामने विवश हैं। वे चाहें तो पल भर में विष्णु को काल का ग्रास बना सकते हैं।'

जब मधु-कैटभ यह सब सोच रहे थे, तभी महाकाली की माया से उनके मन में विष्णुजी से हँसी करने का विचार उठा।

उन्होंने हँसते-हँसते विष्णुजी से कहा, ''हे विष्णु! तुम युद्ध में हमसे नहीं जीत सकते। लेकिन तुम बहुत पराक्रम से लड़ रहे हो। तुम्हारे इस पराक्रम से हम बहुत प्रसन्न हैं और तुम्हें एक वरदान देना चाहते हैं।''

मधु-कैटभ की अहंकारपूर्ण बात सुनकर विष्णुजी मुसकराए और मन-ही-मन माता महाकाली को प्रणाम किया। तत्पश्चात् बोले, ''हे असुरो! यदि तुम मेरे पराक्रम से प्रसन्न होकर वरदान देना चाहते हो तो मुझे यह वरदान दो कि तुम्हारी मृत्यु मेरे ही हाथों हो।''

भगवान् विष्णु की यह बात सुनकर मधु-कैटभ भयभीत हो गए और देवी महाकाली से बोले, ''हे माता! आप साक्षात् काल की पत्नी हैं। जिस प्रकार भगवान् शंकर देवताओं और दैत्यों दोनों के लिए पूजनीय हैं, उसी प्रकार आप हमारे लिए भी माता के समान हैं। हमें शरण में लेकर हमारी रक्षा करें।''

माता महाकाली बोलीं, ''हे असुरो! तुमने बहुत बड़ा अपराध किया है। तुमने अपने जन्मदाता का उपहास ही नहीं किया, बल्कि उसका वध करने का भी प्रयास किया है। जिस प्रकार धनुष से निकला बाण अपने लक्ष्य को बेधकर ही वापस लौटता है, उसी प्रकार तुम्हें श्रीविष्णुजी द्वारा माँगे गए वरदान को पूर्ण करना ही होगा। सृष्टि की कोई भी शक्ति अब तुम्हें नहीं बचा सकती।''

मधु-कैटभ अपने बचाव की युक्ति सोचने लगे। जब उन्होंने देखा कि संपूर्ण पृथ्वी जलमग्न है, तब उन्होंने सोचा कि 'यदि हम जल-रहित स्थान पर अपनी मृत्यु का वरदान देते हैं तो विष्णुजी चाहकर भी हमें नहीं मार सकेंगे और

हमें वरदान देने का श्रेय भी प्राप्त हो जाएगा।

यह सोचकर मधु-कैटभ विष्णुजी को वरदान देते हुए बोले, ''हम तुम्हें वरदान देते हैं कि हमारी मृत्यु तुम्हारे ही हाथों से किसी जल-रहित स्थान पर हो।''

वरदान प्राप्त होते ही विष्णुजी ने अपना तेजस्वी चक्र उठाया और अपनी जाँघ पर दोनों दैत्यों का मस्तक रखकर काट दिया। दैत्यों के मरते ही चारों ओर माता महाकाली की जय-जयकार गूँज उठी। इंद्र आदि देवताओं ने विजय-शंखनाद किया और माता महाकाली व विष्णुजी पर पुष्प-वर्षा की।

इस प्रकार माता महाकाली की कृपा से शक्तिशाली मधु-कैटभ का अंत हुआ।

रक्तबीज का वध

रक्तबीज के वध की एक कथा आपने पिछले अधयाय में पढ़ी। एक अन्य ग्रंथ में वह कथा कुछ इस प्रकार दी गई है–

एक बार पृथ्वी पर शुंभ-निशुंभ नामक दो दैत्य उत्पन्न हुए। ये दोनों दैत्य अत्यंत क्रूर और अत्याचारी थे। पृथ्वी पर उन्होंने मनुष्य, ऋषि-मुनियों आदि को अपनी शक्ति के बल पर दुःख देना आरंभ कर दिया। चारों तरफ हाहाकार मच गया। शीघ्र ही उन्होंने संपूर्ण पृथ्वी पर अपना राज्य स्थापित कर लिया।

तत्पश्चात् इन दैत्यों ने स्वर्ग पर आक्रमण कर दिया। पृथ्वी पर यज्ञादि नष्ट होने के कारण देवगण शक्तिहीन हो गए थे, जिसके कारण देवासुर संग्राम में इंद्र आदि सभी देवगण पराजित हो गए और स्वर्ग पर दैत्यों का अधिकार हो गया। स्वर्ग से अपने प्राण बचाकर इंद्र आदि देवता ब्रह्माजी की शरण में पहुँचे।

जब ब्रह्माजी ने देवताओं की करुण पुकार सुनी तो सहायता के लिए वे देवताओं को माता महाकाली की शरण में ले गए।

ब्रह्माजी और इंद्र आदि देवताओं ने माता महाकाली की स्तुति की और उनसे अपनी रक्षा की विनती की। देवताओं की स्तुति से प्रसन्न होकर माता महाकाली ने आश्वासन दिया कि वे शीघ्र ही शुंभ-निशुंभ का वध करके सभी प्राणियों को भय से मुक्ति प्रदान करेंगी।

माता महाकाली के शरीर से उसी समय एक दिव्य कन्या उत्पन्न हुई, जो कौशिकी कहलाईं। महाकाली के आदेशानुसार देवी कौशिकी वहाँ से अदृश्य हो गईं और एक सुंदर पर्वतीय वन में जाकर तपस्या करने लगीं।

इसी स्थान पर शुंभ-निशुंभ ने देवी कौशिकी के सौंदर्य से प्रभावित होकर उन्हें विवाह का प्रस्ताव भेजा, किंतु देवी कौशिकी ने शुंभ-निशुंभ का विवाह प्रस्ताव अस्वीकार करके उन्हें युद्ध की चुनौती दे दी। युद्ध की चुनौती स्वीकार करके दैत्यराज शुंभ-निशुंभ ने अपने अनेक सेनापति युद्ध के लिए भेजे। परंतु वे सभी देवी कौशिकी के हाथों मारे गए।

अंत में शुंभ-निशुंभ ने अपने सबसे वीर सेनापति रक्तबीज को देवी से युद्ध करने के लिए भेजा। रक्तबीज को वरदान प्राप्त था कि 'उसके रक्त की बूँदें जहाँ भी गिरेंगी, वहाँ अनेक रक्तबीज उत्पन्न हो जाएँगे।'

देवी कौशिकी ने जब-जब रक्तबीज का वध करना चाहा, तब-तब उसके रक्त से वहाँ अनेक रक्तबीज उत्पन्न हो गए। इस प्रकार देवी से युद्ध करने के लिए रक्तबीज की एक विशाल सेना तैयार हो गई। रक्तबीज के नाश के लिए देवी कौशिकी ने माता महाकाली का स्मरण किया।

देवी कौशिकी की प्रार्थना सुनकर माता महाकाली प्रकट हुईं। उनके बाल बिखरे हुए, गले में नरमुंडों की माला, हाथों में खप्पर, तलवार और अन्य अस्त्र-शस्त्र थे। उनका विकराल रूप देखकर सभी दैत्य भयभीत हो उठे।

माता महाकाली ने दैत्यों का संहार करना आरंभ कर दिया। काली एक हाथ से एक रक्तबीज का मस्तक काटतीं और दूसरे हाथ से उसका रक्त खप्पर में भरकर पी जातीं। इस प्रकार शीघ्र ही रक्तबीज और उसकी सेना का अंत हो गया।

तत्पश्चात् शुंभ-निशुंभ स्वयं युद्ध के लिए आए। देवी कौशिकी ने माता महाकाली की माया से शुंभ-निशुंभ का भी वध कर दिया। युद्ध समाप्त होने पर सभी देवता माता महाकाली की जय-जयकार कर उठे। माता महाकाली की कृपा से तीनों लोक दैत्यों के अत्याचार से मुक्त हो गए।

माता का रौद्र रूप

रक्तबीज से युद्ध के दौरान महाकाली अत्यंत क्रोधित हो उठी थीं। रक्तबीज के वध के पश्चात् भी उनका क्रोध शांत नहीं हुआ। उनके क्रोध से संपूर्ण सृष्टि में प्रलय का तांडव आरंभ हो गया। वे चारों ओर पापियों का नाश करने लगीं। उनके मार्ग में जो भी प्राणी आ जाता, वे उसका वध कर डालतीं। उनके इस रौद्र रूप को देखकर ब्रह्माजी भी भयभीत हो गए। सृष्टि को विनाश से बचाने के लिए वे अन्य देवताओं के साथ भगवान् शंकर की शरण में गए और उनसे

माता महाकाली का क्रोध शांत करने की प्रार्थना करने लगे।

महाकाली का क्रोध शांत करने का भगवान् शंकर को एक ही उपाय सूझा। वे महाकाली के मार्ग में लेट गए।

माता महाकाली दुष्टों का संहार करती हुई उस स्थान से निकलीं तो क्रोधवश उन्हें मार्ग में लेटे शिवजी का ध्यान न रहा। क्रोधित अवस्था में ही उनके पैर का अँगूठा भगवान् शिव के शरीर से स्पर्श हो गया। भगवान् शिवजी को स्पर्श करते ही माता महाकाली का क्रोध शांत हो गया और लज्जावश उनके मुख से जिह्वा बाहर निकल आई।

तत्पश्चात् शिवजी बोले, ''हे देवी! तुमने दुष्टों का संहार करके तीनों-लोकों को भय से मुक्ति प्रदान की है। भक्तजन तुम्हारे इसी रूप की पूजा करेंगे और पापी तथा अत्याचारियों के लिए तुम्हारा यह रूप साक्षात् मृत्यु के समान होगा।''

तभी से भक्तजन माता महाकाली के रौद्र रूप की उपासना करते हैं।

महाकाली की पूजा-अर्चना

खड्ग, खप्पर और नरमुंडों की माला पहननेवाली माता महाकाली जहाँ पापी और अत्याचारियों का दमन करती हैं, वहीं अपने भक्तजन की सभी मनोकामनाएँ पूर्ण करते हुए उन्हें मनोवांछित वर प्रदान करती हैं।

माता महाकाली की पूजा-अर्चना करने के लिए सर्वप्रथम शौच एवं स्नानादि से निवृत्त होकर साफ व धुले हुए वस्त्र-धारण करें। इसके पश्चात् देवी की प्रतिमा अथवा चित्र के समक्ष साफ व पवित्र आसन पर बैठ जाएँ।

माता महाकाली के पूजा-यंत्र को काष्ठ की चौकी पर पवित्र वस्त्र के ऊपर रखकर अपने सम्मुख स्थापित कर लें। पूजा-यंत्र को स्थापित करने के बाद, पूजन आरंभ करने से पहले माता महाकाली का मनोयोगपूर्वक ध्यान करें और उनसे पूजन में सफलता के लिए आशीर्वाद माँगें। इसके बाद ही महाकाली का पूजन आरंभ करें।

प्रसिद्ध महाकाली मंत्र

माता महाकाली की साधना के लिए पूजन के साथ-साथ कुछ मंत्रों का जप करना भी अत्यंत लाभकारी होता है। माता की कृपा पाने के लिए इन मंत्रों का नियमित और नियमानुसार जप करना चाहिए।

ॐ क्रीं क्रीं क्रीं हूं हूं ह्रीं ह्रीं गुह्ये कालिके,
क्रीं क्रीं क्रीं स्रं स्रूं स्रीं स्रीं स्वाहा।

यह मंत्र भक्त की सभी मनोकामनाएँ पूरी करनेवाला माना गया है। इसके नियमित जप से मनुष्य को मनोवांछित फल की प्राप्ति होती है।

ॐ हूं हूं स्रीं स्रीं गुह्ये कालिके,
क्रीं क्रीं हूं स्रीं स्रीं स्वाहा।

यह मंत्र अमोघ और अचूक कहा गया है। इसके नियमित जप से मनुष्य को धर्म, काम, अर्थ और मोक्ष आदि की प्राप्ति होती है।

ॐ क्रीं हूं ह्रीं, गुह्ये कालिके,
क्रीं क्रीं हूं हूं स्रीं स्रीं स्वाहा।

इस मंत्र का नियमानुसार और नियमित जप करने से भक्तजन की सभी मनोकामनाएँ पूर्ण होती हैं और अंत में उन्हें मोक्ष की प्राप्ति होती है।

क्रीं गुह्ये कालिके क्रीं स्वाहा।

महाकाली का यह एक श्रेष्ठ मंत्र है। प्रातःकाल महाकाली के पूजन के पश्चात् इस मंत्र के उच्चारण से मनुष्य को सभी प्रकार के भोग-विलास, ऐश्वर्य और मोक्ष की प्राप्ति होती है।

जिस प्रकार सूर्य की किरणें अल्प-समय में ही पृथ्वी पर पहुँचकर प्रकाश का अनुभव करवाती हैं, ठीक उसी प्रकार इन मंत्रों का जप शीघ्रता से आपकी सभी मनोकामनाएँ पूर्ण करने की सामर्थ्य रखता है। यदि भक्तजन इन मंत्रों के माध्यम से अपने मन के भाव माता महाकाली के सामने प्रस्तुत करना चाहते हैं तो उन्हें भक्ति-भाव और नियम के अनुसार इन मंत्रों का उच्चारण करना चाहिए।

महाकाली के सभी मंत्रों का जप उनके पूजन के बाद करना चाहिए। इन मंत्रों का जप अपनी शक्ति तथा श्रद्धा के अनुसार करना चाहिए। जप के बाद कनेर के फूलों से हवन करना भी लाभदायक होता है। ऐसा करने से जप किया गया मंत्र सिद्ध हो जाता है और साधक को मनोवांछित फल प्राप्त होता है।

यदि साधक किसी भी मंत्र का उच्चारण करते समय लाल कमल के फूलों से होम करे तो वह कुबेर के समान धनवान् और ऐश्वर्ययुक्त हो जाता है। यदि मंत्र के जप के समय बेल के पत्तों से हवन किया जाए तो भक्त को ऊँचा पद और मान-सम्मान प्राप्त होता है।

साधक की सभी मनोकामनाएँ पूर्ण करनेवाले ये मंत्र जहाँ साधक के लिए लाभकारी हैं, वहीं ये माता महाकाली को प्रसन्न कर उनकी कृपादृष्टि साधक पर बनाए रखते हैं। ये मंत्र साधक को मानसिक फल भी प्रदान करते हैं। इनके

उच्चारण मात्र से आसपास का वातावरण शुद्ध और सात्त्विक हो जाता है।

माता महाकाली के विभिन्न स्वरूपों में 'दक्षिणा काली' मुख्य हैं। धार्मिक ग्रंथों के अनुसार दक्षिण दिशा में निवास करनेवाले सूर्यपुत्र 'यम' माता महाकाली के नाम के स्मरण मात्र से ही भयभीत होकर काली के उपासकों को नरक में नहीं ले जा पाते। इसी कारण उन्हें 'दक्षिणा काली' भी कहा जाता है।

महाकाली को विद्या, भोग, ऐश्वर्य, भक्ति एवं मोक्ष प्रदान करनेवाली देवी कहा गया है। वे सदैव अपने भक्तों का कल्याण करती हैं। उनके उपासक उनके स्मरण मात्र से ही सभी कष्टों से मुक्ति पा लेते हैं।

□

6

गायत्री

गायत्री पाँच मुखोंवाली देवी हैं, जिन पर मुक्ता, वैदूर्य, स्वर्ण, नीलमणि और श्वेत वर्ण की आभा सुशोभित होती है। सभी देवियों में गायत्री ही ऐसी देवी हैं, जो भगवान् शिव के समान तीन नेत्रों से युक्त हैं। चंद्रमा से युक्त रत्नों का मुकुट धारण करनेवाली माता गायत्री कमल के आसन पर विराजमान होती हैं।

माता गायत्री न कोई देवी हैं और न ही देवता। इनमें स्त्री-पुरुष आदि का कोई भेदभाव नहीं है। वेदों, पुराणों आदि धार्मिक ग्रंथों के अनुसार इन्हें परब्रह्मस्वरूपा माना गया है। गायत्री माता के मंत्र द्वारा ही चारों वेदों—ऋग्वेद, यजुर्वेद, अथर्ववेद और सामवेद की उत्पत्ति हुई। इन वेदों द्वारा ही अनेक प्रकार की विद्याओं और शास्त्रों का उद्भव हुआ। इसी कारण से माता गायत्री को वेदमाता और ज्ञान-विज्ञान की देवी भी कहा गया है।

हिंदू धर्मग्रंथों में माता गायत्री की उत्पत्ति की कथा इस प्रकार है—

एक बार परब्रह्मस्वरूपा माता गायत्री ने सोचा कि चारों ओर अंधकार-ही-अंधकार है। न सूर्य दिखाई देता है और न ही चंद्रमा, न दिन होता है और न ही रात। इससे उनके मन में सृष्टि का निर्माण करने का विचार उत्पन्न हुआ। इसके लिए उन्होंने सर्वप्रथम भगवान् शंकर की प्रार्थना की। फलतः भगवान् शिव के बाएँ अंश से श्रीविष्णुजी का उद्भव हुआ।

माता गायत्री के प्रभाव से ही श्रीविष्णुजी सैकड़ों वर्षों की योगनिद्रा में लीन हो गए। इससे उनके नेत्रों का समस्त तेज उनकी नाभि में एकत्रित होकर एक कमल के रूप में उत्पन्न हुआ। इस कमल का मुख कई वर्षों तक बंद रहा। धीरे-धीरे इस कमल का मुख खुलता गया, जिसमें एक दिव्य तेज प्रकट हुआ।

माता गायत्री की कृपा से इसी दिव्य तेज से ब्रह्माजी का जन्म हुआ। जन्म लेने के बाद ही ब्रह्माजी कठोर तप करने लगे।

जब श्रीविष्णुजी योगनिद्रा से जाग्रत् हुए तो उन्हें ब्रह्माजी के अस्तित्व का ज्ञान हुआ। माता गायत्री की माया से उन दोनों के मध्य वाद-विवाद उत्पन्न हो गया। यह वाद-विवाद इतना बढ़ गया कि विष्णुजी ब्रह्माजी को मारने के लिए दौड़े। तभी वहाँ शिवजी प्रकट हुए।

दोनों देवताओं को इस प्रकार विवाद करते देख भगवान् शिव बोले, ''हे पूजनीय देवताओ! आपका इस प्रकार वाद-विवाद करना उचित नहीं है। इस समय परब्रह्म-स्वरूप केवल माता गायत्री हैं, जिनके प्रभाव से आपका जन्म हुआ। अतः हे ब्रह्मा, विष्णु! वाद-विवाद का त्याग कर माता गायत्री की स्तुति करें।''

शिवजी के मुख से यह वचन सुनकर विष्णुजी और ब्रह्माजी ने माता गायत्री की स्तुति आरंभ कर दी।

देवताओं की स्तुति से प्रसन्न होकर माता गायत्री ने उन्हें दर्शन दिए। माता गायत्री के वहाँ प्रकट होते ही तीनों देवताओं ने उन्हें प्रणाम किया और बोले, ''हे माता गायत्री! आप संपूर्ण जगत् की कर्ता-धर्ता हैं। आपकी शक्ति के फलस्वरूप ही हमारा उद्भव हुआ। आप ही परब्रह्म-स्वरूपा हैं, आप ही प्रत्येक कण में शक्ति के रूप में विराजमान हैं। आपके मुख से निकलनेवाला तेज अंधकार को समाप्त कर प्रकाश उत्पन्न कर रहा है। हे माता! अपने ज्ञान रूपी तेज से हमारे अंदर के अज्ञान रूपी अंधकार को समाप्त करने की कृपा करें।''

यह सुनकर माता गायत्री उन्हें उनकी उत्पत्ति का रहस्य बताते हुए बोलीं, ''हे देवताओ! आप मेरे शक्तिकोष से उत्पन्न हुए हैं। मैं ही आपके अंदर शक्ति रूप में विराजमान हूँ। आप आपसी विवादों को त्यागकर मेरी बात ध्यान से सुनें। आप सभी का जन्म सृष्टि की रचना, पालन-पोषण और संहार के लिए हुआ है। सृष्टि-रचना का कार्य ब्रह्माजी द्वारा, सृष्टि के पालन-पोषण का कार्य विष्णुजी द्वारा और सृष्टि के संहार का कार्य शिवजी द्वारा होना निर्धारित है। अतः आप शीघ्र ही अपना-अपना कार्य आरंभ कर दें।''

इतना कहने के बाद माता गायत्री ने विष्णुजी के लिए विष्णुलोक, ब्रह्माजी के लिए ब्रह्मलोक एवं शिवजी के लिए शिवलोक की रचना की और उन्हें वहाँ निवास करने की आज्ञा दी।

इसके बाद माता गायत्री वहाँ से अंतर्धान हो परब्रह्म में लीन हो गईं। तीनों देवता भी अपने-अपने लोकों की ओर प्रस्थान कर गए।

माता गायत्री के आदेशानुसार ब्रह्माजी ने अनेक प्राणियों, पेड़-पौधों और नक्षत्रों आदि की रचना आरंभ की। किंतु इनमें जीवन का अभाव था, अतः ब्रह्माजी को सृष्टि-रचना से अरुचि होने लगी। इस समस्या के समाधान के लिए ब्रह्माजी ने माता गायत्री का स्मरण किया।

माता गायत्री के वहाँ प्रकट होने पर ब्रह्माजी बोले, ''हे परम पूजनीय माता गायत्री! आपकी आज्ञा के अनुसार मैंने सृष्टि-रचना का कार्य आरंभ कर दिया है, किंतु मेरे द्वारा रचे गए प्राणियों में प्राणों का अभाव है। जिसके कारण सृष्टि का

चक्र पूर्ण रूप से नहीं चल पा रहा है। अत: आप मेरी सहायता करें, जिससे मैं अपने कार्य को पूर्ण कर सकूँ।''

ब्रह्माजी की विवशता को समझते हुए माता गायत्री बोलीं, ''ब्रह्मदेव, आप इस प्रकार विचलित न हों। शीघ्र ही मेरा एक अंश सूर्यदेव के मुख से प्रकट होगा, जो आपकी पत्नी के रूप में स्थापित होकर सृष्टि-रचना में आपकी सहायता करेगा।''

माता गायत्री के कथन को सुनकर ब्रह्माजी ने सूर्यदेव का आवाहन किया।

सूर्यदेव वहाँ प्रकट हुए और माता गायत्री तथा ब्रह्माजी को प्रणाम करते हुए बोले, ''हे माता गायत्री! कृपया आज्ञा दें। मैं आपकी क्या सहायता कर सकता हूँ ?''

सूर्यदेव की जिज्ञासा शांत करते हुए माता गायत्री बोलीं, ''हे सूर्यदेव! मैंने ब्रह्माजी को सृष्टि कार्य में सहायता देने का वचन दिया है। इसके लिए मेरा एक अंश आपके मुख से प्रकट होकर ब्रह्माजी की पत्नी के रूप में स्थापित होगा। इसी कार्य के लिए आपको यहाँ बुलाया गया है।''

माता गायत्री के कथन को सुनकर सूर्यदेव घबराते हुए बोले, ''हे माँ! आपके तेज का एक छोटा सा अंश ही तीनों लोकों को भस्म कर देने की शक्ति रखता है और आपका विशाल विस्तार, जिसके लिए संपूर्ण ब्रह्मांड भी अपर्याप्त है, उसे मैं किस प्रकार अपने अंदर समाहित कर पाऊँगा ?''

तब माता गायत्री शांत स्वर में बोलीं, ''सूर्यदेव, माता कभी भी ऐसा कार्य नहीं करती, जिससे उसके पुत्रों को कोई कष्ट अथवा हानि पहुँचे। इसमें सृष्टि के कल्याण के साथ-साथ दूरगामी कल्याण भी निहित है। आप निश्‍चिंत रहें। इससे आपका कुछ भी अहित नहीं होगा। मेरी माया द्वारा आप मेरे तेज और विस्तार को अपने में समाहित कर लेंगे।''

माता गायत्री ने माया द्वारा अपने तेज को इतना शीतल कर दिया कि सूर्यदेव ने सहज ही उनके एक अंश को अपने अंदर धारण कर लिया। तत्पश्‍चात् सूर्यदेव के मुख से एक तीव्र प्रकाश-पुंज प्रकट हुआ।

क्षण भर के बाद ही उस प्रकाश-पुंज में से कमल पुष्प के आसन पर विराजमान एक देवी प्रकट हुईं। उस देवी के पाँच मुख और तीन नेत्र थे। दस भुजाधारी माता गायत्री के मस्तक पर चंद्रमा से युक्त रत्नों का एक भव्य मुकुट सुशोभित था। सूर्यदेव का एक नाम सविता है और सविता अर्थात् सूर्यदेव के मुख से उत्पन्न होने के कारण माता गायत्री को सावित्री भी कहा जाता है।

माता गायत्री के अवतार धारण करने का समाचार सुनकर भगवान् विष्णु,

शिव व अन्य देवगण वहाँ उपस्थित हुए और उन पर पुष्पों की वर्षा करते हुए उनकी स्तुति करने लगे।

तत्पश्चात् ब्रह्माजी को बारात सहित आने के लिए निमंत्रित कर सूर्यदेव देवी गायत्री के साथ वहाँ से विदा हो गए। सूर्यदेव से विवाह का निमंत्रण पाकर देवताओं ने ब्रह्माजी और देवी गायत्री के विवाह की तैयारी आरंभ कर दी।

निश्चित मुहूर्त पर ब्रह्माजी की बारात ने सूर्यलोक की ओर प्रस्थान किया। ब्रह्माजी के विवाह में सभी देवगण सम्मिलित हुए। इस प्रकार धार्मिक विधानों के अनुसार ब्रह्माजी का विवाह देवी गायत्री के साथ संपन्न हुआ। ब्रह्माजी के साथ विवाह होने के कारण देवी गायत्री को ब्रह्माणी कहा गया।

विवाह के पश्चात् देवी गायत्री ने सृष्टि-रचना में ब्रह्माजी की सहायता आरंभ कर दी। ब्रह्माजी विभिन्न प्रकार के प्राणियों की रचना करते और देवी गायत्री अपनी वैदिक शक्तियों द्वारा उनमें प्राण डालने का कार्य करतीं। इस प्रकार सृष्टि का चक्र घूमने लगा।

एक बार ब्रह्माजी को प्रसन्न देखकर भगवान् विष्णु और शिवजी के मन में यह विचार उत्पन्न हो गया कि 'माता गायत्री की कृपा-दृष्टि ब्रह्माजी पर अधिक है और अन्य देवताओं पर कम। ब्रह्माजी के लिए उन्होंने एक अंश से उनकी पत्नी का रूप ग्रहण कर लिया, किंतु हम पर उन्होंने कोई ध्यान नहीं दिया।'

जगज्जननी माता गायत्री परब्रह्म-स्वरूपा हैं। अपने भक्तों के मन की बात जान लेना उनके लिए अत्यंत सरल है। जब यह विचार विष्णु और शिव के मन में उत्पन्न हुआ, तब माता गायत्री उनके समक्ष उपस्थित हुईं।

माता गायत्री के प्रकट होते ही विष्णु और शिव ने उन्हें प्रणाम किया और उनकी स्तुति की। तब माता गायत्री बोलीं, "हे वत्स! आप इस विचार को अपने मन से निकाल दें कि मैं सिर्फ ब्रह्माजी की ही हितैषी हूँ। जिस प्रकार मैं ब्रह्माजी का हित चाहती हूँ, उसी प्रकार अन्य देवताओं का हित भी मुझे प्रिय है। आप भी मुझसे मनचाहा वर प्राप्त कर सकते हैं।"

माता गायत्री के कथन को सुनकर विष्णुजी और शिवजी मन-ही-मन लज्जित होते हुए बोले, "हे माता, अपने विचारों के लिए हम क्षमा प्रार्थी हैं। आप संपूर्ण जगत् के कण-कण में विद्यमान हैं। आपसे कोई भी तथ्य नहीं छिपा है। यदि आप वर देना चाहती हैं तो यह वर दें कि हमें भी आपके समान तेजयुक्त पत्नी प्राप्त हों।"

दोनों देवों को मनचाहा वर प्रदान करते हुए माता बोलीं, "हे देवताओ! मैं आपको इच्छानुसार वर प्रदान करती हूँ। मेरा एक-एक अंश आप दोनों को

पत्नी-रूप में प्राप्त होगा, जो लक्ष्मी और सती के नाम से प्रसिद्ध होगा।''

विष्णु और शिवजी को वर प्रदान करने के बाद माता गायत्री वहाँ से अंतर्धान हो गईं।

कुछ समय पश्चात् दक्ष प्रजापति के घर देवी सती का जन्म हुआ। देवी सती माता गायत्री के तेज का ही एक अंश थीं। युवा होने पर देवी सती ने माता गायत्री की इच्छानुसार भगवान् शिवजी का वरण किया। जबकि समुद्र-मंथन के कारण उत्पन्न होनेवाले माता गायत्री के दूसरे अंश देवी लक्ष्मी ने विष्णुजी से विवाह किया। इस प्रकार विष्णुजी और शिवजी को भी माता गायत्री का अंश पत्नी-रूप में प्राप्त हुआ।

वेदों का जन्म

ब्रह्माजी ने सृष्टि-रचना के समय देवताओं और मनुष्यों के साथ-साथ कुछ असुरों की भी रचना कर दी। इन असुरों में देवताओं के विपरीत आसुरी गुणों का समावेश था, फलतः ये स्वभाव से अत्यंत क्रूर, अत्याचारी और अधर्मी हो गए। ब्रह्माजी ने देवताओं के लिए स्वर्गलोक और मनुष्यों के लिए पृथ्वीलोक की स्थापना की। किंतु जब ब्रह्माजी को असुरों की आसुरी मानसिकता का ज्ञान हुआ तो उन्होंने असुरों को पाताललोक में निवास करने के लिए भेज दिया।

असुर स्वच्छंद आचरण करते थे। शीघ्र ही उन्होंने भगवान् शंकर को प्रसन्न करके अनेक वर प्राप्त कर लिये और पृथ्वीलोक पर आकर मनुष्यों पर अत्याचार करने लगे। धीरे-धीरे ये अत्याचार बढ़ते गए। इससे असुरों की आसुरी शक्तियों में भी वृद्धि होती गई।

देवताओं की शक्ति का आधार भक्ति, सात्त्विकता और धर्म था, किंतु स्वर्ग के भोग-विलास में डूबकर वे इसे भूल गए, इस कारण उनकी शक्ति क्षीण होती गई।

तभी दैत्यों ने स्वर्ग पर अधिकार करने के लिए उस पर आक्रमण कर दिया। सैकड़ों वर्षों तक देवताओं और असुरों में भयंकर संग्राम हुआ, किंतु शक्तिहीन होने के कारण अंत में देवताओं की पराजय हुई। स्वर्ग पर असुरों का अधिकार हो गया।

इंद्र आदि सभी देवगण अपनी जान बचाते हुए स्वर्ग से भाग खड़े हुए और अपनी रक्षा करने के लिए भगवान् शिवजी के सम्मुख प्रकट हुए।

भगवान् शिव ने जब देवताओं से वहाँ आने का कारण पूछा तो देवराज

इंद्र बोले, ''हे भोलेनाथ! आपके वर से असुर अत्यंत शक्तिशाली हो गए हैं। उन्होंने हमें पराजित करके स्वर्ग पर अधिकार कर लिया है और हमें मारने का संकल्प किया है। आप हमारी रक्षा करें।''

देवताओं की करुण पुकार सुनकर शिवजी बोले, ''हे देवगण! तुम्हारी शक्तियाँ भोग-विलास और ऐश्वर्य के कारण क्षीण हो गई हैं, जबकि असुर अपने तप के बल से बलशाली हो गए हैं। तुम्हारी रक्षा अब केवल माता गायत्री ही कर सकती हैं। अत: आप सब माता गायत्री की शरण में जाएँ।''

तब भगवान् शिव सहित सभी देवगण माता गायत्री के सम्मुख उपस्थित हुए और उनकी पूजा-अर्चना की।

माता गायत्री के प्रसन्न होने पर शिवजी बोले, ''हे माता! तीनों लोकों में असुरों के अत्याचारों से हाहाकार मच गया है। आसुरी शक्तियाँ दैवी शक्तियों से अधिक बलशाली हो गई हैं। देवताओं को शक्तिशाली बनाने के लिए यह आवश्यक है कि पृथ्वी पर भक्ति, सात्त्विकता, धर्म और सदाचार की स्थापना की जाए, जिससे दैवी शक्तियों को बल प्राप्त हो और वे शक्तिशाली होकर आसुरी शक्ति को प्रराजित कर सकें।''

माता गायत्री ने जब असुरों के अत्याचारों के बारे में सुना तो वह बोलीं, ''देवगण, आप निश्चिंत रहें। मैं अपनी वैदिक और धार्मिक शक्तियों द्वारा चार वैदिक पुत्रों को जन्म दूँगी, जो पृथ्वी पर भक्ति, धर्म और सदाचार की स्थापना करते हुए देवताओं को शक्ति प्रदान करके शक्ति-संपन्न बनाएँगे।''

इतना कहने के बाद माता गायत्री ने नेत्रों को बंद करके अपनी वैदिक शक्तियों को मस्तिष्क में केंद्रित किया। कुछ समय बाद उन्होंने नेत्र खोले तो उनमें से एक दिव्य प्रकाश-पुंज प्रकट हुआ। वह प्रकाश-पुंज इतना अधिक तेजयुक्त था कि ब्रह्मांड का संपूर्ण प्रकाश भी उसके समक्ष प्रभाहीन हो गया।

तत्पश्चात् उस प्रकाश-पुंज में से चार दिव्य बालकों—ऋक्, यजु:, अथर्व और साम का जन्म हुआ। माता गायत्री की वैदिक और धार्मिक शक्तियों के कारण ही इनका जन्म हुआ था, इसलिए यह चारों बालक वेद और माता गायत्री वेदों की माता कहलाईं।

चारों दिव्य बालकों के जन्म लेते ही माता गायत्री उनसे बोलीं, ''हे पुत्रो! तुम्हारा जन्म सृष्टि के कल्याण के लिए हुआ है। आज से तुम्हारा संपूर्ण जीवन पृथ्वी पर धर्म और भक्ति के प्रचार में व्यतीत होगा। जब तक तुम चारों का अस्तित्व रहेगा, तब तक पृथ्वी पर तामसिक शक्तियाँ श्रीहीन रहेंगी। असत्य पर सदा सत्य की विजय होगी।''

माता गायत्री से अपने जन्म का उद्देश्य जानकर चारों दिव्य बालक पृथ्वी की ओर प्रस्थान कर गए। कुछ ही दिनों के पश्चात् वेदों के प्रभाव के कारण पृथ्वी पर सात्त्विक शक्तियों का प्रसार होने लगा। ऋषि-मुनि यज्ञ एवं अनुष्ठान करने लगे, जिससे शक्ति प्राप्त करके देवता शक्तिशाली होते गए। शीघ्र ही देवताओं ने असुरों पर आक्रमण कर दिया।

इस बार असुरों की तामसिक शक्तियाँ देवताओं की सात्त्विक शक्तियों के समक्ष न टिक सकीं और असुरों को पराजित होकर पाताललोक में भागना पड़ा। स्वर्ग पर पुनः देवताओं का अधिकार हो गया।

माता गायत्री के विविध रूप

यद्यपि माता गायत्री को एकरूपा माना जाता है, तथापि धार्मिक और वैदिक शास्त्रों के अनुसार माता गायत्री को तीन स्वरूपोंवाली देवी माना जाता है। तीनों कालों पर आधारित ये तीनों ही स्वरूप माता की संपूर्ण शक्तियों को प्रकट करते हैं।

प्रातःकाल गायत्री के जिस रूप की आराधना की जाती है, वह इनकी कुमारी अवस्था है। माता गायत्री के इस स्वरूप का परिचय ऋग्वेद से प्राप्त होता है। सूर्यमंडल के मध्य में विराजमान यह देवी गायत्री लाल वर्ण की हैं, जो अपने दोनों हाथों में अक्षसूत्र और कमंडलु धारण करती हैं। इनका वाहन हंस है। माता गायत्री का यही स्वरूप ब्रह्म-शक्ति के रूप में प्रसिद्ध है।

मध्याह्न काल में माता गायत्री के युवा स्वरूप की आराधना की जाती है। इस रूप में देवी के तीन नेत्र और चार हाथ हैं। इनमें क्रमशः शंख, चक्र, गदा और पंकज सुशोभित हैं। इनका वाहन गरुड़ है। देवी के इस स्वरूप को सावित्री भी कहते हैं। माता गायत्री के इस स्वरूप का परिचय यजुर्वेद में मिलता है।

संध्याकाल में माता गायत्री के वृद्धा स्वरूप की उपासना की जाती है। माता का यह स्वरूप तीव्र शक्ति का परिचायक है। इस स्वरूप में देवी ने अपने चारों हाथों में त्रिशूल, डमरू, पाश और पात्र धारण किए हैं। इनका वाहन वृषभ है। देवी के इस स्वरूप का परिचय सामवेद से प्राप्त होता है।

माता गायत्री के ये तीनों ही स्वरूप साधकों की समस्त मनोकामनाएँ पूर्ण करते हैं।

माता गायत्री की पूजा-अर्चना

साधक अपनी इच्छानुसार माता गायत्री के एकरूपा स्वरूप की उपासना

कर सकता है। माता के तीनों ही रूप उनके एकरूपा स्वरूप के अंश हैं। यदि साधक माता गायत्री के तीनों ही रूपों की पूजा-अर्चना करना चाहता है तो ये पूजा तीनों कालों प्रातः, मध्याह्न व सांध्यकाल में की जा सकती हैं। तीनों ही कालों के लिए माता गायत्री की पूजा करते समय साधक को अपने मस्तिष्क में उनके अलग-अलग स्वरूपों का ध्यान लगाना होता है।

माता गायत्री अपने भक्तों के समस्त कष्टों को नष्ट करके उनकी सभी मनोकामनाएँ पूर्ण करती हैं। भक्तों को सभी प्रकार के भोग, ऐश्वर्य और सुख-संपदा प्रदान करनेवाली माता गायत्री अपने भक्तों की केवल निस्स्वार्थ भक्ति से ही प्रसन्न होकर धन कुबेर के भंडार उनके लिए खोल देती हैं।

यद्यपि माता गायत्री की उपासना करने के लिए किसी विशेष विधि-विधान की आवश्यकता नहीं होती, तथापि उपासना के लिए निर्धारित कुछ नियमों का पालन साधक को अवश्य करना चाहिए। माता गायत्री की उपासना के लिए स्नानादि से निवृत्त होकर कुश, रेशम अथवा ऊन से बने आसन पर बैठकर तुलसी अथवा चंदन की माला से माता गायत्री का जप करना चाहिए। शुभता प्रदान करनेवाली माता गायत्री की पूजा घर में सुख-शांति और धन-संपदा में वृद्धि करती है।

माता गायत्री की उपासना करनेवाले साधकों को अपना आहार-व्यवहार शुद्ध रखना चाहिए। उन्हें मांस-मछली, प्याज-लहसुन एवं मदिरा के साथ-साथ असत्य, हिंसा, क्रोध, लोभ, मोह आदि विकारों का भी त्याग कर देना चाहिए। इससे साधक का मन निर्मल, शुद्ध और धार्मिक प्रवृत्ति का हो जाता है। गायत्री मंत्र का जप करते समय साधक को माता गायत्री के चित्र के समक्ष शुद्ध घी का दीपक जलाना चाहिए।

गायत्री महामंत्र

साधारण पूजन-अर्चन से प्रसन्न होनेवाली माता गायत्री की सहज कृपा-दृष्टि प्राप्त करने के लिए साधक को गायत्री मंत्र का नियमित जप करना चाहिए।

"ॐ भूर्भुवः स्वः तत्सवितुर्वरेण्यं,
भर्गो देवस्य धीमहि धियो यो नः प्रचोदयात्।"

यह एक स्वयंसिद्ध महामंत्र है। इसे मंत्रों का राजा कहा गया है। इसका भावार्थ है—'अंधकार से प्रकाश देनेवाली वेदमाता, प्राणाधार, रक्षक, दुःखनाशक, आनंददायक, हम आपके सुंदर, दिव्य एवं तेजोमय रूप का ध्यान करते हैं। आपको

प्राणार्पण करते हैं। अर्थात् आपको सबकुछ सौंपते हैं, जिससे हमारी बुद्धि स्थिर हो सके।'

साधक को इस मंत्र का नियमित जप करना चाहिए। यह मंत्र साधक को भोग और ऐश्वर्य के साथ-साथ मोक्ष भी प्रदान करता है। मनुष्य के ज्ञान-विज्ञान को बढ़ानेवाला यह मंत्र जप द्वारा साधक को आंतरिक शुद्धता प्रदान करता है। इस मंत्र की उपासना से साधक में सद्बुद्धि, सद्विचार और सद्धर्म का उदय होता है। इसके अतिरिक्त यदि कोई दुःख, शोक, रोग, व्याधि, भय अथवा चिंता से ग्रसित व्यक्ति इस मंत्र का नियमित जप करे तो उसके समस्त रोगों, कष्टों और भय का नाश होता है।

गायत्री मंत्र का नियमित पाठ करनेवाले व्यक्ति की सभी विघ्न-बाधाएँ समाप्त हो जाती हैं। साधक को गायत्री मंत्र का जप ब्राह्म मुहूर्त में स्नानादि से निवृत्त होकर, स्वच्छ वस्त्र धारण कर पवित्र तथा एकांत स्थान पर करना चाहिए। मंत्र का जप करने के लिए तुलसी अथवा चंदन की माला का प्रयोग उत्तम माना गया है। जप करते समय मन को एकाग्रचित्त रखना चाहिए, तभी जप का फल प्राप्त होता है। मंत्र का जप पूर्ण करने के बाद साधक को मीठे पकवानों से माता गायत्री को प्रसाद का भोग लगाना चाहिए। इस मंत्र का जप साधक के सभी पापों को नष्ट कर देता है। माता की कृपा से उसकी सभी इच्छाएँ पूर्ण होती हैं।

□

7

वैष्णो देवी

प्राचीनकाल में पृथ्वी पर ऋषि-मुनियों के साथ-साथ दैत्यों का भी बोलबाला था। संसार में ऋषि-मुनि जहाँ तप और साधना के माध्यम से मानव कल्याण और भक्ति के मार्ग को अपनाकर सदाचार का जीवन व्यतीत करते थे, वहीं दूसरी ओर दैत्य इस माध्यम का प्रयोग देवताओं को प्रसन्न करके तीनों लोकों का साम्राज्य व विभिन्न प्रकार की शक्तियाँ प्राप्त करने के लिए करते थे। दैत्य अपनी आसुरी शक्तियों द्वारा ऋषि-मुनियों व मनुष्यों पर भिन्न-भिन्न प्रकार के अत्याचार करते थे। यज्ञों को नष्ट करके साधना में बाधा डालना, शारीरिक रूप

वैष्णवी के शब्दों को सुनकर भैरवबली पश्चात्ताप प्रकट करता हुए बोला, "हे माँ! मैं मूर्ख, माया के वश में पड़कर आपकी महिमा को नहीं जान सका, जिसका परिणाम मुझे प्राप्त हो चुका है। अब मेरी प्रार्थना है माँ, कि आप मेरे अपराधों को क्षमा कर मुझ पर दया-दृष्टि डालें। हे माँ! पुत्र भले ही कुपुत्र हो जाए, परंतु माता कभी कुमाता नहीं होती। मैं आपकी शरण में पड़ा हूँ। मुझे सद्गति प्रदान करें और यह आशीर्वाद दें कि मेरे सारे पाप धुल जाएँ और मुझे संसार में यश प्राप्त हो।"

भैरव के इन शब्दों ने भगवती वैष्णवी को पिघला दिया। वे बोलीं, "हे भैरव, तुम्हारी आसुरी भावना अब नष्ट हो चुकी है और सच्चे मन से प्रायश्चित्त करने के कारण तुम्हारा अंतर्मन शुद्ध हो गया है। मैं तुम्हें वर देती हूँ कि भविष्य में लोग मेरी पूजा के बाद तुम्हारी भी पूजा किया करेंगे। जो श्रद्धालु मेरे दर्शन को आएँगे, तुम्हारे भी दर्शन करेंगे। इस प्रकार उनकी यात्रा सफल होगी।"

भगवती वैष्णवी इतना कहकर पुनः अपनी पवित्र गुफा में लौटकर भगवान् राम के ध्यान में डूब गईं। भैरव का कटा हुआ सिर उसी स्थान पर पत्थर का बन गया और माता की गुफा के निकट पड़ा धड़ भी पत्थर का हो गया। जहाँ भैरव का मस्तक पड़ा था, वहाँ आज भैरव मंदिर बना हुआ है। वह स्थान 'भैरों घाटी' कहलाता है। वैष्णो दरबार की यात्रा करनेवाले भक्त माता के दर्शन के पश्चात् भैरव के भी दर्शन करते हैं। परंतु माता के दर्शन से पूर्व भैरव के दर्शन नहीं किए जाते।

वैष्णो माता आज भी उस पवित्र गुफा में समाधिलीन होकर भगवान् राम का ध्यान कर रही हैं और कल्कि अवतार की प्रतीक्षा में हैं। हनुमान आदि वानर वीर अदृश्य रूप में आज भी उनके प्रहरी बने वहाँ उपस्थित हैं। पवित्र गुफा में स्थित तीन पिंडियों को ही भगवती वैष्णवी कहा जाता है और भक्तजन को वैष्णो माता के नाम से उन्हीं के दर्शन करवाए जाते हैं। कलियुग के अंत में श्रीविष्णु जब कल्कि अवतार धारण करेंगे, उस समय यही भगवती वैष्णो देवी उनकी मुख्य शक्ति होंगी। उस समय वे दुष्टों का संहार करके संसार में धर्म की स्थापना और अधर्म का नाश करेंगी।

वैष्णो देवी यात्रा के प्रमुख स्थान

दर्शनी दरवाजा : कटरा से यह स्थान एक किलोमीटर की दूरी पर है। वैष्णो देवी इसी स्थान से होकर त्रिकुट पर्वत पर गई थीं। त्रिकुट पर्वत का प्रथम

दर्शन यहीं से होता है, इसलिए इसका नाम 'दर्शनी दरवाजा' है।

बाण-गंगा : महाशक्ति वैष्णवी जब इस स्थान पर पहुँचीं तो उनके साथ उनके प्रहरी के रूप में उपस्थित वीर-वानरों को प्यास लगी। तब देवी ने पत्थरों में बाण मारकर गंगा प्रवाहित कर दी। अतः इस जलधारा का नाम 'बाणगंगा' पड़ गया। यहाँ देवी ने अपने केश भी धोकर सँवारे थे, अतः इसका नाम दूसरा नाम 'बालगंगा' भी पुकारा जाता है।

चरण-पादुका : जब भैरव देवी का पीछा कर रहा था, तब इस स्थान पर रुककर देवी ने पीछे मुड़कर देखा कि भैरव आ रहा है अथवा नहीं। कुछ पल रुकने के कारण इस स्थान पर माता के चरण-चिह्न बन गए, जिसके कारण इस स्थान को 'चरण-पादुका' का नाम दिया गया।

आदिकुमारी और गर्भजून गुफा : चरण-पादुका से काफी दूर पहुँचकर इस स्थान पर वैष्णवी को एक तपस्वी दिखाई दिए। उन्होंने कहा, "हे तपस्वी! मैं यहाँ कुछ देर विश्राम करूँगी। कोई मेरे बारे में पूछे तो कुछ मत बताना।"

यह कहकर वैष्णवी पास की गुफा में चली गईं। वे वहाँ नौ महीने तक तपस्या में लीन रहीं। वैष्णवी को ढूँढ़ता हुआ भैरव भी वहाँ आ पहुँचा। उसने तपस्वी से वैष्णवी के बारे में पूछा तो तपस्वी ने उत्तर दिया, "जिसे तू साधारण कन्या समझता है, वह तो साक्षात् महाशक्ति और आदिकुमारी है, अर्थात् जब से सृष्टि की रचना हुई है, तभी से उसने कौमार्य व्रत धारण किया है। जा, यहाँ से लौट जा।" लेकिन भैरव की आँखों पर तो मोह-माया की पट्टी बँधी थी। वह हठ करके गुफा के अंदर घुसा तो देवी ने अपने त्रिशूल के प्रहार से गुफा के पीछे द्वार बनाया और बाहर निकल गईं। भैरव उनका पीछा करता रहा।

हाथीमत्था : 'आदिकुमारी' से पहाड़ की चढ़ाई को हाथीमत्था कहा जाता है। यह मार्ग सीधी चढ़ाईवाला होने के कारण हाथीमत्था कहलाता है। आदिकुमारी से यह स्थान 2.5 किलोमीटर दूर है।

साँझीछत : यह स्थान हाथीमत्था से 2 किलोमीटर दूर स्थित है। मार्ग सीधी चढ़ाईवाला है। यहाँ से भैरव मंदिर के लिए एक छोटा रास्ता निकलता है।

भगवती वैष्णो के पूजन-अर्चन का महत्त्व

वैष्णो देवी की पवित्र गुफा और यह क्षेत्र कलियुग का एक जीवंत क्षेत्र है। यहाँ देवी वैष्णवी अदृश्य रूप में श्रीविष्णु के आगामी अवतार कल्कि की प्रतीक्षा में समाधिलीन हैं, वहीं श्रीराम के परम भक्त हनुमान भी देवी के प्रहरी

के रूप में क्षेत्र में सर्वत्र विचरण करते रहते हैं। यह क्षेत्र शक्ति और वरदान-प्राप्ति का एक अनूठा धार्मिक स्थल है। यहाँ आकर भक्त निराश नहीं लौटते। सभी की मनोकामनाएँ यहाँ अवश्य पूर्ण होती हैं। बस, आवश्यकता है तो श्रद्धा, भक्ति और समर्पण की।

वैष्णो माता भक्तों के सभी मनोरथों को पूर्ण करनेवाली देवी हैं। जो लोग श्रद्धापूर्वक माता का पूजन और जागरण करवाते हैं, उनकी सभी मनोकामनाएँ पूर्ण होती हैं। वैष्णो माता को नारियल, चोले, चुन्नी, ध्वजा, छत्र, पान, सुपारी आदि भेंट किए जाते हैं। वैष्णो माता भक्तों के सभी संकट हरनेवाली और सब सुखों को प्रदान करनेवाली देवी हैं। माता का हृदय इतना विशाल और दयालु है कि जो भक्त केवल सच्चे हृदय से माता का स्मरण करते हैं, माता प्रसन्न होकर उनकी सभी मनोकामनाएँ पूर्ण कर देती हैं।

नेत्रहीनों को नेत्र, अंगहीनों को अंग, बलहीनों को बल, धनहीनों को धन तथा संतानहीनों को संतान प्रदान करनेवाली माता वैष्णो देवी की महिमा अपरंपार है। सारे संसार की जननी माता वैष्णो देवी जहाँ एक ओर भक्तों के हर मनोरथ को पूर्ण करती हैं, वहीं दूसरी ओर दुष्टों का नाश करके धर्म की रक्षा भी करती हैं। अष्टभुजाधारी और सिंह पर सुसज्जित होने के कारण इन्हें शेराँवाली माता भी कहते हैं।

शेराँवाली माता का दरबार सभी भक्तों के लिए आठों प्रहर, चौबीसों घंटे और हर क्षण खुला रहता है। भक्त माता के दर्शन करके भक्ति के ऐसे सागर में डूब जाते हैं, जहाँ उन्हें परम आनंद की अनुभूति होती है और सभी भक्तजन मिलकर बोल उठते हैं, ''जयकारा शेराँवाली का, बोलो सच्चे दरबार की जय!''

8

संतोषी माता

अपने नाम के अनुरूप संतोषी माता संसार के प्राणियों को इच्छित वर प्रदान करके पूर्णतः संतुष्ट करनेवाली देवी हैं। वे भगवान् श्रीगणेश की पुत्री के रूप में विख्यात हैं। माता के संतोषी स्वरूप की आराधना करनेवाला भक्त जीवन

से ग्रहण किया।

तब देवर्षि नारद बोले, "हे देवी! आपने केवल भेंट-स्वरूप मिले गुड़-चने को ग्रहण करके ही संतोष प्राप्त कर लिया, इसलिए आज से आप देवी संतोषी के नाम से प्रसिद्ध होंगी। जो भी भक्त शुक्रवार के दिन निराहार रहकर आपको गुड़-चने का भोग लगाएगा, उसकी सभी मनोकामनाएँ पूर्ण होंगी और जीवन में वह सदा आपकी कृपा-दृष्टि प्राप्त करता रहेगा।"

इतना कहकर नारदजी ने संतोषी माता की पूजा-आराधना की और सभी देवगण संतोषी माता की जय-जयकार कर उठे।

संतोषी माता की व्रत कथा

किसी नगर में एक वृद्धा अपने सात पुत्रों के साथ निवास करती थी। उस वृद्धा के छह पुत्र कमानेवाले थे, इसलिए उनका विवाह अच्छे घरों की लड़कियों से संपन्न हुआ। वृद्धा का सातवाँ पुत्र सदानंद अत्यंत सीधा-सादा, सरल और बेरोजगार था, इसलिए उसका विवाह एक गरीब ब्राह्मण की कन्या सुमित्रा से कर दिया गया।

विवाह के उपरांत माता और भाइयों ने उसे कोई कार्य करने की सलाह दी, किंतु सदानंद के व्यवहार में कोई अंतर नहीं आया। वह पहले के समान ही बिना कार्य किए जीवन व्यतीत करने लगा। उसके इस व्यवहार के कारण सभी भाभियाँ उससे ईर्ष्या करतीं। वे घर का सारा कार्य सुमित्रा से करवाने लगीं। सुमित्रा अत्यंत मृदुभाषी और सरल स्वभाव की स्त्री थी। वह घर का कार्य पूरी मेहनत और लगन से करती थी।

एक बार संध्या के समय कार्य करते हुए सुमित्रा को प्यास लगी। जल पीने के लिए जब वह रसोईघर में पहुँची तो उसने देखा कि उसकी सास ने अपने छहों पुत्रों को बड़े प्रेम से भोजन करवाया। बाद में छहों की थालियों में से बचा-खुचा समेटकर सातवें पुत्र की भोजन की थाली में डाल दिया और उसे आवाज देकर भोजन के लिए बुलाया।

वृद्धा के इस व्यवहार को देखकर सुमित्रा अत्यंत दुःखी हुई।

उसी रात्रि को सदानंद अपनी पत्नी से बोला, "प्रिय, मेरी माता मुझसे अत्यंत प्रेम करती है, इसलिए वह मुझे सबसे अलग भोजन करवाती है, जिससे मैं आराम से भोजन कर सकूँ और वह मुझे प्रेम से भोजन करवा सके।"

पति की बात सुनकर सुमित्रा बोली, "हे नाथ! यह आपका भ्रम है। माताजी

आपको सबका जूठा परोसती हैं।''

सुमित्रा की बात सुनकर सदानंद क्रोधित होते हुए बोला, ''तुम झूठ बोलती हो। ऐसा कभी नहीं हो सकता। मेरी माता मुझसे अत्यंत प्रेम करती है। मैं इस बात पर कभी विश्वास नहीं कर सकता।''

सुमित्रा अपने पति को समझाते हुए बोली, ''हे नाथ! सत्य के लिए किसी प्रमाण की आवश्यकता नहीं होती; किंतु फिर भी आप अपनी आँखों से देख लें।''

पत्नी सुमित्रा के कहने पर सदानंद के मन में संदेह का बीज अंकुरित हो गया और उसने सत्य को अपनी आँखों से देखने का निश्चय किया।

कुछ दिनों पश्चात् दीपावली का त्योहार आया। उत्सव के कारण घर में भिन्न-भिन्न प्रकार की मिठाइयाँ बनाई गईं। सदानंद ने सोचा कि सुमित्रा की बात जाँचने के लिए यह उचित अवसर है। इस कारण वह सिरदर्द का बहाना बनाकर मुख पर चादर लपेटकर रसोईघर के एक कोने में लेट गया। उसके सभी भाई कार्य समाप्त करके भोजन के लिए रसोईघर में आए। माता ने उनके लिए सुंदर-सुंदर आसन बिछाए। उनके लिए सात प्रकार की रसोई परोसी और बड़े प्रेम से उन्हें भोजन करवाया।

छहों भाई भोजन करके उठ गए तो वृद्धा ने उनकी थालियों में से जूठन उठाकर सदानंद की थाली में रख दी और उसे भोजन के लिए आवाज लगाते हुए बोली, ''बेटा सदानंद, तेरे भाई भोजन करके चले गए हैं। अब तू भी उठकर भोजन कर ले।''

माता की पुकार सुनकर सदानंद उठकर बैठ गया और बोला, ''माँ, तुमने सभी भाइयों को सात प्रकार की रसोई परोसी और मुझे उनकी जूठन खाने को दे रही हो। मैं भी तुम्हारा पुत्र हूँ, फिर यह पक्षपात कैसा? मैं भोजन नहीं करूँगा।''

सदानंद की बात सुनकर वृद्धा बोली, ''सदानंद, यह बात समझ ले कि जब तक तू कुछ कार्य नहीं करता, तब तक तुझे अपने भाइयों की जूठन ही खानी पड़ेगी। अब यदि तुझे भोजन नहीं करना है तो न कर।''

माता के इस व्यवहार से सदानंद अत्यंत दुःखी होकर बोला, ''माँ, मैं इस घर में अब तभी भोजन करूँगा, जब धन कमाकर लाऊँगा। मैं आज ही परदेश चला जाऊँगा।''

उसने घर छोड़ने का निश्चय कर लिया।

घर से निकलते समय उसे सुमित्रा की याद आई। वह गोशाला में कंडे थाप रही थी। सदानंद सीधा गोशाला में चला गया और बोला, ''सुमित्रा, मैंने धन कमाने का संकल्प किया है। मैं परदेश जा रहा हूँ। तुम यहीं रहकर सास-ससुर

की सेवा करना। मैं शीघ्र ही आऊँगा।''

सदानंद ने अपनी अँगूठी सुमित्रा को दी और उससे भी कोई निशानी माँगी। सुमित्रा बोली, ''हे नाथ! इस समय मेरे पास केवल यह गोबर से भरा हाथ है। आप निशानी के रूप में इसे ही अपनी पीठ पर धारण करें।''

यह कहकर सुमित्रा ने सदानंद की पीठ पर गोबर के हाथ की थाप मार दी। इसके बाद सदानंद घर से चला गया। कई दिनों तक भूखा-प्यासा चलते-चलते वह दूर एक दूसरे नगर में पहुँच गया।

वहाँ वह एक साहूकार के यहाँ नौकरी करने लगा। शीघ्र ही उसने दुकान का लेन-देन, हिसाब-किताब, ग्राहकों को माल बेचना आदि सभी कुछ सीख लिया। साहूकार की दुकान पर पाँच-छह नौकर और भी थे, जो बहुत आलसी और कामचोर थे, किंतु वे भी सदानंद के परिश्रम को देखकर चकित रह गए और उन्होंने भी मन लगाकर कार्य करना आरंभ कर दिया।

साहूकार भी सदानंद के परिश्रम से अत्यंत प्रभावित था। कुछ ही महीनों के बाद साहूकार ने सदानंद को लाभ में अपना भागीदार बना लिया। धीरे-धीरे सदानंद को वहाँ कार्य करते हुए बारह वर्ष बीत गए। सेठ अब वृद्ध हो गया था। उसकी कोई संतान भी नहीं थी। अतः वह अपना सारा कारोबार सदानंद को सौंपकर तीर्थ-यात्रा पर चला गया। अब सदानंद उस नगर का एक प्रसिद्ध सेठ बन गया। लोग उसके वैभव की तुलना राजा के वैभव से करने लगे।

इधर इन बारह वर्षों में सुमित्रा ने अनेक कष्ट सहे। सास और जेठानियाँ उससे घर का सारा कार्य करवातीं। वन से लकड़ी काटकर लाने का कार्य भी सुमित्रा से करवाया जाता। आटे से निकली भूसी की रोटी बनाकर उसे खाने के लिए दी जाती और टूटे नारियल के पात्र में पीने के लिए जल दिया जाता। इस प्रकार उसके दिन व्यतीत होते रहे।

एक दिन जब वह वन से लकड़ियाँ लेने जा रही थी, उसे रास्ते में बहुत सी स्त्रियाँ पूजा-आराधना करती दिखाई दीं। वह वहाँ खड़ी होकर उनसे पूछने लगी कि वे किस देवी की आराधना कर रही हैं? इस आराधना से क्या फल प्राप्त होता है?

एक स्त्री बोली, ''बहन, यह संतोषी माता का व्रत है। संतोषी माता के ध्यान मात्र से ही मनुष्य के सभी दुःखों का अंत हो जाता है। संतोषी माता की कृपा-दृष्टि दरिद्र को धनवान् और पुत्रहीन को पुत्रवान् बना देती है। इनकी भक्ति करनेवालों के सभी दुःख, कष्ट, क्लेश आदि समाप्त हो जाते हैं और घर में सुख, शांति तथा समृद्धि का वास होता है।''

तब सुमित्रा ने उनसे संतोषी माता के व्रत के विधान को बताने की विनती की।

स्त्री संतोषी माता के व्रत का विधान बताते हुए बोली, "संतोषी माता के व्रत का विधान अत्यंत सरल है। संसार के दुःख हरनेवाली संतोषी माता केवल गुड़-चने के भोग से ही प्रसन्न होकर भक्त की सभी मनोकामनाएँ पूर्ण कर देती हैं। माता के व्रत में प्रत्येक शुक्रवार को निराहार रहकर उनकी कथा कही-सुनी जाती है। यदि कोई कथा सुननेवाला न मिले तो घी का दीपक जलाकर उसके आगे जल के पात्र को रखकर कथा कही जाती है। ध्यान रहे कि इस नियम का नियमित पालन करना चाहिए। जब कार्य सिद्ध हो जाए, तब व्रत का उद्यापन करना चाहिए। संतोषी माता तीन माह में व्रत का संपूर्ण फल प्रदान करती हैं। उद्यापन में अपने देवर, जेठ, भाई, परिवार के बालक अथवा अन्य रिश्तेदारों के कुल आठ बालकों को यथाशक्ति भोजन कराएँ। भोजन के बाद यथाशक्ति दक्षिणा दें। उस दिन घर में कोई भी खटाई न खाए।"

संतोषी माता के व्रत-विधान को जानने के बाद सुमित्रा वहाँ से चली गई। वन से लकड़ी काटकर, उन्हें बाजार में बेचकर उसने गुड़-चने खरीद लिये और मंदिर की ओर चल पड़ी।

मंदिर में उसने श्रद्धापूर्वक संतोषी माता की पूजा-आराधना की, फिर विनती करते हुए बोली, "हे माँ! मैं दीन, हीन, अज्ञानी और मूर्ख हूँ। मैं आपके व्रत के नियमों को नहीं जानती। यदि मेरी पूजा में कुछ कमी हो तो बेटी मानकर क्षमा कर देना। हे माँ! मैं अत्यंत दुःखी हूँ। मेरे दुःखों को हरें। मुझे कष्ट-मुक्त करें माता। मैं आपकी शरण में हूँ।"

सुमित्रा की करुण पुकार सुनकर संतोषी माता को उस पर दया आ गई।

संतोषी माता की कृपा से दूसरे शुक्रवार को ही सदानंद का लिखा पत्र आ गया और तीसरे शुक्रवार को उसका भेजा धन आ गया। यह देखकर सुमित्रा की जेठानियाँ उससे ईर्ष्या करने लगीं। जेठानियों की ईर्ष्या देखकर सुमित्रा का मन अत्यंत व्यथित हो गया। उस रात्रि जब सुमित्रा सोई तो स्वप्न में उसे संतोषी माता ने दर्शन दिए। माता को देखते ही सुमित्रा की आँखों में आँसू भर आए और वह माता के चरणों में गिर पड़ी। संतोषी माता ने उसके सिर पर प्रेम भरा हाथ फेरते हुए कहा, "पुत्री, अब तुम्हें किस बात का कष्ट है ? तुम्हारे पति का भेजा पत्र और धन तुम्हें प्राप्त हो चुके हैं।"

संतोषी माता का कथन सुनकर सुमित्रा बोली, "हे माँ! मुझे न तो धन चाहिए और न ही कोई अन्य वस्तु। मैं अपने स्वामी की सेवा करना चाहती हूँ।

आप मुझ पर बस इतनी कृपा करें कि मेरे स्वामी शीघ्र लौट आएँ।''

तब सुमित्रा को दिलासा देते हुए माता बोलीं, ''पुत्री, तुम चिंता मत करो। तुम्हारा पति शीघ्र ही घर लौट आएगा।''

दूसरी रात्रि को संतोषी माता ने सदानंद को स्वप्न में दर्शन दिए और उससे बोलीं, ''हे पुत्र, तुम यहाँ सुख की नींद का आनंद ले रहे हो और वहाँ तुम्हारी पत्नी अनेक कष्टों का सामना कर रही है। यह उचित नहीं है। तुम्हें अपनी पत्नी की सुधि लेनी चाहिए।''

संतोषी माता की चरण-वंदना करते हुए सदानंद बोला, ''माता, मेरा भी मन पत्नी और परिवार से मिलने के लिए अत्यंत व्याकुल है; किंतु मैं व्यापार छोड़कर नहीं जा सकता। आप ही कोई रास्ता सुझाएँ।''

माता बोलीं, ''पुत्र, प्रातःकाल स्नानादि से निवृत्त होकर तुम घी का दीपक जलाकर पूजा-आराधना करना। तत्पश्चात् दुकान पर अपना आसन ग्रहण करना। संध्या तक तुम्हारे व्यापार का सभी लेन-देन समाप्त हो जाएगा।''

सुबह सदानंद संतोषी माता के कहे अनुसार पूजा करके दुकान पर आ बैठा। माता के आशीर्वाद से शीघ्र ही दुकान का सारा कार्य समाप्त हो गया। संध्या होने तक दुकान में धन का ढेर लग गया। संतोषी माता के गुण गाते हुए वह घर के लिए रवाना हो गया। इधर सुमित्रा प्रतिदिन लकड़ियाँ लेकर लौटते समय कुछ देर के लिए संतोषी माता के मंदिर में बैठकर उनकी स्तुति करती थी। उस दिन जब सुमित्रा संतोषी माता की स्तुति कर रही थी तो संतोषी माता बोलीं, ''पुत्री, तुम्हारा पति वापस आ गया है। तुम लकड़ियों के तीन बोझ बना लो। इसमें से एक बोझ नदी किनारे रखना, दूसरा मंदिर पर और तीसरा घर ले जाना।'' सुमित्रा ने वैसा ही किया।

कुछ समय बाद ही सदानंद वहाँ पहुँचा। संतोषी माता का मंदिर देखकर वहाँ कुछ समय रुकने का विचार किया। वहाँ रुकने के बाद उसने संतोषी माता की पूजा-आराधना की और सूखी लकड़ियों से भोजन बनाकर उसे ग्रहण किया। तृप्त होने और विश्राम करने के बाद वह घर आ गया।

उसी समय सुमित्रा सिर पर लकड़ियाँ उठाए घर में प्रविष्ट हुई और लकड़ियों को आँगन में डालकर जोर-जोर से बोलने लगी, ''सासू माँ, मैं लकड़ियाँ ले आई हूँ। अब मुझे भूसे की रोटी और नारियल के खोपरे में पानी दो।''

आवाज सुनकर सदानंद दौड़ा-दौड़ा आया। उसकी नजर सुमित्रा की अँगूठी पर पड़ी। अँगूठी देखते ही सदानंद सुमित्रा को पहचान गया। उसकी दयनीय दशा देख दुःखी होते हुए वह अपनी माता से बोला, ''माँ, तुमने सुमित्रा को अनेक

कष्ट दिए हैं। अब मैं सुमित्रा के साथ दूसरे घर में रहूँगा।''

वह सुमित्रा के साथ दूसरे बड़े घर में आ गया।

अगले शुक्रवार को सुमित्रा संतोषी माता के व्रत के उद्यापन की तैयारी करने लगी। उद्यापनवाले दिन उसने अपनी जेठानियों के सभी बालकों को भोजन पर बुलाया। किंतु जेठानियों ने बालकों को बहका दिया कि वे भोजन के बाद खटाई माँगकर खा लें, जिससे सुमित्रा का उद्यापन पूर्ण न हो।

घर पर सुमित्रा ने संतोषी माता की पूजा करने के बाद बालकों को भोजन करवाया। भोजन के उपरांत बालकों ने खटाई माँगनी आरंभ कर दी। उसने बालकों को घर में खटाई न खाने के लिए कहा। बालकों ने बाहर जाकर खटाई खाने के लिए पैसे माँगे। भोली सुमित्रा ने बालकों को दक्षिणा के रूप में पैसे दे दिए। इन पैसों से उन्होंने खटाई खरीदकर खा ली।

इस प्रकार उद्यापन भंग हो गया। इससे संतोषी माता सुमित्रा पर कुपित हो उठीं। उसी दिन सदानंद को राजा के सिपाही पकड़कर ले गए। जेठ और जेठानियाँ सदानंद को बुरा-भला कहते हुए बोले, ''सदानंद अवश्य ही लूट का धन लाया था, इसलिए उसे राजा के सिपाही पकड़कर ले गए। राजा उसे कठोर दंड देगा।''

दुःखी सुमित्रा संतोषी माता के मंदिर पहुँची और उनकी स्तुति करते हुए बोली, ''हे माता! यह मेरी कैसी परीक्षा है ? मेरा पति इतने समय बाद घर आया, किंतु उसे सिपाही पकड़कर ले गए। माता, मुझ पर कृपा करो।''

सुमित्रा की करुण पुकार सुनकर संतोषी माता वहाँ प्रकट हुईं और बोलीं, ''पुत्री, यह प्रकोप उद्यापन भंग होने के कारण है। तुमने बच्चों की बातों में आकर उन्हें खटाई खाने के लिए पैसे दे दिए। इसी कारण तुझ पर यह दुःख आया है।''

सुमित्रा रोते हुए बोली, ''माता, मुझे क्षमा करो। यह पाप मुझसे अनजाने में हुआ है। मुझ पर दया करें, माता। मेरे पति की रक्षा करें।''

तब माता बोलीं, ''सुमित्रा, घर जाओ। तुम्हारा पति लौट आएगा। अगले शुक्रवार पुनः नियमानुसार मेरे व्रत का उद्यापन करना। तुम्हारा कल्याण हो।'' यह कहकर संतोषी माता वहाँ से अंतर्धान हो गईं।

सुमित्रा घर पहुँची तो सदानंद पहले से ही घर में मौजूद था। उसने बताया कि राजा ने कमाई के ऊपर कर जमा कराने के लिए बुलवाया था। यह सुनकर सुमित्रा ने सुख की साँस ली। अगले शुक्रवार को सुमित्रा ने फिर माता के व्रत का उद्यापन किया। उसने अपनी जेठानियों के बालकों को भोजन पर बुलाया। बालकों ने इस बार भी खटाई खिलाने का हठ किया और हठ पूरा न होने पर बिना भोजन किए ही वहाँ से चले गए।

हुईं। तब इनका नाम 'सती' रखा गया। देवी सती बचपन से ही अनन्य शिव-भक्त थीं। युवा अवस्था में उन्होंने अपनी शिव-भक्ति व तपस्या के बल से शिवजी को प्रसन्न किया और उन्हें पति-रूप में पाने की कामना की। शिवजी ने मनोवांछित वर देते हुए उन्हें पत्नी रूप में स्वीकार किया।

एक बार दक्ष प्रजापति ने एक महायज्ञ का आयोजन किया। उस यज्ञ में उसने ब्रह्मा, विष्णु और इंद्र सहित सभी देवताओं एवं ऋषि-मुनियों को आमंत्रित किया, किंतु भगवान् शिव को आमंत्रित नहीं किया। देवी सती ने जब यह सुना तो वे अपने पति का यह अपमान सहन न कर सकीं और उनका मन वहाँ जाने के लिए अत्यंत व्याकुल हो उठा।

वे क्रोधित होते हुए भगवान् शिव से बोलीं, "हे नाथ! मेरे पिता दक्ष प्रजापति एक महायज्ञ का आयोजन कर रहे हैं। सभी देवताओं और ऋषि-मुनियों को वहाँ आमंत्रित किया गया है, किंतु उन्होंने आपको इस यज्ञ में आमंत्रित न करके आपका अपमान किया है। इसे मेरा मन कदापि स्वीकार नहीं कर सकता। अतः हे नाथ! आप मुझे वहाँ जाने की आज्ञा दें।"

देवी सती के क्रोध को देखकर शिवजी बोले, "हे देवी! आपको इस प्रकार क्रोधित नहीं होना चाहिए। दक्ष प्रजापति महायज्ञ के कर्ता हैं। यह उनकी इच्छा पर निर्भर करता है कि वे किसे आमंत्रित करें और किसे नहीं। हमें इन व्यर्थ की बातों पर ध्यान नहीं देना चाहिए। इस प्रकार की बातें मन की कटुता को बढ़ाती हैं।"

भगवान् शिव के इस प्रकार समझाने पर भी देवी सती का क्रोध कम न हुआ। उनका प्रबल आग्रह देखकर भगवान् शिव ने उन्हें वहाँ जाने की अनुमति दे दी।

जब देवी सती यज्ञस्थली पर पहुँचीं तो वहाँ उन्हें चारों ओर शिव-निंदा सुनाई पड़ी। दक्ष प्रजापति भी अपने सेवकों से घिरे हुए शिव-निंदा में लीन थे। देवी सती की सभी बहनें उनका उपहास और व्यंग्य कर रही थीं। इस स्थिति को देखकर उनका क्रोध बढ़ गया। वे अपने पति का अपमान सहन न कर सकीं और वहीं यज्ञ की अग्नि में उन्होंने स्वयं को भस्म कर लिया। जब भगवान् शिव को इस बात का ज्ञान हुआ तो उन्होंने अपने गणों को भेजकर उस यज्ञ का विध्वंस करा दिया।

देवी सती ने अगले जन्म में शैलराज हिमालय के घर जन्म लिया। वहाँ उनका नाम 'पार्वती' रखा गया; किंतु शैलराज हिमालय के घर उत्पन्न होने के कारण ही उन्हें 'शैलपुत्री' भी कहा गया। इस जन्म में भी माता शैलपुत्री ने अपनी तपस्या के बल से भगवान् शिवजी को प्रसन्न करके उन्हें पति-रूप में प्राप्त किया। नव दुर्गाओं में माता शैलपुत्री का महत्त्व और शक्तियाँ अनंत हैं। नवरात्रों में प्रथम दिवस पर माता शैलपुत्री की ही पूजा-अर्चना की जाती है।

ब्रह्मचारिणी

नवदुर्गा का दूसरा स्वरूप माता ब्रह्मचारिणी के रूप में विख्यात है। श्वेत वस्त्र धारण करनेवाली माता ब्रह्मचारिणी के एक हाथ में जपमाला और दूसरे हाथ में कमंडलु सुशोभित होता है। पुराणों और धार्मिक ग्रंथों में इनकी उत्पत्ति की कथा इस प्रकार है–

दक्ष प्रजापति की यज्ञ वेदी पर प्राण त्यागने के बाद देवी सती ने पर्वतराज हिमालय की पत्नी मैना के गर्भ से पुनः जन्म लिया। कन्या के शुभ लक्षणों को देखते हुए उसका नाम 'पार्वती' रखा गया। जब पार्वती ने युवा अवस्था में प्रवेश किया तो एक दिन देवर्षि नारद घूमते-घूमते पर्वतराज हिमालय के यहाँ आ पहुँचे।

पर्वतराज हिमालय ने देवर्षि नारद का अतिथि-सत्कार किया और पार्वती का हाथ देखकर उसका भविष्य बताने का आग्रह किया।

देवी पार्वती को देखते ही देवर्षि नारद ने आसन से उठकर उन्हें प्रणाम किया। नारद के इस आचरण को देखकर पर्वतराज हिमालय और मैना आश्चर्यचकित रह गए।

उन्होंने नारदजी से इस आचरण का कारण जानना चाहा। तब वे हँसते हुए बोले, "हे पर्वतराज! आपकी यह कन्या पूर्व जन्म में दक्ष प्रजापति की पुत्री और भगवान् शिव की पत्नी माता सती थीं। अपने पिता दक्ष प्रजापति द्वारा पति का अपमान किए जाने पर उन्होंने यज्ञ वेदी पर ही प्राणों का त्याग कर दिया था। अब उन्होंने देवी पार्वती के रूप में पुनः आपके घर में पुनर्जन्म लिया है। इसलिए मैंने इन्हें प्रणाम किया। अपने सुकर्मों के कारण यह इस जन्म में भी भगवान् शिव की पत्नी बनने का गौरव प्राप्त करेंगी।"

देवर्षि नारद की बात सुनकर देवी पार्वती ने उनसे भगवान् शिव की प्राप्ति का उपाय पूछा। नारदजी ने उन्हें कठोर तप द्वारा शिवजी को प्राप्त करने का उपदेश दिया।

नारदजी के उपदेशानुसार देवी पार्वती ने भगवान् शिवजी को पति रूप में प्राप्त करने के लिए सभी राजसी सुखों का त्याग कर कठोर तपस्या आरंभ कर दी।

देवी पार्वती ने तपस्या के आरंभिक 1,000 वर्ष कंद-मूल खाकर व्यतीत किए। तत्पश्चात् 3,000 वर्षों तक केवल जमीन पर टूटकर गिरे हुए बेलपत्रों को खाकर वे तपस्या में लीन रहीं। इसके बाद अनेक वर्षों तक उन्होंने निर्जल और निराहार तपस्या

करते हुए वर्षा, आँधी व धूप में भयानक कष्ट सहे।

देवी पार्वती ने भगवान् शिव की हजारों वर्षों तक कठोर तपस्या की। इस तपस्या के फलस्वरूप उनकी काया एकदम क्षीण हो गई। उनकी कठिन तपस्या से तीनों लोकों में हाहाकार मच गया। इंद्र सहित सभी देवगण और ऋषि-मुनि देवी पार्वती की कठोर तपस्या से भयभीत हो गए। वे सभी ब्रह्माजी के समक्ष उपस्थित हुए और उनसे देवी पार्वती को मनचाहा वर प्रदान करने की प्रार्थना की।

अंत में परमपिता ब्रह्माजी ने देवी पार्वती को दर्शन दिए और बोले, "हे देवी! तुम्हारी कठिन तपस्या के समक्ष सभी देवगण नतमस्तक हैं। इस प्रकार का कठोर तप केवल तुम्हारे द्वारा ही संभव था। तुम्हारी मनोकामना शीघ्र पूरी होगी। भगवान् शिव तुम्हें पति-रूप में अवश्य प्राप्त होंगे। कठोर तपस्या के कारण सृष्टि में तुम्हें ब्रह्मचारिणी अर्थात् तप का आचरण करनेवाली कहा जाएगा।"

इसके बाद ब्रह्माजी ने देवी पार्वती का सौंदर्य उन्हें पुनः प्रदान कर दिया।

इस प्रकार देवी पार्वती को अपने तप के बल से भगवान् शिव पति रूप में प्राप्त हुए और वे संसार में ब्रह्मचारिणी नाम से विख्यात हुईं।

माता ब्रह्मचारिणी की उपासना से भक्तों में तप, त्याग, वैराग्य, सदाचार, संयम आदि की वृद्धि होती है और उन्हें सर्वत्र सिद्धि एवं विजय की प्राप्ति होती है। नवरात्रों के दूसरे दिन माता ब्रह्मचारिणी की पूजा-अर्चना की जाती है।

चंद्रघंटा

नवरात्रों के तीसरे दिन माता दुर्गा के शरीर से प्रकट हुई तीसरी शक्ति चंद्रघंटा की स्तुति की जाती है। इनके मस्तक में घंटे के आकार का आधा चंद्रमा शोभायमान है। यही कारण है कि भक्तजन इन्हें 'चंद्रघंटा देवी' कहते हैं।

माता चंद्रघंटा की कृपा से भक्तों के सभी पाप, बाधाएँ, शारीरिक कष्ट, मानसिक चिंताएँ और भूत-प्रेत बाधाएँ दूर होती हैं। सिंह पर सवार ये माता भक्तों में निर्भयता के साथ-साथ सौम्यता के गुणों का समावेश करती हैं। जो भक्त शुद्ध मन, कर्म और वचन से माँ चंद्रघंटा की पूजा-अर्चना करते हैं, उनके शरीर दिव्य प्रकाश से आभायुक्त हो जाते हैं। उनके शरीर से प्रकाशयुक्त अदृश्य शक्ति का विकिरण

होता रहता है, जिससे उनके संपर्क में आनेवाले प्रत्येक व्यक्ति प्रभावित होता है और उसका काम सरलता से बनता चला जाता है। माँ चंद्रघंटा दुष्टों का संहार करने के लिए सदैव तत्पर रहती हैं, किंतु इनके दर्शक और आराधक को ये माता अपने सौम्य और शांति से परिपूर्ण रूप के दर्शन करवाती हैं।

माता चंद्रघंटा का शरीर स्वर्ण वर्ण का है। इनके दस हाथ बताए गए हैं, जिनमें खड्ग, अस्त्र-शस्त्र, बाण आदि विभूषित हैं। देवासुर संग्राम में उनके घंटे की भयानक ध्वनि मात्र से सैकड़ों अत्याचारी दानव, दैत्य और राक्षस मृत्यु को प्राप्त हो गए थे।

इनकी मुद्रा सदैव युद्ध के लिए तैयार रहनेवाली होती है, जिसका तात्पर्य यह है कि अपने भक्तों के शत्रुओं के विनाश के लिए तैयार रहकर ये सदा उनका भला करने को आतुर रहती हैं। जिस भक्त पर माता चंद्रघंटा की कृपा होती है, उसे दैवी वस्तुओं के दर्शन होते हैं। दिव्य सुगंधियों और विविध प्रकार की ध्वनियाँ सुनाई देने लगें तो भक्त को यह समझ लेना चाहिए कि उस पर देवी की कृपा-दृष्टि बनी हुई है।

माता चंद्रघंटा की स्तुति विधि-विधान के अनुसार पूर्णतः पवित्रता के साथ करनी चाहिए। माता की कृपा प्राप्त कर हम समस्त सांसारिक कष्टों से मुक्त होकर परम पद के अधिकारी बन जाते हैं। साधना के दौरान भक्तों को सदैव माता के सौम्य रूप को अपने मस्तिष्क में केंद्रित रखना चाहिए।

कूष्मांडा

माता दुर्गा के चौथे स्वरूप को कूष्मांडा के नाम से जाना जाता है। नवरात्रों के चौथे दिन माता कूष्मांडा की पूजा-अर्चना की जाती है। माता कूष्मांडा का निवास-स्थान सूर्यलोक में है। इसी कारण उनके शरीर की कांति और आभा सूर्य के समान प्रकाशमान है। सृष्टि के संपूर्ण प्राणियों में इसी देवी का प्रकाश प्रदीप्त है। माता कूष्मांडा के दिव्य तेज से दसों दिशाएँ प्रकाशित हो रही हैं।

जब ब्रह्मांड का अस्तित्व नहीं था, चारों ओर अंधकार-ही-अंधकार था, तब माता कूष्मांडा ने अपनी मंद मुसकान द्वारा अंड अर्थात् ब्रह्मांड की उत्पत्ति की। इस प्रकार अपनी हलकी सी हँसी द्वारा ब्रह्मांड की रचना करने के कारण इन्हें माता 'कूष्मांडा'

कहा गया।

ब्रह्मांड की उत्पत्ति के समय सूर्य एवं अन्य नक्षत्रों को माता कूष्मांडा ने अपने तेज से ही प्रकाश प्रदान किया था। तब से ब्रह्मांड की सभी वस्तुओं और प्राणियों में अवस्थित तेज माता कूष्मांडा की छाया है।

सिंह पर सवार माता कूष्मांडा को आठ भुजाओं के कारण अष्ट भुजाधारी देवी भी कहा जाता है। इनके हाथों में क्रमशः कमंडलु, धनुष-बाण, कमल-पुष्प, अमृत-कलश, चक्र, गदा और सभी प्रकार की सिद्धियों व निधियों को प्रदान करनेवाली जप की माला सुशोभित होती है।

माता कूष्मांडा भक्तों को हर प्रकार की सिद्धियाँ, धन, ऐश्वर्य और मोक्ष प्रदान करनेवाली देवी हैं। इनकी सच्ची उपासना और आराधना से भक्तों के सभी रोग, दुःख, कष्ट-क्लेश और बाधाएँ समाप्त हो जाती हैं।

सभी प्रकार के सुखों को प्रदान करनेवाली माता कूष्मांडा भक्तों की केवल भक्ति और सेवा से ही प्रसन्न होकर उन्हें मनोवांछित वर प्रदान करती हैं। इनकी नियमित साधना से साधकों को धन-संपत्ति और ऐश्वर्य के साथ-साथ मोक्ष की भी प्राप्ति हो जाती है। माता कूष्मांडा की पूजा-अर्चना मनुष्य को विभिन्न प्रकार की व्याधियों से विमुक्त कर, सुख-समृद्धि और उन्नति की ओर ले जाती है। भक्तों को शुद्ध और पवित्र मन से माता कूष्मांडा के स्वरूप को ध्यान में रखकर उनकी उपासना करनी चाहिए।

स्कंदमाता

स्कंदमाता माता दुर्गा के पाँचवें रूप में अवतरित हुईं। दुर्गा-पूजन में पाँचवें दिन स्कंदमाता की पूजा की जाती है। इनके पुत्र कुमार कार्तिकेय को स्कंद कहा जाता है, इसीलिए उनकी माता होने के कारण दुर्गा का यह स्वरूप 'स्कंदमाता' के नाम से प्रसिद्ध है।

स्कंदमाता की गोद में भगवान् स्कंद विराजमान होते हैं। स्कंदमाता की चार भुजाएँ हैं, जिनमें दो हाथों में कमल-पुष्प विभूषित हैं। एक हाथ वर-मुद्रा में और दूसरा हाथ भगवान् स्कंद को गोद में पकड़े हुए होता है। शुभ्र वर्ण की यह माता कमल के आसन पर आसीन रहती हैं, इस कारण ये पद्मासना

देवी भी कहलाती हैं। सिंह भी इनका वाहन है।

सूर्य के समान तेजवाली स्कंदमाता अपने भक्तों की समस्त इच्छाओं को पूरी करनेवाली देवी हैं। इनकी निस्स्वार्थ भक्ति से साधक को सभी प्रकार की सिद्धियों और निधियों की प्राप्ति होती है।

स्कंदमाता की उपासना करने पर भक्त का हृदय शुद्ध हो जाता है। स्कंदमाता की उपासना करते समय साधक को अपनी इंद्रियों पर नियंत्रण कर मन को एकाग्र करना चाहिए। उपासना के समय साधक का ध्यान लौकिक और सांसारिक बंधनों से मुक्त होकर स्कंदमाता के स्वरूप में लीन होना चाहिए।

स्कंदमाता की उपासना की एक विशेषता यह भी है कि साधक द्वारा स्कंदमाता की पूजा-अर्चना करने से भगवान् स्कंद की उपासना भी स्वत: ही हो जाती है। इससे स्कंदमाता के साथ-साथ भगवान् स्कंद की कृपा-दृष्टि भी साधक को सहज ही प्राप्त हो जाती है।

यदि भक्त निस्स्वार्थ भावना से स्कंदमाता की पूजा-अर्चना करते हैं, तो वे उन्हें सुख-संपदा और ऐश्वर्य प्रदान करती हैं। स्कंदमाता की उपासना करनेवाले भक्त सूर्य के समान अलौकिक तेज और कांति से संपन्न हो जाते हैं। माता की आराधना मात्र से ही उन्हें मोक्ष की प्राप्ति हो जाती है।

कात्यायनी

माता कात्यायनी दुर्गा के छठे अवतार के रूप में पूजी जाती हैं। छठे नवरात्रे को माता कात्यायनी की पूजा-अर्चना की जाती है। धार्मिक ग्रंथों के अनुसार माता कात्यायनी की उत्पत्ति की कथा इस प्रकार है–

कात्य नाम के ऋषि की वंशावली में एक प्रसिद्ध ऋषि कात्यायन उत्पन्न हुए। महर्षि कात्यायन माता दुर्गा के परम भक्त थे। उन्होंने माता दुर्गा की अनेक वर्षों तक कठोर तपस्या की। उनकी तपस्या से प्रसन्न होकर माता दुर्गा ने उन्हें दर्शन दिए और उनसे वर माँगने को कहा। तब महर्षि कात्यायन ने माता दुर्गा से वर माँगा कि 'वे पुत्री रूप में उनके घर में जन्म लें।'

माता दुर्गा ने महर्षि कात्यायन को इच्छित वर प्रदान कर दिया।

कुछ समय पश्चात् जब पृथ्वी पर

महिषासुर नामक असुर का अत्याचार बढ़ गया, तब माता दुर्गा के तेज से महर्षि कात्यायन के घर में माता दुर्गा के छठे स्वरूप का जन्म हुआ। महर्षि कात्यायन के यहाँ जन्म लेने के कारण ये 'माता कात्यायनी' के नाम से प्रसिद्ध हुईं।

माता कात्यायनी ने जन्म लेते ही विशाल रूप धारण कर लिया। उनके इस विशाल रूप को देखकर महर्षि कात्यायन ने उन्हें प्रणाम किया और तीन दिन शुक्ल सप्तमी, अष्टमी तथा नवमी तक उनकी पूजा-अर्चना की। माता कात्यायनी ने महर्षि की पूजा ग्रहण करने के बाद महिषासुर का वध किया।

पुराणों में वर्णित एक अन्य कथा के अनुसार, जब ब्रह्मा, विष्णु और शिव के मिश्रित तेज से माता दुर्गा के छठे स्वरूप का जन्म हुआ, तब महर्षि कात्यायन ने सर्वप्रथम उनकी पूजा की। इस कारण उनका नाम 'कात्यायनी' पड़ा।

माता कात्यायनी भक्तों को अमोघ फल प्रदान करनेवाली देवी हैं। ब्रज की गोपियों ने भी भगवान् कृष्ण को पति-रूप में पाने के लिए यमुना के तट पर इनकी पूजा की थी। चार भुजाधारी माता कात्यायनी का वाहन सिंह है। मनुष्य के समस्त पापों का नाश करके उसे मोक्ष प्रदान करनेवाली माता कात्यायनी सहज भक्ति से प्रसन्न हो जाती हैं। इनकी उपासना से मनुष्य को धर्म, अर्थ, काम और मोक्ष मिलता है।

कालरात्रि

माता दुर्गा के सातवें स्वरूप को माता कालरात्रि के नाम से जाना जाता है। माता कालरात्रि की काया घने अंधकार के समान एकदम काली है। इनके मस्तक पर तीन नेत्र विद्यमान हैं, जो ब्रह्मांड के समान गोल हैं।

माता कालरात्रि के सिर के केश घने और बिखरे हुए हैं। इनके गले में विद्युत् के समान प्रकाशमान माला सुशोभित है। श्वास लेते समय इनकी नासिका से अग्नि की तीव्र और भयंकर लपटें प्रकट होती हैं। यद्यपि इनका शरीर काला है, तथापि इनमें से विद्युत् के समान तेज प्रकाश-युक्त किरणें प्रकट होती हैं।

माता कालरात्रि का वाहन गर्दभ अर्थात् गदहा है। यह माता चार भुजाओंवाली हैं। इनके दो हाथों में क्रमशः खड्ग और नुकीला अस्त्र विभूषित है, जबकि एक हाथ वर मुद्रा में और दूसरा अभय मुद्रा में है।

भक्तों के लिए माता कालरात्रि का स्वरूप अत्यंत भयानक है, किंतु उन्हें ये देवी सदैव शुभ फल प्रदान करती हैं। अपने भक्तों को शुभ फल प्रदान करने के कारण इन्हें 'शुभंकरी' भी कहा जाता है।

माता कालरात्रि की पूजा-आराधना से भक्तों के समस्त पाप धुल जाते हैं और वे माता के दर्शन से मिलनेवाले पुण्य के भागी हो जाते हैं। यदि भक्त निस्स्वार्थ और भक्तिपूर्ण भावना से माता कालरात्रि की उपासना करते हैं तो उनके सभी कष्ट-क्लेशों का अंत हो जाता है और उन्हें सभी प्रकार के सुख व वैभवों की प्राप्ति होती है।

माता कालरात्रि दैत्य, दानव, राक्षस, भूत-प्रेत आदि का नाश करनेवाली देवी हैं। इनके स्मरण मात्र से ही भक्त की सभी ग्रह-बाधाएँ दूर हो जाती हैं। इनकी आराधना से भक्त भय-मुक्त हो जाते हैं। नवरात्रे के सातवें दिन कालरात्रि की पूजा की जाती है। शुभ फल प्राप्त करने के लिए पूजा करते समय भक्त को अपने मन को शुद्ध और पवित्र रखना चाहिए।

महागौरी

नारदजी से शिवजी को प्राप्त करने के लिए तपस्या का उपदेश मिलने पर देवी पार्वती ने कठोर तप करने का निश्चय किया। इसके लिए उन्होंने सभी प्रकार के सुखों को त्याग जंगल में रहकर कठोर तप आरंभ कर दिया।

यह तप अनेक वर्षों तक चला। तपस्या के दौरान उन्होंने धूप, आँधी, वर्षा और शीत का भीषण प्रकोप सहा, जिससे उनका शरीर धूल, मिट्टी और पत्तों से ढक गया। इसके फलस्वरूप उनका शरीर काला पड़ गया। अंत में जब भगवान् शिव ने उन्हें दर्शन देकर पत्नी-रूप में स्वीकार करने का वचन दिया, तब उन्होंने अपनी जटाओं में से निकलनेवाली गंगा द्वारा उनका शरीर मल-मलकर धोया।

पवित्र और शुद्ध गंगाजल के स्पर्श से देवी पार्वती के शरीर का सारा मैल धुल गया और उनका शरीर गौर वर्ण होकर दीप्तिमान हो उठा। इस प्रकार गौर वर्ण की होने के कारण माता पार्वती का नाम 'महागौरी' प्रसिद्ध हो गया।

दुर्गा-पूजन के आठवें दिन माता महागौरी की उपासना की जाती है। माता महागौरी की चार भुजाएँ हैं। उनका वाहन

वृषभ है। उनकी यह मुद्रा अत्यंत शांत और सौम्य है।

इनकी पूजा-अर्चना से भक्तों के सभी पाप धुल जाते हैं। इनकी शक्ति अमोघ और फल प्रदान करनेवाली है। सच्चे हृदय से आराधना करने पर भक्तों के सभी दुःख, क्लेश, ग्रह-बाधाएँ एवं पाप-संतापों का अंत हो जाता है और वे सभी प्रकार के पुण्यों को प्राप्त करने के अधिकारी बन जाते हैं।

माता महागौरी का ध्यान-स्मरण, पूजन-आराधन भक्तों के लिए कल्याणकारी है। इनकी उपासना करते समय साधकों को एकाग्रचित्त होकर माता महागौरी का ध्यान करना चाहिए। इनकी कृपा प्राप्त होने पर साधक को विभिन्न प्रकार की सिद्धियाँ प्राप्त हो जाती हैं। भोग, ऐश्वर्य और मोक्ष प्रदान करनेवाली माता महागौरी सभी की मनोकामनाएँ पूर्ण करती हैं।

सिद्धिदात्री

नवरात्रे के नौवें और अंतिम दिन माता सिद्धिदात्री की पूजा की जाती है। माता सिद्धिदात्री सभी सिद्धियों की स्वामिनी हैं। अपने भक्तों को विभिन्न सिद्धियाँ प्रदान करनेवाली माता सिद्धिदात्री की कथा इस प्रकार है–

जब माता दुर्गा के मन में सृष्टि-रचना का विचार उत्पन्न हुआ, तब उन्होंने भगवान् शिव को उत्पन्न किया। शिवजी ने उत्पन्न होने पर माता दुर्गा से सिद्धियाँ प्रदान करने की प्रार्थना की। उन्हें सिद्धियाँ प्रदान करने के लिए माता दुर्गा के एक अंश से देवी सिद्धिदात्री का जन्म हुआ, जो सभी प्रकार की सिद्धियों की ज्ञाता थीं। माता दुर्गा के आदेशानुसार माता सिद्धिदात्री ने भगवान् शिव को अठारह प्रकार की दुर्लभ, अमोघ और शक्तिशाली सिद्धियाँ प्रदान कीं। इन सिद्धियों की प्राप्ति से ही शिवजी में दैवी तेज उत्पन्न हुआ।

माता सिद्धिदात्री से सिद्धियाँ प्राप्त करके शिवजी ने विष्णु की और विष्णुजी ने ब्रह्मा की उत्पत्ति की। ब्रह्माजी को सृष्टि-रचना का, विष्णु को सृष्टि के पालन-पोषण का और शिवजी को सृष्टि के संहार का कार्य मिला।

ब्रह्माजी को नर और नारी के अभाव के कारण सृष्टि-रचना में कठिनाई आने लगी। तब उन्होंने माता सिद्धिदात्री का स्मरण किया। माता सिद्धिदात्री के प्रकट होने पर ब्रह्माजी

बोले, "हे माता सिद्धिदात्री! नर-नारी के अभाव के कारण मुझे सृष्टि-रचना में कठिनाई आ रही है। आप अपनी सिद्धियों द्वारा मेरी इस समस्या का समाधान करें।"

ब्रह्माजी की बात सुनकर माता सिद्धिदात्री ने अपनी सिद्धियों द्वारा शिवजी का आधा शरीर नारी का बना दिया। इस प्रकार शिवजी आधे नर और आधे नारी के रूप के कारण अर्द्धनारीश्वर कहलाए। इस प्रकार ब्रह्माजी की समस्या का समाधन हो गया और सृष्टि-रचना का कार्य सुचारु रूप से चलने लगा।

माता सिद्धिदात्री कमल पुष्प पर विराजमान होती हैं। इनका वाहन सिंह है। माता सिद्धिदात्री चार भुजाओंवाली देवी हैं। सिद्धिदात्री की उपासना करने से साधकों की सभी इच्छाएँ पूर्ण होती हैं। माता सिद्धिदात्री अपने भक्तों और साधकों को सिद्धियाँ प्रदान करनेवाली देवी हैं।

पुराणों के अनुसार, माता सिद्धिदात्री अठारह प्रकार की सिद्धियाँ प्रदान करती हैं। ये सिद्धियाँ हैं—अणिमा, लघिमा, प्राप्ति, प्राकाम्य, महिमा, ईशित्व, सर्वकामावसायिता, सर्वज्ञात्व, दूरश्रवण, परकायप्रवेशन, वाक्सिद्धि, कल्पवृक्षत्व, सृष्टि, संहारकरणसामर्थ्य, अमरत्व, सर्वन्यायकत्व, भावना और सिद्धि।

माता सिद्धिदात्री की कृपा जिस पर हो जाती है, वह सारे सुखों को भोगते हुए अंत में मोक्ष को प्राप्त होता है। माता सिद्धिदात्री भक्तों की सभी लौकिक और पारलौकिक मनोकामनाएँ पूर्ण करती हैं। इनकी उपासना सभी कष्टों का अंत कर देती है।

□

10

गंगा

प्राचीन समय की बात है, इक्ष्वाकु वंश में सगर नामक एक प्रसिद्ध सूर्यवंशी राजा हुए। वैदर्भी व शैब्या नामक उनकी दो सुंदर रानियाँ थीं। रानी शैब्या से उन्हें एक पुत्र प्राप्त हुआ। उस बालक का नाम 'असमंजस' रखा गया। उनकी

दूसरी पत्नी वैदर्भी ने पुत्र की कामना से भगवान् शिव की कठोर उपासना की। शिवजी के वरदान से वह भी गर्भवती हो गई। सौ वर्ष बीत जाने के बाद उसके गर्भ से एक विशाल मांस पिंड उत्पन्न हुआ। उसे देखकर वैदर्भी दुःखी होकर भगवान् महादेव का ध्यान करने लगी। उसकी आराधना से प्रसन्न होकर शिवजी ब्राह्मण के वेश में उसके पास आए और उस मांस पिंड को 60 हजार भागों में बाँट दिया। वे सभी टुकड़े बालकों के रूप में परिणत हो गए। वे सभी बालक अति वीर, बलशाली और पराक्रमी थे। सगर इतने पुत्रों को देखकर हर्षित हो गए।

एक बार राजा सगर के मन में अश्वमेध यज्ञ करने का विचार उत्पन्न हुआ। उन्होंने अपने मंत्रियों को यज्ञ की तैयारी करने का आदेश दे दिया। शुभ मुहूर्त पर यज्ञ आरंभ हुआ। यज्ञ के अश्व को छोड़ा गया। किंतु इंद्र ने दैत्य का रूप धारण करके यज्ञ के अश्व को चुरा लिया और उसे कपिल मुनि के आश्रम में छुपा दिया।

अश्व का अपहरण होने पर ऋषि-मुनियों ने सगर से कहा, "राजन्, अश्व का अपहरण होने से यज्ञ में विघ्न उत्पन्न हो रहा है। आप शीघ्र ही अश्व की खोज करवाइए, अन्यथा घोर अमंगल हो जाएगा।"

सगर ने अपने 60 हजार पुत्रों को यज्ञ का अश्व खोजने के लिए भेजा। वे सारी पृथ्वी पर अश्व को खोजने लगे। किंतु उन्हें यज्ञ का अश्व कहीं भी दिखाई नहीं दिया। तब उन्होंने अपनी बलिष्ठ भुजाओं से पृथ्वी को खोदना आरंभ कर दिया। उनके प्रहारों से पृथ्वी सहित वहाँ रहनेवाले नागों, दैत्यों और अन्य प्राणियों की करुण चीत्कारें गूँजने लगीं।

सगर-पुत्र भूमि खोदते हुए कपिल मुनि के आश्रम के निकट पहुँच गए। वहाँ उन्हें यज्ञ का अश्व बँधा दिखाई दिया। उन्होंने सोचा कि यज्ञ में विघ्न डालने के लिए कपिल मुनि ने ही उसका अपहरण किया है और उन्होंने भगवान् विष्णु के अंशावतार कपिल मुनि को अपशब्द कह दिए। इस पर कपिल मुनि ने उन्हें शाप देकर भस्म कर डाला। यह समाचार सुनकर सगर शोक में डूब गए। तब उनके पौत्र अंशुमान ने कपिल मुनि की स्तुति की। कपिल मुनि ने प्रसन्न होकर उसे यज्ञ का अश्व दे दिया। अंशुमान अश्व को लेकर सगर के पास लौट आया और यज्ञ पूर्ण करवाया। यज्ञ पूर्ण होने के बाद सगर ने पक्षीराज गरुड़ से अपने मृत पुत्रों के उद्धार के विषय में पूछा। पक्षीराज गरुड़ ने कहा कि गंगा की पवित्र जलधारा उनके पुत्रों का उद्धार कर सकती है। सगर गंगा को पृथ्वी पर लाने के लिए कठोर तपस्या करने लगे। उनकी मृत्यु

के बाद असमंजस ने और इसके बाद अंशुमान ने अनेक वर्षों तक कठोर तपस्या की। किंतु वे गंगा को पृथ्वी पर लाने में सफल नहीं हुए। तब अंशुमान के पुत्र भगीरथ ने गंगा को पृथ्वी पर लाने के लिए कठोर तपस्या की। उनकी तपस्या से प्रसन्न होकर ब्रह्माजी ने उन्हें साक्षात् दर्शन दिए।

भगीरथ द्वारा गंगा प्रदान करने की प्रार्थना

ब्रह्माजी के दिव्य दर्शन पाकर भगीरथ भी श्रद्धापूर्वक उनकी स्तुति करने लगे। ब्रह्माजी ने प्रसन्न होकर भगीरथ से कहा, ''वत्स, तुम्हारे इस कठोर तप से मैं अति प्रसन्न हूँ। तुम्हें अभीष्ट वर प्रदान करने के लिए मैं यहाँ प्रकट हुआ हूँ। तुम निस्संकोच अपना इच्छित वर माँग लो। मैं तुम्हें मनोवांछित वर प्रदान करने का वचन देता हूँ।''

भगीरथ बोले, ''हे प्रभु! अनेक वर्षों पूर्व कपिल मुनि ने अपने शाप से मेरे पूर्वजों को भस्म कर दिया था। तभी से मेरे पूर्वज प्रेत योनि में भटक रहे हैं। पक्षीराज गरुड़ ने बताया था कि यदि गंगा देवी पृथ्वीलोक में आकर अपने पवित्र जल से उनकी शुद्धि कर दें तो प्रेत योनि से उनका उद्धार हो जाएगा और वे भगवान् विष्णु के परम धाम के अधिकारी हो जाएँगे। हे प्रभु! गंगा माता को पृथ्वी पर लाने के लिए मेरे परदादा राजा सगर, दादा असमंजस और पिता अंशुमान ने अनेक वर्षों तक कठोर तपस्या की, किंतु वे इसमें सफल नहीं हुए और तपस्या करते हुए अपने प्राण त्याग दिए। तब मैंने उनके कार्य को संपन्न करने के लिए कठोर तपस्या की। हे दयानिधान! यदि आप मेरी तपस्या से प्रसन्न हैं तो गंगा देवी को पृथ्वी पर भेजने की कृपा करें।''

भगीरथ की बात सुनकर ब्रह्माजी ने गंगा देवी से कहा, ''गंगे, तुम अभी नदी के रूप में पृथ्वी पर जाओ और सगर के सभी पुत्रों का उद्धार करो। तुम्हारे स्पर्श से वे सभी राजकुमार मेरे परम धाम को प्राप्त होंगे। पृथ्वी पर जो भी पापी तुम्हारे जल में स्नान करेगा, उसके समस्त पापों का नाश हो जाएगा। पर्वों और विशेष पुण्य तिथियों पर तुम्हारे जल में स्नान करनेवाले प्राणियों को सुख-संपत्ति, भोग और ऐश्वर्य के अतिरिक्त मृत्यु के बाद मोक्ष प्राप्त होगा। सूर्यग्रहण के समय तुम्हारे जल में स्नान करनेवालों को पुण्य और सुखों की प्राप्ति होगी। तुम्हारे स्मरण मात्र से ही प्राणियों के सभी दु:खों और कष्टों का अंत हो जाएगा।''

यह सुनकर गंगा हाथ जोड़कर विनम्र शब्दों में बोलीं, ''हे प्रभु! आपकी

आज्ञा मुझे स्वीकार है। किंतु मुझे भूलोक पर कितने वर्षों तक रहना होगा? स्नान करके पापीजन अपने पाप मुझे दे देंगे। ऐसी स्थिति में मेरे उन पापों का नाश किस प्रकार होगा? हे प्रभु, आप सर्वज्ञ हैं; भूत, वर्तमान और भविष्य के पूर्ण ज्ञाता हैं। जगत् की कोई बात आपसे छिपी नहीं है। अतः मेरी इन शंकाओं का समाधान बताने की कृपा करें।''

ब्रह्माजी बोले, ''गंगे, तुम नदी के रूप में पृथ्वी पर रहोगी। मेरे अंशस्वरूप समुद्र तुम्हारे पति होंगे। सभी नदियों में तुम सबसे श्रेष्ठ, सौभाग्यवती और पुण्यदायी होगी। हे देवी, कलियुग के पाँच हजार वर्षों तक तुम्हें भू-लोक में रहना पड़ेगा। सभी प्राणी देवी के रूप में तुम्हारी पूजा-आराधना और स्तुति करेंगे। जो प्राणी भक्तिपूर्वक तुम्हारी स्तुति करेगा, उसे अश्वमेध यज्ञ जैसा फल प्राप्त होगा। 'गंगा' शब्द का निरंतर जप करनेवाले प्राणियों के समस्त पाप नष्ट हो जाएँगे और मृत्यु के बाद वे वैकुंठ के अधिकारी बनेंगे।''

इस प्रकार जब ब्रह्माजी ने गंगा की सभी शंकाओं को दूर कर दिया, तब वे राजा भगीरथ से बोलीं, ''राजन्, ब्रह्माजी की आज्ञा, सरस्वती के शाप और तुम्हारी तपस्या के फलस्वरूप में तुम्हारे साथ पृथ्वी पर चलने को तैयार हूँ। किंतु हे पुत्र, जब मैं स्वर्ग से धरातल पर आऊँगी तो मेरा वेग बहुत तेज होगा। मेरे उस तीव्र वेग से पृथ्वी पाताल में पहुँच जाएगी। अतः राजन्, यदि तुम अपनी इच्छा पूर्ण करना चाहते हो तो पहले इस समस्या का समाधान करो।''

गंगा की बात सुनकर राजा भगीरथ ने ब्रह्माजी से इस समस्या का समाधान करने को कहा। तब ब्रह्माजी शिवजी से बोले, ''महादेव, भगीरथ की इस समस्या का समाधान केवल आप ही कर सकते हैं। तीव्र वेग से धरातल पर उतरती गंगा को आप अपनी जटाओं में बाँध लें। इससे उनका वेग कम हो जाएगा और पृथ्वी पाताल में धँसने से बच जाएगी।''

शिवजी इसके लिए सहर्ष तैयार हो गए। तब गंगा देवी ने श्रीकृष्ण को प्रणाम किया और नदी के रूप में धरातल की ओर चल पड़ीं। धरातल की ओर जाते समय उनकी गति बहुत तेज हो गई। ऐसा प्रतीत होने लगा मानो प्रलयकाल आ गया हो। मेघ भीषण गर्जन करने लगे। गंगा के वेग को देखकर पृथ्वी काँप उठी। तभी ब्रह्माजी की प्रेरणा से शिवजी गंगा के मार्ग में आ गए और गंगा पूर्ण वेग से शिवजी की जटाओं में समा गईं। तब शिवजी ने अपनी जटा की एक लट को खोलकर गंगा की एक धारा को पृथ्वी पर छोड़ दिया। गंगा अत्यंत धीमी गति से धरातल पर गिरने लगीं। इस प्रकार पृथ्वी पाताल में धँसने से बच गई।

गंगा के धरातल पर पहुँचते ही राजा भगीरथ बोले, "हे परम कल्याणी देवी गंगा! पापियों के पाप धोनेवाली पुण्यमयी देवी, आपको मेरा कोटि-कोटि नमन। माते, आपकी कृपा से संतानहीन को संतान की प्राप्ति हो। बंधन में पड़े हुए व्यक्ति के समस्त बंधन कट जाएँ। पापियों के पाप पुण्यों में बदल जाएँ, ये वरदान दें।"

इस प्रकार स्तुति करते हुए भगीरथ गंगा को लेकर वहाँ पहुँचे, जहाँ उनके 60 हजार पूर्वज जलकर भस्म हो गए थे। गंगा का स्पर्श होते ही वे सभी वैकुंठलोक चले गए।

भगीरथ के प्रयत्न से गंगा पृथ्वी पर आ सकी थीं, अतः गंगा को 'भागीरथी' भी कहा जाने लगा।

□

11

तुलसी

प्राचीनकाल की बात है। पृथ्वी पर राजा धर्मध्वज का शासन था। उनकी पत्नी का नाम माधवी था। महालक्ष्मी की कृपा से कार्तिक की पूर्णिमा के दिन माधवी के गर्भ से एक सुंदर और दिव्य कन्या उत्पन्न हुई। उस समय शुभ दिन, शुभ योग, शुभ लग्न और शुभ ग्रह का योग चल रहा था। उस कन्या का वर्ण श्याम था। उस कन्या की दिव्य कांति से सारा महल प्रकाशमान हो रहा था। उसके दिव्य मनोहारी रूप की तुलना असंभव थी, इसलिए विद्वानों ने उसका नाम 'तुलसी' रखा।

जन्म लेते ही तुलसी तपस्या करने के लिए बद्रिकावन में चली गई। 'श्रीविष्णु मेरे स्वामी हों।' यही विचार करके उसने कठोर तपस्या की। उसकी तपस्या से

प्रसन्न होकर ब्रह्माजी वर देने के उद्‌देश्य से वहाँ प्रकट हुए और तुलसी से बोले, "हे पुत्री! तुम्हारी तपस्या से मैं बहुत प्रसन्न हूँ। इच्छित वर माँगो।"

तुलसी ने ब्रह्माजी को प्रणाम किया और विनीत स्वर में बोली, "पितामह, आप सर्वज्ञ हैं, फिर भी मेरे मन में जो अभिलाषा है, उसे मैं कह देती हूँ। पूर्वजन्म में मैं भगवान् श्रीकृष्ण की प्रिया, सेविका और प्रेयसी थी। एक बार मैं प्रभु श्रीकृष्ण के साथ हास-परिहास कर रही थी। तभी अचानक रास की अधिष्ठात्री देवी श्रीराधा वहाँ पधारीं। मुझे भगवान् श्रीकृष्ण के निकट देखकर वे अत्यंत क्रोधित हो गईं और मुझे मानव योनि में उत्पन्न होने का शाप दे दिया। श्रीकृष्ण ने मुझे मनुष्य योनि धारण करके तपस्या करने के लिए कहा था और मुझे पत्नी के रूप में स्वीकार करने का वचन दिया था। उनकी आज्ञा से मैंने अपना दिव्य शरीर त्याग दिया और धरती पर उत्पन्न हुई। अतः हे प्रभु! मुझे भगवान् नारायण पति के रूप में प्राप्त हों, यह वर दीजिए।"

ब्रह्माजी बोले, "देवी, प्राचीनकाल में श्रीकृष्ण के अंश से उत्पन्न हुए एक गोप सुदामा को राधा ने दैत्य वंश में जन्म लेने का शाप दे दिया था। वही सुदामा दैत्यराज दनु के कुल में शंखचूड के नाम से उत्पन्न हुआ है। श्रीकृष्ण का अंशरूप होने के कारण वह बहुत वीर, शक्तिशाली और पराक्रमी है। जगत् में कोई भी उसका सामना नहीं कर सकता। उसे पूर्वजन्म की सभी बातें याद हैं। हे देवी, वह तुम्हारे लिए उचित वर है। तुम दैत्यराज शंखचूड को अपने पति के रूप में स्वीकार करो। इसके बाद सरस्वती के शाप को सत्य करने के लिए तुम्हें तुलसी पौध के रूप में जन्म लेना होगा। संपूर्ण पौधों में तुम्हें श्रेष्ठ स्थान प्राप्त होगा। तुम्हारे बिना भगवान् श्रीहरि की पूजा निष्फल समझी जाएगी। तुम्हारा एक अन्य नाम 'वृंदावनी' भी होगा। शाप की अवधि पूर्ण होने पर तुम वृक्षों की अधिष्ठात्री देवी बनकर भगवान् श्रीकृष्ण में लीन हो जाओगी।"

परमपिता ब्रह्माजी ने तुलसी को भगवती राधा के सोलह अक्षरोंवाले मंत्र का जप करने के लिए कहा और वहाँ से अंतर्धान हो गए। भगवती राधा को प्रसन्न करने के लिए तुलसी षोडशाक्षर मंत्र का निरंतर जप करने लगी।

शंखचूड और तुलसी का विवाह

भगवती राधा के षोडशाक्षर मंत्र का श्रद्धा और भक्तिपूर्वक निरंतर जप करके देवी तुलसी उन्हीं के समान सिद्ध देवी हो गई। एक बार दैत्य शंखचूड बद्रिकावन में आया। वह रत्नमय अलंकारों से अलंकृत था। उसकी कांति सूर्य के

समान तेजपूर्ण थी। जैगीषव्य मुनि की कृपा से उसे भगवान् श्रीकृष्ण का एक अमोघ मंत्र प्राप्त हुआ। उसने पुष्कर क्षेत्र में तपस्या करके उस मंत्र को सिद्ध कर लिया था। ब्रह्माजी उसे इच्छित वर दे चुके थे और उन्हीं की प्रेरणा से वह वहाँ आया था।

तुलसी को देखकर दैत्यराज शंखचूड उसके पास आया और उसका परिचय पूछा। तब तुलसी लजाते हुए बोली, ''हे देव, मैं राजा धर्मध्वज की पुत्री हूँ। तपस्या के विचार से इस तपोवन में निवास कर रही हूँ। देव, साध्वी कन्या से इस प्रकार एकांत में वार्त्तालाप करना असामाजिक है, इसलिए कृपया आप यहाँ से लौट जाइए।''

तुलसी की ज्ञानपूर्ण बातें सुनकर शंखचूड बोला, ''साध्वी, तुम्हारा कथन पूर्णतः सत्य है। कुलीन पुरुष इस प्रकार एकांत में पर-स्त्री से कुछ भी नहीं पूछते। किंतु हे देवी, इस समय मैं ब्रह्माजी की आज्ञा से तुम्हारे पास आया हूँ और उन्हीं की आज्ञा से तुम्हें अपनी पत्नी बनाना चाहता हूँ। मैं दनु वंश में उत्पन्न दैत्य शंखचूड हूँ। देवी राधिका के शाप से मैं दानवेंद्र बना हूँ। भगवान् श्रीकृष्ण की कृपा से मुझे पूर्वजन्म की सारी बातें याद हैं। तुम भी पूर्वजन्म में श्रीकृष्ण की गोपी तुलसी थीं। तुम भी यह बात भली-भाँति जानती हो।''

तुलसी बोली, ''हे देव, मुझे सारी बातें ज्ञात हैं। आप जैसे श्रेष्ठ, ज्ञानवान् और सद्विचार वाले पुरुष के समक्ष मैं परास्त हो गई। आप जो उचित समझें, वह करने की आज्ञा दें। आपकी आज्ञा मुझे स्वीकार है।''

तभी वहाँ परमपिता ब्रह्माजी प्रकट हुए और शंखचूड से बोले, ''वत्स शंखचूड, जिस प्रकार तुम पुरुषों में श्रेष्ठ हो, उसी प्रकार यह साध्वी देवी स्त्रियों में रत्न के रूप में सुशोभित है। तुम दोनों का विवाह पूर्व निर्धारित है। अतः अब तुम्हें गंधर्व विवाह के नियमों के अनुसार तुलसी को पत्नी के रूप में स्वीकार कर लेना चाहिए।''

तत्पश्चात् वे तुलसी से बोले, ''हे देवी, जैसे देवी लक्ष्मी श्रीनारायण के साथ, राधिका श्रीकृष्ण के साथ, देवी उमा शिवजी के साथ और रति कामदेव के साथ सुशोभित हैं, वैसे ही तुम शंखचूड की सौभाग्यशाली पत्नी बनकर सुशोभित हो जाओ। इसके बाद तुम पुनः गोलोक में भगवान् श्रीकृष्ण के पास चली जाओगी और शंखचूड भी इस शरीर का त्यागकर वैकुंठ में जाकर भगवान् श्रीविष्णु में लीन हो जाएगा।''

इस प्रकार ब्रह्माजी के परामर्श से दैत्यराज शंखचूड ने तुलसी से गंधर्व विवाह करके उसे अपनी पत्नी बना लिया और उसके साथ आनंदमय जीवन बिताने लगा।

विवाद सदा से चला आ रहा है। इसका अंत संभव नहीं है। कभी वे जीतते हैं और कभी हम। इसलिए हम दो पक्षों के बीच आपका आना न्यायसंगत नहीं है। आप हमारे लिए भी पूजनीय व सम्माननीय हैं और देवताओं के लिए भी। इसलिए यदि इस समय आप हमसे युद्ध करेंगे तो यह आपके लिए अपकीर्ति की बात होगी।''

शंखचूड की बात सुनकर भगवान् शिव हँसते हुए बोले, ''हे शंखचूड! तुम भी ब्रह्माजी के वंशज हो और देवता भी। फिर तुम्हारे साथ युद्ध करने में मेरी क्या अपकीर्ति होगी। इससे पहले भी मधु और कैटभ के साथ श्रीहरि का युद्ध हो चुका है। स्वयं मैं भी त्रिपुर, अंधकासुर नामक अनेक दैत्यों का वध कर चुका हूँ। इसलिए हे राजन्, या तो तुम देवताओं का राज्य लौटा दो या मुझसे युद्ध करने के लिए तैयार हो जाओ।''

इतना कहकर भगवान् शिव चुप हो गए। तब दैत्यराज शंखचूड ने उन्हें प्रणाम किया और युद्ध के लिए तैयार हो गया।

भगवान् शिव ने भी अपनी सेना को युद्ध का आदेश दे दिया। दोनों सेनाओं में युद्ध आरंभ हो गया। शिवजी स्वयं कार्त्तिकेय के साथ वटवृक्ष के नीचे बैठ गए। उधर दोनों पक्षों के योद्धाओं में भयानक युद्ध आरंभ हो गया।

देव-सेना के अनेक वीरों को दैत्यों ने पराजित कर दिया। दैत्यों का बल देखकर देवता डरकर भागने लगे। तब कार्त्तिकेय ने अपने तेज से गणों के बल में वृद्धि कर देवताओं को अभय प्रदान किया। तत्पश्चात् वे स्वयं दैत्यों के साथ युद्ध करने लगे। उन्होंने क्षण भर में ही हजारों दैत्यों को समाप्त कर दिया। कार्त्तिकेय के आक्रमण से दैत्य घबरा उठे। तब शंखचूड ने विमान पर सवार होकर बाणों की वर्षा आरंभ कर दी, जिससे चारों ओर भयंकर अंधकार छा गया। इसके बाद उसने आग्नेयास्त्र का प्रयोग किया, जिससे देवताओं में भगदड़ मच गई। प्रतापी शंखचूड ने कार्त्तिकेय के धनुष को काटकर उनके रथ को छिन्न-भिन्न कर दिया। शंखचूड के दिव्यास्त्रों से कार्त्तिकेय के अंग-प्रत्यंग घायल हो गए। उन्होंने सहायता के लिए भद्रकाली का ध्यान किया।

भद्रकाली ने फौरन पहुँचकर युद्ध की कमान सँभाल ली और शंखचूड पर नारायणास्त्र चलाया। उसे देखते ही शंखचूड ने मस्तक झुकाकर उस अस्त्र को प्रणाम किया। नारायणास्त्र उसी क्षण अदृश्य हो गया। तब देवी भद्रकाली ने अभिमंत्रित पाशुपत अस्त्र को चलाना चाहा तो एक आकाशवाणी हुई, ''देवी भद्रकाली, शंखचूड की पत्नी तुलसी एक परम साध्वी स्त्री है। जब तक उसका सतीत्व शंखचूड का कवच बचा रहेगा, पाशुपत अस्त्र भी इसका कुछ नहीं बिगाड़

सकेगा। इसलिए इन दिव्य अस्त्रों का प्रयोग अनुचित होगा।''

आकाशवाणी सुनकर भगवती भद्रकाली ने दिव्य अस्त्र-शस्त्र चलाने बंद कर दिए। वे दैत्यों को लीलापूर्वक निगलते हुए शंखचूड की ओर झपटीं। लेकिन शंखचूड ने दिव्यास्त्र का प्रयोग करके उन्हें दूर ही रोक दिया। तब देवी भद्रकाली भगवान् शिव की शरण में गईं और उन्हें युद्ध का सारा हाल बताया। तत्पश्चात् भगवान् शिव स्वयं अपने गणों के साथ युद्ध भूमि में आ गए। उन्हें देखकर दैत्य शंखचूड अपने रथ से उतरा और उन्हें दंडवत् प्रणाम करके पुनः रथ पर सवार हो गया और उनके साथ युद्ध करने लगा।

शिवजी और शंखचूड में अनेक वर्षों तक युद्ध चलता रहा। न कोई जीतता था, न हारता। कभी समयानुसार शंखचूड शस्त्र रखकर रथ पर ही विश्राम कर लेता और कभी शिवजी शस्त्र रखकर अपने वाहन नंदी पर विश्राम कर लेते थे। शिवजी ने असंख्य दैत्य मार गिराए थे। लेकिन शंखचूड अभी जीवित था और चट्टान की तरह उनसे लोहा ले रहा था।

आखिरकार जब शंखचूड किसी भी प्रकार से पराजित न हुआ, तब शिवजी ने भगवान् विष्णु का स्मरण किया।

तुलसी का शील भंग और शंखचूड की मृत्यु

भगवान् शिव के स्मरण करते ही श्रीहरि एक अत्यंत वृद्ध ब्राह्मण का वेश धारण कर युद्धभूमि में प्रकट हुए और शंखचूड के निकट जाकर बोले, ''राजन्, तुम बहुत उदार और दानी हो। इस गरीब ब्राह्मण को भिक्षा देने की कृपा करो। तुम सभी की अभिलाषाएँ पूरी करते रहे हो। मुझ वृद्ध पर भी दया करो। हे राजन्, यदि तुम इच्छित दान देने की प्रतिज्ञा करो तो मैं कुछ माँगूँ?''

दैत्यराज शंखचूड प्रसन्नतापूर्वक बोला, ''ब्राह्मण देवता, मैं बड़ा भाग्यशाली हूँ कि मुझे युद्धभूमि में भी दान करने का सुअवसर प्राप्त हो रहा है। आपको जो चाहिए, निस्संकोच माँगिए। मैं आपको इच्छित वस्तु प्रदान करने का वचन देता हूँ।''

तब अपनी माया फैलाते हुए श्रीहरि बोले, ''हे राजन्, दान में मुझे तुम्हारा कवच चाहिए।'' शंखचूड ने उसी क्षण अपने शरीर से कवच नोचकर उस वृद्ध ब्राह्मण को दे दिया। शंखचूड से कवच प्राप्त कर श्रीहरि शंखचूड का रूप धारण कर तुलसी के पास गए। पति को युद्ध से आया जानकर तुलसी ने हर्षपूर्वक उनका स्वागत किया। श्रीहरि ने तुलसी के साथ समागम करके उसके सतीत्व को खंडित

मुनि जरत्कारु दया के सागर थे। उन्होंने मनसा को इच्छित वर प्रदान कर दिया और श्रीकृष्ण के चरणों का स्मरण करते हुए तपस्या करने के लिए वन को चले गए। मनसा देवी कश्यप ऋषि के आश्रम में आकर रहने लगीं। वहाँ भगवती माता ने दर्शन देकर उन्हें दिव्य ज्ञान प्रदान किया। जरत्कारु ऋषि के वरदान-स्वरूप मनसा ने एक पुत्र को जन्म दिया। जब वह गर्भ में था, तभी शिवजी ने उसे वेदों, पुराणों और महामृत्युंजय मंत्र का सारा ज्ञान प्रदान कर दिया था। वह बालक बड़ा होकर योगियों और ज्ञानियों का गुरु बना। भगवान् शिव ने उसका नामकरण किया। पिता के अस्त होने के अवसर पर उसकी उत्पत्ति हुई थी, इसलिए उसका नाम 'आस्तीक' रखा गया।

जब राजा जनमेजय ने अपने पिता परीक्षित् की मृत्यु का प्रतिशोध लेने के लिए एक विशाल सर्प यज्ञ का आयोजन किया तो तक्षक नाग और देवराज इंद्र ने आस्तीक मुनि से सहायता की प्रार्थना की। तब आस्तीक मुनि ने ही जनमेजय को सर्प यज्ञ बंद करने के लिए विवश किया था। उनके इस कार्य से प्रसन्न होकर देवताओं ने भक्तिपूर्वक उनकी माता मनसा देवी की स्तुति की।

मनसा देवी लंबे समय तक कश्यपजी के आश्रम में रहीं। फिर अपने अवतार को सार्थक कर वापस स्वर्ग लौट गईं।

□

17

चामुंडा

चामुंडा देवी दुर्गा देवी से आविर्भूत शक्ति की एक देवी हैं। इनका यह नाम चंड और मुंड राक्षसों के वध के कारण पड़ा।

भगवान् शिव और जलंधर दैत्य के बीच जब महासंग्राम छिड़ा था, तब चामुंडा देवी रुद्रा नाम से शिवजी की मुख्य शक्ति थीं, इसलिए उन्हें रुद्र चामुंडा भी कहा जाता है। पुराणों में यह भी कहा जाता है कि 'सावर्णि मन्वंतर' में देव और दानवों में जब युद्ध छिड़ा तो कौशिकी देवी की एक भौंह से चामुंडा चंडिका के रूप में प्रकटी थीं। उन्हें चंड और मुंड के वध का कार्य सौंपा गया। चंडिका ने भीषण महासंग्राम में चंड और मुंड को मारकर उनके सिर काटे और चढ़ा दिए। तब माता कौशिकी ने प्रसन्न होकर चंडिका को आशीर्वाद दिया और उन्हें 'चामुंडा' नाम से पुकारा। तभी से उनका यह नाम प्रसिद्ध हो गया।

चामुंडा देवी के पूजन-अर्चन से भक्तों को धन-धान्य की प्राप्ति होती है, उनमें निडरता आती है और शत्रु-भय समाप्त हो जाता है। □

18

छिन्नमस्ता

छिन्नमस्ता दस महाविद्याओं में से एक हैं। छिन्नमस्ता का शाब्दिक अर्थ है—कटे सिरवाली। ये साहस, बुद्धि और विवेक-प्रदाता देवी हैं।

हिंदू धर्मग्रथों के अनुसार, एक बार भवानी या पार्वती अपनी दो सखियों जया और विजया के साथ मंदाकिनी नदी में स्नान करने गईं। स्नान के बाद तीनों को बड़ी जोर को भूख लगी। भूख के कारण भवानी माँ का रंग काला पड़ गया । जया और विजया को भी भूख बरदाश्त नहीं हुई। उन्होंने भवानी से भोजन की माँग की। भवानी ने प्रतीक्षा करने के लिए कहा। कुछ देर बाद उन्होंने फिर भोजन की माँग की। भवानी ने पुनः प्रतीक्षा करने को कहा। लेकिन जया और विजया को भूख बरदाश्त नहीं हुई और उन्होंने प्रार्थना की, "हे भवानी माँ! आप तो सारे जगत् की माँ हैं। हम बच्चों की भूख शांत करें। आप हमारी जन्मदात्री हैं।"

भवानी उनकी प्रार्थना से अत्यंत प्रसन्न हुईं

और खड्ग से तुरंत अपना सिर काट दिया। शिरोच्छेदन के बाद भी वे जीवित रहीं। उनके धड़ से रक्त की तीन धाराएँ फूटीं। एक धारा जया के मुँह में गई, दूसरी विजया के मुँह में और तीसरी स्वयं भवानी के मुँह में। इस प्रकार उन्होंने सबकी क्षुधा शांत की। तभी से भवानी के इस रूप की छिन्नमस्ता के रूप में पूजा की जाने लगी।

रक्त की धारा से यह आशय है कि देवी छिन्नमस्ता सभी प्राणियों की क्षुधा शांत करती हैं। शिरोच्छेदन से संकेत करती हैं कि मनुष्य को अहंकार से सदैव दूर रहना चाहिए।

छिन्नमस्ता को प्राय: वस्त्रहीन रति एवं काम के ऊपर खड़ा चित्रित किया जाता है। वे इंगित करती हैं कि काम पर विजय पाना जीवन का उद्देश्य बनाएँ।

जो व्यक्ति इनकी श्रद्धापूर्वक भक्ति करता है वह काम-विजयी, धन-धान्य से संपन्न और अनेक विद्याओं का जानकार हो जाता है। यह भी कहा जाता है कि इनके नियम में चूक होने पर ये भक्त को कड़ा दंड देती हैं।

□

19

अन्य देवियाँ

अन्नपूर्णा

जैसा कि नाम से ही स्पष्ट है, अन्नपूर्णा अन्न पदार्थों की देवी हैं। वाराणसी में अन्नपूर्णा व्यापक रूप से पूजी जाती हैं। ऐसी मान्यता है कि काशी में विराजमान भगवान् विश्वनाथ शिव ने अन्नपूर्णा को आदेश दिया था कि वे सभी प्राणियों को अन्न प्रदान करें। वे ध्यान रखें कि कोई भी प्राणी भूखा न रहे।

तभी से अन्नपूर्णा माँ की इसी रूप में स्तुति की जाने लगी। अन्नपूर्णा सभी प्राणियों को अन्न-धन प्रदान करती हैं।

मारिअम्मा

मारिअम्मा को दक्षिण भारत में व्यापक रूप से पूजा जाता है। गाँव-गाँव में इनके मंदिर देखे जा सकते हैं, जहाँ श्रद्धालु आज भी बकरों, मुर्गों और सुअरों की बलि देते देखे जा सकते हैं।

ये देवी दुर्गा और पार्वती का ही एक दूसरा अवतार हैं, इसलिए उन्हीं की तरह शक्ति-संपन्न हैं। लोग रोगों से बचाव, संतानोत्पत्ति और सुख-संपत्ति हेतु माँ मारिअम्मा

की पूजा करते हैं।

मातंगी

मातंगी अंतर्ज्ञान की देवी हैं। इनकी भक्ति से मनुष्य के अंतश्चक्षु खुल जाते हैं, विवेक जाग्रत् हो जाता है और सारे विकार नष्ट हो जाते हैं।

मदुरै के मीनाक्षी मंदिर में प्रतिष्ठित देवी की मातंगी के रूप में अर्चना की जाती है। इन्हें दस महाविद्याओं में से नौवीं महाविद्या कहा गया है, जिनके चार हाथ और तीन नेत्र हैं। इन्हें मतंग मुनि की पुत्री भी कहा जाता है। ये सौंदर्य, विवाह, सुखी वैवाहिक जीवन और संपन्नता की देवी हैं।

अष्ट मातृकाएँ

हिंदू धर्मग्रंथों में आठ मातृकाओं का वर्णन है, जो विभिन्न विकारों की अधिष्ठात्री देवियाँ हैं। ये हैं—करम की योगेश्वरी, क्रोध की माहेश्वरी, लोभ की वैष्णवी, मद की ब्रह्माणी, मोह की कौमारी, मात्सर्य की ऐंद्राणी, माशुन्य की दंडधारिणी और असूया की वाराही।

ये मातृका देवियाँ सदैव समूह में रहती हैं। इनकी स्तुति से प्राणी सभी विकारों से मुक्त हो जाते हैं।

चंडी देवी

शुंभ-निशुंभ के वध के लिए देवताओं ने अपनी शक्ति से एक कन्या की सृष्टि की, जो दुर्गा के रूप में अवतीर्ण हुई। दुर्गा का वह रूप, जो महिषासुर को मारने के लिए उन्होंने धारण किया, चंडी कहलाया।

चंडी या चंडिका शक्ति की देवी हैं। पुराने समय में इन्हें नरबलि देकर खुश किया

जाता था। इनकी भक्ति से प्राणियों का सर्वतोमुखी विकास होता है।

राधा

अयनघोष गोप की पत्नी, वृषभानु गोप की पुत्री और श्रीकृष्ण की विख्यात प्रेयसी। 'श्रीमद्‌भागवत' में राधा का कहीं उल्लेख नहीं है, परंतु 'ब्रह्मवैवर्त पुराण' और 'देवीभागवत' में इनका वर्णन है। इनके जन्म की भिन्न-भिन्न कथाएँ मिलती हैं। कहा जाता है कि जन्म लेते ही ये पूर्ण वयस्का हो गई थीं। श्रीकृष्ण से इनका विवाह नहीं हुआ था, लेकिन 'गर्गसंहिता' आदि कई ग्रंथों के अनुसार इनका विवाह श्रीकृष्ण से हुआ था, जिसका वर्णन उक्त ग्रंथों में है।

ब्रह्मवैवर्त पुराणानुसार गोलोक की राधा ने सुदामा के शाप से वृंदावन में वृषभानु के यहाँ जन्म लिया। सब स्थानों पर इनका नाम श्रीकृष्ण के नाम के साथ मिलता है। इनकी पूजा श्रीकृष्ण के साथ देवी के रूप में की जाती है।

त्रिपुर सुंदरी

देवी त्रिपुर सुंदरी को ललिता भी कहते हैं। इनमें ब्रह्माणी, वैष्णवी और रुद्री तीनों की शक्तियाँ समाहित हैं। दस महाविद्याओं के रूप में त्रिपुर सुंदरी को षोडशी और राजराजेश्वरी भी कहा जाता है। इन्हें सोलह वर्ष की कन्या के रूप में दरशाया गया है, जो भक्तों की सोलह प्रकार की अभिलाषाएँ पूर्ण करती हैं।

इनके मस्तक पर आसीन तीन नेत्र त्रिलोकी का प्रतिनिधित्व करते हैं। त्रिपुर सुंदरी सबको आश्रय देनेवाली, अन्नदात्री और नदियों की जन्मदात्री देवी कही गई हैं। इनका प्रसिद्ध मंदिर राधाकिशोरीपुर, उदयपुर में पहाड़ी के शिखर पर स्थित है।

□

हिंदू देवता

1

सृजनकर्ता ब्रह्मा

ब्रह्माजी हिंदुओं के त्रिदेवों में से एक देवता हैं। 'भागवत' आदि पुराणों के अनुसार, जब भगवान् विष्णु ने योगनिद्रा में पड़कर शयन किया, तब उनकी

नाभि से एक कमल निकला, जिससे ब्रह्माजी की उत्पत्ति हुई।

अलग-अलग ग्रंथों में इनके मानस पुत्रों की संख्या अलग-अलग बताई गई है–कहीं दस, कहीं सत्रह और कहीं इक्कीस। ब्रह्मा का एक दिन चारों युगों के एक हजार चक्रों के तुल्य होता है। प्रलय इनकी रात है।

ब्रह्मा का रंग पीत मिश्रित लाल कहा गया है। इनकी चार भुजाएँ हैं। ये सृष्टि करनेवाले देवता हैं। पुराण में ब्रह्मा वेदों को प्रकट करनेवाले देवता कहे गए हैं। मनुष्य के कर्मानुसार शुभाशुभ फल को ब्रह्मा ही गर्भावस्था में स्थिर कर देते हैं। कहते हैं, पहले इनके पाँच सिर थे, पर शिवजी ने इनके एक मिथ्या कथन से रुष्ट होकर इनका एक सिर काट दिया था और ये चतुर्मुख हो गए। ब्राह्मी इनकी पत्नी तथा हंस इनका वाहन कहा गया है।

पद्मपुराण के अनुसार, भृगु ऋषि के शाप के कारण ब्रह्माजी की पूजा नहीं होती है। कहते हैं, एक बार इन्होंने धरती पर यज्ञ करने का विचार किया और स्वर्ग से ही कमल का एक फूल धरती पर गिरा दिया। यह फूल जहाँ गिरा, वही स्थान यज्ञ के लिए उपयुक्त समझा गया। इस स्थान का नाम 'पुष्कर' रखा गया। यहाँ हुए ब्रह्म-यज्ञ के कारण ही पुष्कर को ब्रह्माजी की पूजा के लिए विशेष उपयुक्त समझा जाता है।

ब्रह्माजी के मानस पुत्र सत्रह हैं–

- मन से मरीचि
- नेत्र से अत्रि
- मुख से अंगिरस
- कान से पुलस्त्य
- नाभि से पुलह
- हाथ से क्रतु
- त्वचा से भृगु
- प्राण से वसिष्ठ
- अंगुष्ठ से दक्ष
- छाया से कंदभ
- गोद से नारद
- इच्छा से–सनक–सनंदन–सनातन–सनत्कुमार
- शरीर से मनु
- ध्यान से चित्रगुप्त

□

2

संहारक शिव

शिवजी हिंदू धर्म के प्रमुख देवताओं में से हैं। वेद में इनका नाम रुद्र है। ये व्यक्ति की चेतना के अंतर्यामी हैं। इनकी अर्धांगिनी (शक्ति) का नाम

पार्वती है। इनके पुत्र स्कंद और गणेश हैं।

शिव अधिकतर चित्रों में योगी के रूप में देखे जाते हैं और उनकी पूजा लिंग के रूप में की जाती है। त्रिदेवों में भगवान् शिव संहार के देवता माने गए हैं। शिव अनादि तथा सृष्टि प्रक्रिया के आदि स्रोत हैं। शिव का अर्थ यद्यपि कल्याणकारी माना गया है, लेकिन वे हमेशा लय एवं प्रलय दोनों को अपने अधीन किए हुए हैं।

शिव में परस्पर विरोधी भावों का सामंजस्य देखने को मिलता है। शिव के मस्तक पर एक ओर चंद्र है, तो दूसरी ओर महाविषधर सर्प भी उनके गले का हार है। वे अर्धनारीश्वर होते हुए भी कामजित् हैं; गृहस्थ होते हुए भी श्मशानवासी, वीतरागी हैं; सौम्य, आशुतोष होते हुए भी भयंकर रुद्र हैं। शिव परिवार भी इससे अछूता नहीं है। उनके परिवार में भूत-प्रेत, नंदी, सिंह, सर्प, मयूर व मूषक सभी का समभाव देखने को मिलता है। वे स्वयं द्वंद्वों से रहित सह-अस्तित्व के महान् विचार का परिचायक हैं। ऐसे महाकाल शिव की आराधना का महापर्व है शिवरात्रि।

कहा जाता है कि जो मनुष्य शिवरात्रि का उपवास नहीं करता, वह जन्म-मरण के चक्र में घूमता रहता है। शिवरात्रि का व्रत करनेवाले इस लोक समस्त भोगों को भोगकर अंत में शिवलोक में जाते हैं। शिव को बिल्व पत्र, धतूरे के पुष्प अति प्रिय हैं। अतः पूजन में इनका उपयोग करें। महामृत्युंजय मंत्र शिव आराधना का महामंत्र है।

महामृत्युंजय मंत्र–

ॐ त्र्यम्बकं यजामहे सुगन्धिं पुष्टिवर्धनम्। उर्वारुकमिव बन्धनान् मृत्योर्मुक्षीय माऽमृतात्।

(भावार्थ–समस्त संसार के पालनहार तीन नेत्रोंवाले शिव की हम आराधना करते हैं। विश्व में सुरभि फैलानेवाले महेश्वर, आपसे प्रार्थना है कि हमें मृत्यु के बंधन से मुक्त करके मोक्ष प्रदान करें।)

शिव के प्रमुख नाम

हिंदू धर्म में भगवान् शिव को अनेक नामों से पुकारा जाता है–

- रुद्र : रुद्र से अभिप्राय जो दुःखों का निर्माण व नाश करता है।
- पशुपतिनाथ : भगवान् शिव को पशुपति इसलिए कहा जाता है,

क्योंकि वे पशु-पक्षियों व जीवात्माओं के स्वामी हैं।

• अर्धनारीश्वर : शिव और शक्ति के मिलन से अर्धनारीश्वर नाम प्रचलित हुआ।

• महादेव : महादेव का अर्थ है महान् ईश्वरीय शक्ति।

• भोलेनाथ : भोले का अर्थ है कोमल हृदय, दयालु व आसानी से क्षमा करनेवाले। यह विश्वास किया जाता है कि भगवान् शंकर आसानी से किसी पर भी प्रसन्न हो जाते हैं।

• लिंगम : यह रोशनी की लौ व पूरे ब्रह्मांड का प्रतीक है।

• नटराज : नटराज को नृत्य का देवता मानते हैं, क्योंकि भगवान् शिव तांडव नृत्य के प्रेमी हैं। नटराज शिवजी का एक नाम है, उस रूप में जिसमें वे उत्तम नर्तक हैं। नटराज शिव का स्वरूप न सिर्फ उनके संपूर्ण काल एवं स्थान को ही दरशाता है, अपितु बिना किसी संशय यह भी स्थापित करता है कि ब्रह्मांड में स्थित सारा जीवन, उसकी गति, कंपन तथा ब्रह्मांड से परे शून्य की निःशब्दता सभी कुछ एक शिव में ही निहित हैं। 'नटराज' दो शब्दों के समावेश से बना है- नट (अर्थात कला) और राज यानी स्वामी। इस स्वरूप में शिव कलाओं के आधार हैं। शिव का तांडव नृत्य प्रसिद्ध है।

द्वादश ज्योतिर्लिंग

हिंदू धर्म ग्रंथों के अनुसार, शिवजी जहाँ-जहाँ प्रकट हुए उन शिवलिंगों को ज्योतिर्लिंगों के रूप में पूजा जाता है। ये संख्या में 12 हैं। जो मनुष्य प्रतिदिन प्रातःकाल और संध्या के समय इन बारह ज्योतिर्लिंगों का नाम लेता है, उसके सात जन्मों के पाप मिट जाते हैं। ये ज्योतिर्लिंग हैं-

१. सोमनाथ

श्री सोमनाथ सौराष्ट्र (गुजरात) के प्रभासक्षेत्र में विराजमान हैं। इस प्रसिद्ध मंदिर को अतीत में छह बार ध्वस्त एवं निर्मित किया गया है। 1022 ई. में इसकी समृद्धि को महमूद गजनवी के हमले से सर्वाधिक नुकसान पहुँचा था।

२. मल्लिकार्जुन

आंध्र प्रदेश के कृष्णा जिले में कृष्णा नदी के तट पर श्रीशैल पर्वत पर श्रीमल्लिकार्जुन विराजमान हैं। इसे दक्षिण का कैलास कहते हैं।

३. महाकाल या महाकालेश्वर

श्री महाकालेश्वर (मध्य प्रदेश) के मालवा क्षेत्र में क्षिप्रा नदी के तट पर

पवित्र उज्जैन नगर में विराजमान है। उज्जैन को प्राचीनकाल में अवंतिकापुरी कहते थे।

४. श्रीओंकारेश्वर

मालवा क्षेत्र में ओंकारेश्वर स्थान नर्मदा नदी के बीच स्थित द्वीप पर है। यहाँ श्रीओंकारेश्वर और ममलेश्वर दो पृथक्-पृथक् लिंग हैं, परंतु ये एक ही लिंग के दो स्वरूप हैं। श्रीओंकारेश्वर लिंग को ही स्वयंभू समझा जाता है।

५. केदारनाथ

श्रीकेदारनाथ हिमालय के केदार नामक शिखर पर स्थित हैं। यह स्थान हरिद्वार से 150 मील और ऋषिकेश से 132 मील दूर उत्तराखंड में है।

६. भीमशंकर

श्रीभीमशंकर मुंबई से पूर्व और पुणे से उत्तर भीमा नदी के किनारे सह्याद्रि पर्वत पर है। यह स्थान नासिक से लगभग 120 मील दूर है। सह्याद्रि पर्वत के एक शिखर का नाम डाकिनी है। शिवपुराण की एक कथा के आधार पर भीमशंकर को असम के कामरूप जिले में गुवाहाटी के पास ब्रह्मपुर पहाड़ी पर स्थित बतलाया जाता है। कुछ लोग मानते हैं कि नैनीताल जिले के काशीपुर नामक स्थान में स्थित विशाल शिव मंदिर भीमशंकर का स्थान है।

७. काशी विश्वनाथ

वाराणसी (उत्तर प्रदेश) स्थित काशी के श्रीविश्वनाथजी सबसे प्रमुख ज्योतिर्लिंगों में एक हैं। गंगा तट स्थित काशी विश्वनाथ शिवलिंग दर्शन हिंदुओं के लिए सबसे पवित्र है।

८. त्र्यंबकेश्वर

श्रीत्र्यंबकेश्वर ज्योतिर्लिंग महाराष्ट्र में नासिक के निकट गोदावरी के किनारे स्थित है। इस स्थान पर पवित्र गोदावरी का उद्गम भी है।

९. वैद्यनाथ

शिवपुराण में 'वैद्यनाथ चिताभूमौ' ऐसा पाठ है। इसके अनुसार (झारखंड) राज्य के संथाल परगना क्षेत्र में जसिडीह स्टेशन के पास देवघर (वैद्यनाथ धाम) नामक स्थान पर श्रीवैद्यनाथ ज्योतिर्लिंग सिद्ध होता है, क्योंकि यही चिताभूमि है। महाराष्ट्र में परभणी नामक जंक्शन है। वहाँ से थोड़ी दूर परली ग्राम के निकट श्रीवैद्यनाथ को भी ज्योतिर्लिंग माना जाता है। परंपरा और पौराणिक कथाओं से देवघर स्थित श्रीवैद्यनाथ ज्योतिर्लिंग की ही प्रामाणिक मान्यता है।

१०. नागेश्वर

श्रीनागेश्वर ज्योतिर्लिंग द्वारिका के निकट स्थित है। हैदराबाद के अंतर्गत

औढ़ा ग्राम में स्थित शिवलिंग को ही कोई-कोई नागेश्वर ज्योतिर्लिंग मानते हैं। यागेश (जागेश्वर) शिवलिंग ही नागेश ज्योतिर्लिंग है।

११. रामेश्वरम्

रामेश्वरम् तीर्थ तमिलनाडु के रामनाड जिले में स्थित है। इस ज्योतिर्लिंग की स्थापना भगवान् श्रीराम ने की थी।

१२. घुश्मेश्वर

श्रीघुश्मेश्वर (गिरीश्वेश्वर ज्योतिर्लिंग को घुसृणेश्वर या घृष्णेश्वर भी कहते हैं। इनका स्थान महाराष्ट्र में दौलताबाद स्टेशन से 12 मील दूर बेरुल गाँव के पास है।

ज्योतिर्लिंगों का धार्मिक महत्त्व

सोमनाथ के पूजन-अर्चन से क्षय और कुष्ठ रोगों का नाश होता है। यहाँ स्थित चंद्रकुंड में स्नान करने से मनुष्य संपूर्ण रोगों से मुक्त हो जाता है। महाकाल के दर्शन और पूजन से मनुष्य की सारी कामनाएँ पूरी हो जाती हैं और अंत में मोक्ष की प्राप्ति होती है। केदारनाथ संपूर्ण अभीष्टों को प्रदान करने वाला है। भीमेश्वर भक्तों की हर प्रकार से रक्षा कर उनकी समस्त मनोकामनाओं को पूर्ण करता है। विश्वेश्वर अथवा विश्वनाथ के पूजन-अर्चन से भोग और मोक्ष की प्राप्ति होती है। मनुष्यों के साथ-साथ विष्णु, ब्रह्मा आदि समस्त देवता नित्य इनकी स्तुति करते हैं। श्रीराम द्वारा स्थापित रामेश्वरम् की नियमित स्तुति से देवताओं के लिए भी दुर्लभ हों, ऐसे भोगों की प्राप्ति होती है और अंत में भक्तों को स्वर्ग में स्थान प्राप्त होता है। घुश्मेश्वर की भक्ति और दर्शन से मनुष्य इस लोक में संपूर्ण सुखों को भोगकर अंत में मुक्ति-लाभ प्राप्त करता है। नागेश्वर दुष्टों को कठोर दंड देते हैं और इनके दर्शन मात्र से बड़े-बड़े पाप नष्ट हो जाते हैं। त्र्यंबकेश्वर के दर्शन और स्पर्श मात्र से सारी कामनाएँ सिद्ध होती हैं और मुक्ति प्राप्त होती है। वैद्यनाथ भक्तों को भोग, मोक्ष और मुक्ति प्रदान करते हैं। परमेश्वर के पूजन-दर्शन से भक्तों की समस्त अभिलाषाएँ पूर्ण होती हैं। मल्लिकार्जुन के पूजन से पुत्र की प्राप्ति होती है और साथ ही भक्तों को अभीष्ट फल प्राप्त होता है।

□

3

पालनकर्ता विष्णु

हिंदू धर्म के अनुसार, विष्णु ईश्वर के तीन मुख्य रूपों में से एक रूप हैं। पुराणों में त्रिमूर्ति विष्णु को विश्व का पालनहार माना जाता है। त्रिमूर्ति के अन्य दो भगवान् शिव और ब्रह्मा को माना जाता है। जहाँ ब्रह्मा को विश्व का सृजन करनेवाला माना जाता है, वहीं शिव को संहारक माना गया है। विष्णु की पत्नी लक्ष्मी हैं।

विष्णु के प्रमुख नाम

विष्णु, नारायण, कृष्ण, बैकुंठ, दामोदर, हृषीकेश, केशव, माधव, स्वयंभू, दैत्यारि, पुंडरीकाक्ष, गोविंद, गरुडध्वज, पीतांबर, अच्युत, विश्वसेन, जनार्दन, उपेंद्र, चक्रपाणि, चतुर्भुज, पद्माभ, मधुरिपु, वासुदेव, त्रिविक्रम, देवकीनंदन, शौरि, श्रीपति, पुरुषोत्तम, वनमाली, बलिध्वंसी, कंसाराति, अधोक्षज, विश्वंभर, कैटभजित्, विधु और श्रवस्तलांछन।

विष्णु के शंख का नाम 'पाञ्चजन्य', चक्र का नाम 'सुदर्शन', गदा का नाम 'कौमोदकी', खड्ग (तलवार) का नाम 'नंदक' और मणि का नाम 'कौस्तुभ' है।

तैंतीस करोड़ देवी-देवताओं में ब्रह्मा, विष्णु और महेश को सर्वोच्च स्थान प्राप्त है। इनमें भी विष्णु भगवान् को ईश्वर का प्रतिरूप माना जाता है। विष्णु भगवान् को ही सृष्टि का उत्पन्नकर्ता, पालक और संहारक कहा गया है।

'विष्णु-पुराण' में वर्णन है कि इस ब्रह्मांड के अस्तित्व में आने से पूर्व भी एक दिव्य शक्ति का अस्तित्व था। हिंदू धर्म में इस दिव्य शक्ति को परब्रह्म परमात्मा कहा गया है। उस समय पृथ्वी, आकाश, सूर्य, अंतरिक्ष, जीवन, मृत्यु आदि कुछ भी नहीं था। संपूर्ण ब्रह्मांड उस समय एक महाशून्य था और उस महाशून्य में परमात्मा नामक वह दिव्य शक्ति स्थित थी। उस परमात्मा ने स्वयं को निराकार से साकार रूप देने के लिए स्वेच्छा से एकाग्र होकर विष्णु के रूप में आकार ग्रहण किया और ब्रह्मांड की रचना आरंभ की।

साकार रूप ग्रहण करने के बाद विष्णु भगवान् ने पंच तत्त्वों आकाश, वायु, पृथ्वी, जल और अग्नि की उत्पत्ति की। श्रीविष्णु की नाभि से उत्पन्न कमल के मध्य भाग से ब्रह्माजी का जन्म हुआ और उन्होंने सृष्टि के निर्माण का कार्य आरंभ किया।

प्रत्येक जीव में श्रीविष्णु से प्राप्त अदृश्य सूक्ष्मतम शक्ति का कुछ भाग ब्रह्माजी प्रत्येक जीवधारी में स्थापित करते हैं। यह अदृश्य सूक्ष्म शक्ति ही आत्मा है, जिससे जीवन संचालित होता है। यह आत्मा उस परमात्मा का ही अंश है, जो ब्रह्मांड के पूर्व भी अस्तित्व में था।

जिस प्रकार श्रीविष्णु ने सृष्टि के निर्माण के लिए अपने रजोगुण से ब्रह्माजी की उत्पत्ति की थी, उसी प्रकार अपने तमोगुण एवं क्रोध के मिश्रण से भगवान् शिव (रुद्र) को उत्पन्न किया और उन्हें संहार का दायित्व सौंपा।

भिन्न-भिन्न धर्म-ग्रंथों में सृष्टि-निर्माण और उत्पत्ति के बारे में भिन्न-भिन्न कथाएँ पढ़ने को मिलती हैं। एक कथा के अनुसार, परब्रह्म के श्रीविष्णु में

अवतरित होने के पश्चात् जब सर्वप्रथम श्रीविष्णु ने नेत्र खोले तो उनके मन में सृष्टि-निर्माण करने का विचार आया।

सृष्टि-निर्माण का बीज उनकी नाभि से कमल-दल के रूप में फूटा, जिस पर सृष्टि के रचनाकार ब्रह्माजी विराजमान थे। ब्रह्माजी ने सृष्टि की रचना के लिए चारों दिशाओं में देखा। इस प्रकार उनके चार मुँह उत्पन्न हो गए। अब वे बिना मुँह मोड़े ही चारों दिशाओं में देखने में सक्षम थे।

चारों दिशाओं में ब्रह्माजी को ऐसा कुछ भी नहीं दिखाई पड़ा, जिससे वह सृष्टि-निर्माण कर सकते। अतः वे आँखें बंद करके समस्या पर विचार करने लगे। जब ब्रह्माजी को इस समस्या का कोई समाधान नजर नहीं आया तो उन्होंने भगवान् विष्णु का स्मरण किया और उनसे इस समस्या के समाधान की प्रार्थना की।

तब श्रीविष्णु ने उनकी समस्या का निदान किया। श्रीविष्णु उनके कान में बोले, "तीनों संसार का निर्माण मेरी रचनात्मक शक्ति, मेरी माया से करो। मेरी माया द्वारा रचित संसार में जीवन और मृत्यु का चक्र आरंभ करो।"

ब्रह्माजी ने नेत्र खोले तो स्तब्ध रह गए। श्रीविष्णु विश्व रूप में उनके समक्ष उपस्थित थे। भगवान् के शरीर में संपूर्ण ब्रह्मांड समाया था, 'एक विश्वात्मा, दो लिंग (स्त्री-पुरुष), समय (सुबह, दोपहर, शाम), वेद (ऋग्वेद, यजुर्वेद, अथर्ववेद, सामवेद), पंचतत्त्व (पृथ्वी, आकाश, अग्नि, जल, वायु), दसों दिशाएँ, नौ भावनाएँ, बारह राशिचक्र, चौंसठ कलाएँ, बहत्तर व्यवसाय, एक सौ आठ दैवी भावनाएँ आदि।

दैवी तेज से उनकी आँखें बनी थीं, समुद्र उनके पेट में स्थित थे, पर्वत उनकी अस्थियाँ थीं, नदियाँ उनकी नसों में से होकर बहती थीं, वृक्ष उनके शरीर पर बालों की भाँति खड़े थे। उनका ऊपरी शरीर आकाश था और निचला शरीर पाताल। दाएँ नासा छिद्र से वह जीवन प्रदान करते थे, जबकि बाएँ से मृत्यु अपने में समाहित करते थे।

इस प्रकार ब्रह्माजी को अचंभित देख विष्णुजी बोले, "हे ब्रह्मा! मेरे इस विराट् रूप को देखकर आश्चर्य मत करो। वह सृष्टि, जिसकी तुम्हें रचना करनी है, मुझमें ही समाहित है। मेरे ही अंगों द्वारा संसार के लिए आवश्यक प्रत्येक तत्त्व की रचना होगी। अतः आश्चर्य छोड़कर सृष्टि-निर्माण करो।"

□

4

विष्णुजी के प्रमुख अवतार

जब-जब पृथ्वी पर अपने भक्तजन पर कष्ट पड़ा, श्रीविष्णु ने अनेक अवतार ग्रहण कर पृथ्वी से पापाचार, अज्ञान और आसुरी शक्तियों का विनाश किया।

हिंदू धर्म-ग्रंथों के अनुसार, भगवान् विष्णु के पृथ्वी पर अब तक कुल तेईस अवतार हो चुके हैं। चौबीसवाँ अवतार कल्कि कलियुग के अंत में होना तय है।

श्रीविष्णु के चौबीस अवतार इस प्रकार है–

1. सनत्कुमार 2. वराह 3. नारद 4. नर-नारायण 5. कपिल 6. दत्तात्रेय 7. यज्ञपुरुष 8. ऋषभदेव 9. महाराजा पृथु 10. भगवान् हंस 11. मत्स्य 12. कच्छप 13. धन्वंतरि 14. विश्वमोहिनी 15. नृसिंह 16. वामन 17. हयग्रीव 18. श्रीहरि 19. परशुराम 20. वेदव्यास 21. श्रीराम 22. श्रीकृष्ण 23. बुद्ध 24. कल्कि (होना है)।

इन चौबीस अवतारों में से निम्नलिखित दस अवतार प्रमुख हैं–

1. मत्स्य 2. कच्छप 3. वराह 4. नृसिंह 5. वामन 6. परशुराम 7. श्रीराम 8. श्रीकृष्ण 9. बुद्ध 10. कल्कि।

इन दस अवतारों को 'दशावतार' नाम से जाना जाता है। ये अवतार श्रीविष्णु की अधिकांश शक्तियों से पूर्ण माने जाते हैं। श्रीविष्णु के विराट् व्यक्तित्व का वर्णन शब्दों में संभव नहीं है। यहाँ हम उनके अवतार और महिमा के बारे में जानने का प्रयत्न भर कर रहे हैं।

मत्स्य-अवतार

अपने भक्तों के लिए भगवान् श्रीविष्णु कोई भी रूप ग्रहण करने से नहीं

हिचकते। श्रीविष्णु का मत्स्य-अवतार इसी बात का प्रमाण है।

पौराणिक कथा के अनुसार सत्यव्रत नामक एक अत्यंत दयालु, धार्मिक एवं क्षमाशील राजा थे। स्वयं भगवान् श्रीविष्णु ने उन्हें व सप्त-ऋषियों को एक साथ ब्रह्म-ज्ञान का उपदेश दिया था। इससे प्रभावित होकर सत्यव्रत ने राजपाट त्यागकर कठोर तप आरंभ किया। दस हजार वर्षों की उनकी घोर तपस्या से प्रसन्न होकर श्रीविष्णु ने उन्हें दर्शन दिए और कहा, "वर माँगो राजन्! तुम्हारी कठोर तपस्या से मैं अत्यंत प्रसन्न हुआ।"

श्रीविष्णु के चरणों में शीश झुकाते हुए सत्यव्रत बोले, "भगवन्, मुझे अपने लिए कुछ भी नहीं चाहिए। केवल इतना चाहता हूँ कि प्रलयकाल में मैं सारे जीव-जंतुओं की रक्षा करने में समर्थ हो सकूँ।"

श्रीविष्णु एवमस्तु कहकर अंतर्धान हो गए।

राजा सत्यव्रत तपस्वियों जैसा जीवन बिताने लगे। दिन-महीने-वर्ष व्यतीत होते रहे।

एक दिन सत्यव्रत नदी में स्नान के बाद सूर्य को जल अर्पित कर रहे थे कि उनके हाथों में एक छोटी सी मछली आ गई। वह जैसे ही मछली को वापस पानी में डालने लगे, वह मछली दुःखी होकर बोली, "हे दयालु राजन्! मुझे नदी में मत छोड़िए। यहाँ के बड़े जलचर मुझे जीने नहीं देंगे।"

तब सत्यव्रत ने उस मछली को अपने कमंडलु में डाल लिया और अपनी कुटिया पर लौट आए। अगले दिन क्या देखते हैं कि वह मछली काफी बड़ी हो गई है और आधी कमंडलु से बाहर निकली हुई है। सत्यव्रत ने तब उसे एक बड़े मटके में डाल दिया। लेकिन एक घंटे में ही वह मछली उस मटके के पानी में भी न समाने लायक हो गई थी। आश्चर्य से भरे सत्यव्रत ने उसे पास ही के एक तालाब में छोड़ दिया, लेकिन शीघ्र ही मछली उस तालाब से भी विशालकाय हो गई और प्रार्थना करने लगी, "हे राजन्! आप मुझे किसी बड़ी झील या नदी में छोड़िए, यहाँ तो मैं अधिक देर तक जीवित नहीं रह सकूँगी।"

सत्यव्रत उसे एक-से-एक बड़ी झीलों और नदियों में छोड़ते रहे, लेकिन मछली का आकार निरंतर बढ़ता ही रहा। अंत में सत्यव्रत ने उसे समुद्र में छोड़ने का निश्चय किया।

जैसे ही सत्यव्रत मछली को समुद्र में छोड़कर जाने लगे, मछली चीत्कार उठी, "हे राजन्! आपने मुझे पुनः मृत्यु के हवाले कर दिया। इस समुद्र में तो अत्यंत विकराल और बड़े जलचर भरे हैं। आप मुझे इस प्रकार न छोड़ें।"

आश्चर्य से भरे सत्यव्रत मछली से बोले, "हे मत्स्य देव! आप कौन हैं? मैंने अब तक ऐसी कोई मछली नहीं देखी, जो इतनी तेजी से बढ़ती हो। आप अवश्य ही कोई देव हैं। कृपया मेरी और परीक्षा मत लीजिए।"

सत्यव्रत की यह याचना सुनकर श्रीविष्णु अपने चतुर्भुज दिव्य रूप में प्रकट हुए और बोले, "भूल गए राजन्! आपने प्रलय-काल में दुनिया के जीवों को बचाने का माध्यम बनने का वर माँगा था। आपके द्वारा ही सृष्टि का अंश इस पृथ्वी पर जीवित रहेगा। प्रलय अब सात दिन दूर है। आपको सप्त-ऋषियों तथा भूमंडल के समस्त जीवों, अन्न, औषधियों आदि को सूक्ष्म रूप में लेकर भव-सागर के किनारे खड़ी नौका में सवांर होना है। आपकी रक्षा के लिए वहाँ मैं स्वयं इसी रूप में प्रकट होऊँगा।"

सातवें दिन भीषण तूफान उठ खड़ा हुआ। सभी जीव-जंतु भयभीत होकर सभी दिशाओं में भागने लगे। चारों तरफ हाहाकार मच गया। इस प्रलय का वेग इतना प्रचंड था कि समुद्र की लहरें आकाश की ऊँचाई तक उछाल भरने लगीं। प्रलय का तांडव आरंभ हो गया था।

सत्यव्रत श्रीविष्णु के आदेशानुसार सप्त ऋषियों, भूमंडल के अनेक जीवों, अन्न, औषधियों आदि के सूक्ष्म रूपों के साथ नौका पर सवार थे। नौका भव-सागर की विकराल लहरों में तिनके-सी झूल रही थी। लहरों के प्रचंड वेग से नौका इधर-उधर डोलने लगी तो सत्यव्रत ने भगवान् विष्णु का स्मरण कर रक्षा की प्रार्थना की।

सत्यव्रत और सभी जीव-जंतुओं की प्रार्थना सुनकर श्रीविष्णु उनकी रक्षा के लिए विशाल मत्स्य के रूप में प्रकट हुए। भगवान् विष्णु के साथ-साथ नागराज वासुकि भी नौका पर आ गए। श्रीविष्णु के आदेशानुसार वासुकि को रस्सी की भाँति नौका तथा मत्स्यावतार की नाक पर उगे सींग से बाँध दिया गया। इस प्रकार प्रलयकाल के दौरान वह नौका भगवान् विष्णु की कृपा से भवसागर में सुरक्षित विचरण करती रही।

धीरे-धीरे प्रलय का वेग कम होता चला गया। प्रलयकाल के उपरांत धरती पर नया कल्प आरंभ हुआ। चारों तरफ फिर से सृष्टि का विकास आरंभ हो गया। पेड़-पौधे और अन्य वनस्पतियाँ धरती पर फिर से लहराने लगीं। श्रीविष्णु की कृपा से सभी जीव नौका से धरती पर आ गए।

इस कल्प में राजा सत्यव्रत वैवस्वत मनु कहलाए। हम सब उन्हीं की संतान हैं।

इस प्रकार भक्तों के लिए भगवान् विष्णु ने मत्स्यावतार लेकर समस्त सृष्टि की प्रलय से रक्षा की।

कूर्मावतार

भगवान् विष्णु के तीसरे अंशावतार महर्षि दुर्वासा अत्यंत क्रोधी स्वभाव के व्यक्ति थे। उनके क्रोध से देवता, राक्षस और मनुष्य सभी डरते थे, क्योंकि वह छोटी सी बात पर भी भीषण शाप दे डालते थे।

एक बार देवराज इंद्र ऐरावत हाथी पर बैठकर भ्रमण को जा रहे थे। मार्ग में उन्हें महर्षि दुर्वासा मिले। देवराज इंद्र ने उन्हें प्रणाम किया।

महर्षि दुर्वासा ने प्रसन्न होकर अपनी एक दिव्य माला देवराज इंद्र को भेंट की।

इंद्र ने वह माला अपने हाथी की सूँड़ में लपेट दी। उस भेंट को ऐरावत ने भूमि पर गिरा दिया।

अपनी भेंट का यह अनादर देख दुर्वासा क्रोध से भड़क उठे और बोले, ''हे अभिमानी इंद्र! तूने मेरी दिव्य माला को गिराया है। जा, मेरा शाप है—इसी प्रकार तू और तेरा संपूर्ण वैभव, तेरे सभी देवता और यह त्रिभुवन भी श्रीहीन होकर भूमि में मिल जाएँ।''

महर्षि दुर्वासा के शाप के परिणामस्वरूप कुछ समय पश्चात् त्रिभुवन तेजहीन होने लगा। देवगण दुर्बल और श्रीहीन हो गए। दैत्यराज बलि ने इस अवसर का लाभ उठाकर देवताओं पर आक्रमण कर दिया। युद्ध में देवता पराजित हुए। दैत्यों ने उन्हें स्वर्ग से खदेड़ दिया और इंद्रासन पर अधिकार कर लिया। स्वर्ग में दैत्यराज बलि का साम्राज्य स्थापित हो गया।

सभी देवता श्रीविष्णु की शरण में पहुँचे और महर्षि दुर्वासा के शाप से मुक्ति पाने का उपाय पूछने लगे। श्रीविष्णु बोले, ''पुनः श्रीयुक्त होने के लिए आप लोगों को अमृतपान करना होगा। अमृत समुद्र के गर्भ में मिलेगा, जिसकी प्राप्ति के लिए

समुद्र-मंथन आवश्यक है।'' भगवान् विष्णु की बात सुनकर इंद्र आदि देवता समुद्र-मंथन के लिए तैयार हो गए और शीघ्र ही राक्षसों को पराजित करने की सोचने लगे।

तभी श्रीहरि ने कहा, ''देवराज इंद्र, समुद्र-मंथन का कार्य इतना सरल नहीं है। देवता इस कार्य को अकेले नहीं कर सकते। इस कार्य के लिए आपको दैत्यों की भी सहायता लेनी होगी।''

भगवान् विष्णु के परामर्श को मानकर इंद्र आदि देवता दैत्यराज बलि के दरबार में पहुँचे और दैत्यों से संधि कर उन्हें समुद्र-मंथन के लिए तैयार कर लिया। अमृत दैत्यों और देवों में आधा-आधा बँटेगा, इस बात पर भी सहमति हुई।

समुद्र-मंथन के लिए दैत्यों और देवों ने मिलकर मंदराचल पर्वत को जड़ से उखाड़ लिया और समुद्र की ओर चल पड़े, लेकिन शीघ्र ही वे थककर चूर हो गए। स्थिति यह हो गई थी कि पर्वत किसी भी क्षण देव और दानवों को अपने नीचे कुचल देता। तभी देवराज इंद्र ने श्रीविष्णु का स्मरण किया। भगवान् विष्णु ने तुरंत प्रकट होकर मंदराचल को अपने वाहन गरुड पर रख लिया। गरुड समुद्र की ओर उड़ चला।

भगवान् विष्णु की सहायता से शीघ्र ही मंदराचल पर्वत को समुद्र में स्थापित कर दिया गया। किंतु समुद्र-मंथन के लिए इतनी बड़ी रस्सी मिलना संभव नहीं था। तभी श्रीविष्णुजी ने देवताओं की इस समस्या का समाधान कर दिया और वासुकि नाग को नेति (रस्सी) के रूप में प्रयोग करने का आदेश दिया।

समुद्र-मंथन में वासुकि को मुँह की ओर से दैत्यों ने और पूँछ की ओर से देवों ने पकड़ रखा था। इस कठिन कार्य में देवताओं, दैत्यों और वासुकि को भी बहुत श्रम करना पड़ा। इस श्रम के कारण वासुकि के मुँह से विष की तेज फुंकार निकल रही थी। यह विष की फुंकार रह-रहकर दैत्यों को आहत कर देती थी।

समुद्र की सतह पर रखा होने के कारण मंदराचल पर्वत ठीक प्रकार से नहीं घूम पा रहा था। भगवान् विष्णु समुद्र-मंथन की इस कठिनाई को भाँप गए।

देवताओं की सहायता करने के लिए भगवान् विष्णु ने एक विशाल कच्छप (कूर्म/कछुए) का रूप धारण किया और मंदराचल पर्वत के नीचे आधार के रूप में स्थित हो गए। इतना ही नहीं, देवताओं की सहायता के लिए भगवान् विष्णु अपने अंश-रूप में वासुकि, दैत्यों और देवों में समान रूप से प्रविष्ट हुए, ताकि वे इस कठिन कार्य को संपन्न करने के योग्य बन सकें।

कच्छप-अवतारी श्रीविष्णु की पीठ का आधार पाकर मंदराचल पर्वत सुगमतापूर्वक घूमने लगा। समुद्र-मंथन का कार्य तेजी से होने लगा। समुद्र की लहरें मंथन से ऊँची-ऊँची लहराने लगीं।

अचानक तभी मंथन के फलस्वरूप समुद्र में से एक दिव्य कमंडलु निकला। उसके निकलते ही देवता और दानवों में चीख-पुकार मच गई। वातावरण में अंधकार छाने लगा। दोनों पक्षों के अनेक लोग मूर्च्छित होकर गिर पड़े। समुद्र से निकले इस कमंडलु में अत्यंत तीव्र कालकूट विष भरा था।

देवराज इंद्र सहित अनेक देवता भोले शंकर की शरण में कैलास पहुँचे और सृष्टि को बचाने की प्रार्थना की।

शिवजी ने उन्हें आश्वस्त किया और तुरंत ही समुद्र-तट पर आ पहुँचे। कालकूट विष को उन्होंने अपनी हथेलियों में इकट्ठा किया और मुँह में डाल लिया। विष को उन्होंने अपने कंठ से नीचे नहीं जाने दिया। इस प्रयास में उनका कंठ नीला पड़ गया और वे 'नीलकंठ' के नाम से विख्यात हुए।

मंथन फिर पूरे जोश से आरंभ हो गया। तभी मंदराचल पर्वत से चट्टानों की वर्षा होने लगी। चट्टानों के आपस में टकराने से अग्नि भड़क उठी और उससे पर्वत पर उगे वृक्षों ने आग पकड़ ली। इससे देव और दानवों को साँस लेने में कठिनाई होने लगी। उनकी आँखों से आँसू निकलने लगे। हाथ-पैर और शरीर शिथिल पड़ने लगे। गले सूखने लगे। सभी देवता और दानवों ने भगवान् विष्णु को याद करते हुए कहा, ''हे कूर्म! हमारी सहायता करें।''

कूर्मावतारी श्रीविष्णु अपने पैरों को तेजी से फड़फड़ाने लगे, जिससे चारों ओर तेज वर्षा होने लगी। वृक्षों की आग शांत होने लगी और वातावरण शीघ्र ही साफ व स्वच्छ हो गया।

विष का प्रभाव समाप्त होने पर सभी देव-दानवों ने चैन की साँस ली।

यह समुद्र-मंथन हजारों साल चलता रहा। इस प्रकार के मंथन से अब समुद्र का जल आश्चर्यजनक आकार लेने लगा था।

सर्वप्रथम समुद्र में से सूर्य, चंद्रमा और ध्रुव तारा प्रकट हुए। भगवान् श्रीविष्णु ने ध्रुव को मंदराचल पर्वत के ऊपर आकाश में स्थापित कर दिया और सूर्य तथा चंद्रमा उसके चारों ओर परिक्रमा करने लगे। इससे ऋतुएँ, मौसम, वनस्पति, फल, फूल अस्तित्व में आए और भगवान् विष्णु की कृपा से सृष्टि का चक्र चल निकला। इस प्रकार भगवान् विष्णु 'चक्रपाणि' नाम से विख्यात हुए।

इसके पश्चात् समुद्र में से चार तत्त्व पृथ्वी, अग्नि, जल और वायु निकले। निकलते ही वे चारों तत्त्व चारों दिशाओं में फैल गए। श्रीविष्णु ने चारों हाथों द्वारा उन्हें नियंत्रित कर लिया। अग्नि उनका चक्र, जल उनका कमल, वायु उनका शंख एवं पृथ्वी उनकी गदा बनी और वे चारों दिशाओं में तरल रूप में फैलकर सारे ब्रह्मांड को नियंत्रित करने लगे।

अब की बार देवी लक्ष्मी निकलीं। भाग्य और वैभव की देवी लक्ष्मी। श्री की देवी लक्ष्मी अपने साथ अनेक उपहार लाईं–कामधेनु, कल्पवृक्ष, कौस्तुभ, रंभा अप्सरा, सुरा की देवी, ऐरावत हाथी, उच्चैःश्रवा घोड़ा, शार्ङ्ग धनुष, पांचजन्य शंख।

समुद्र-मंथन चलता रहा और अंत में धन्वंतरि अमृत का कलश लेकर समुद्र से अवतीर्ण हुए। अमृत देखते ही दैत्यों में हड़कंप मच गया। उन्होंने धन्वंतरि से अमृत का कलश छीन लिया। दैत्य एक-दूसरे से झगड़ने लगे। देवगण असमंजस की दशा में खड़े थे। भगवान् विष्णु ने उन्हें धैर्य बँधाया और बोले, "देवगण, आप चिंता न करें। मैं इस अमृत को प्राप्त करने का कोई उपाय करता हूँ।"

इतना कहने के बाद भगवान् विष्णु ने तुरंत ही एक सुंदर नारी का रूप धारण कर लिया। उनका यह रूप मोहिनी अवतार था। अपने सामने एक अति सुंदर नारी को खड़ा देखकर सभी दैत्यों ने झगड़ना बंद कर दिया और उसे एकटक होकर देखने लगे।

नारी बने भगवान् विष्णु ने उनसे इस लड़ाई का कारण पूछा। इस प्रकार सुंदर नारी के प्रश्न पूछने पर राक्षसों ने सभी बातें कह सुनाईं। राक्षसों की बातें सुनकर उस नारी ने कहा, "हे दानवो! तुम व्यर्थ ही इतना समय और बल नष्ट कर रहे हो। यदि तुम चाहो तो मैं स्वयं ही यह अमृत तुम्हें बराबर-बराबर बाँटकर पिला दूँ।" इस प्रकार मोहिनी की सुंदरता से प्रभावित होकर राक्षस इस बात पर सहमत हो गए। राक्षसों के सहमत होने पर मोहिनी ने देवों और दानवों को अलग-अलग पंक्तियों में बैठ जाने को कहा।

सभी असुर विश्व-मोहिनी के रूप-जाल में उलझे एकटक उन्हें देखते रहे और मोहिनी अवतारी भगवान् विष्णु देवताओं को अमृतपान कराते रहे तथा असुरों को साधारण जल। मोहिनी के रूप में खोए असुर उनकी इस लीला को न समझ पाए।

भगवान् विष्णु देवताओं को अमृतपान कराते हुए जब अंतिम छोर तक पहुँचे, तब उनकी इस माया को राहु नामक एक असुर जान गया। अमृतपान करने के लिए उसने देव-रूप धारण कर लिया और देवताओं की पंक्ति के पास पहुँचकर सूर्य चंद्रमा के बीच में बैठ गया।

मोहिनी बने विष्णुजी ने देवता के भ्रम में उसे भी अमृत पिला दिया। अमृत पीने के तुरंत बाद ही चंद्रमा उसकी असली सूरत को पहचान गए। उन्होंने तुरंत मोहिनी को संकेत द्वारा सारी बात बताई। चंद्रमा का संकेत समझ भगवान् विष्णु क्रोधित हो उठे और मोहिनी का रूप त्यागकर अपने वास्तविक रूप में प्रकट हो गए।

मोहिनी को भगवान् विष्णु के रूप में बदलते देखकर वह असुर राहु डरकर

वहाँ से भागा। भगवान् विष्णु ने अपने सुदर्शन चक्र से राहु की गरदन काट दी। सुदर्शन चक्र से कटते ही राहु दो भागों में विभाजित हो गया। लेकिन अमृत पी लेने के कारण राहु के शीश और धड़ दोनों जीवित रहे, जो केतु तथा राहु कहलाए।

वास्तविकता जानकर असुर देवताओं पर टूट पड़े, लेकिन अब तक अमृतपान कर सभी देवता अमर हो चुके थे। उन्होंने शीघ्र ही राक्षसों को मार भगाया और स्वर्ग पर पुनः उनका अधिकार हो गया।

श्रीविष्णु ने पाञ्चजन्य शंख बजाकर जयघोष किया और कौस्तुभ मणि को अपने मुकुट पर धारण कर लिया।

देवराज इंद्र ने तब लक्ष्मी को अपनी रानी बनाने का निमंत्रण दिया, लेकिन श्रीलक्ष्मी ने केवल श्रीविष्णु को ही अपने योग्य पाया और उनका वरण करने का निश्चय किया। उन्होंने कहा कि समुद्र से श्रीविष्णु ने ही उन्हें निकाला है, राक्षसों से देवताओं की रक्षा भी उन्होंने की, वही सृष्टि के निर्माता व पालनकर्ता हैं। अतः वही उनके योग्य हैं।

इस प्रकार लक्ष्मीजी ने विजय की माला, वैजयंती भगवान् श्रीविष्णु के गले में डाली और उनका वरण किया। ब्रह्माजी ने उन्हें आशीर्वाद दिया।

वराह-अवतार

एक बार श्रीविष्णु के दर्शन की अभिलाषा में उनके अंशावतार सनकादि मुनि वैकुंठ धाम पहुँचे तो वहाँ जय-विजय नामक दो द्वारपालों ने उन्हें रोक लिया और उन नन्हे मुनियों का उपहास उड़ाते हुए बोले, "हे वनवासी बच्चो! तुम भगवान् विष्णु के दर्शन के लिए आए हो। किंतु तुम्हें पता नहीं है कि भगवान् विष्णु से इस समय कोई नहीं मिल सकता।"

द्वारपालों की यह बात सुनकर सनकादि मुनियों ने द्वारपालों से प्रार्थना की कि "हम बहुत दूर से आए हैं। अतः हमें भगवान् विष्णु के दर्शन करने दीजिए।" मुनियों की यह बात सुनकर द्वारपाल हँसते हुए बोले, "बालको! तुम्हें कहीं जाकर खेलना चाहिए। इस प्रकार हमें परेशान मत करो।" द्वारपालों के इस उपहास से सनकादि मुनियों ने क्रोधित होकर उन्हें तीन बार दैत्य-योनि में जन्म लेने का शाप दे दिया। शाप को सुनकर जय-विजय पश्चात्ताप से भर उठे।

उन्होंने भगवान् श्रीविष्णु की स्तुति आरंभ कर दी। अब तक श्रीविष्णु भी वहाँ आ पहुँचे थे। द्वारपालों की करुण विनती सुन वे बोले, "मुनिगण का शाप तो अवश्य पूर्ण होगा, किंतु प्रत्येक जन्म में दैत्य-योनि से तुम्हें मुक्ति प्रदान करने के लिए मैं

स्वयं मृत्यु-लोक में अवतार लूँगा। श्रीविष्णु के चार महत्त्वपूर्ण अवतार–वराह, नृसिंह, श्रीराम और श्रीकृष्ण इस शाप के कारण ही अवतरित हुए, जिन्होंने क्रमशः हिरण्याक्ष-हिरण्यकशिपु, रावण-कुंभकर्ण तथा शिशुपाल-दंतवक्त्र का वध कर उनका उद्धार किया।

राक्षस के रूप में जय-विजय महर्षि कश्यप की धर्मपत्नी दिति के गर्भ से जुड़वाँ भाइयों के रूप में पैदा हुए। उनका नाम हिरण्याक्ष तथा हिरण्यकशिपु रखा गया। सनकादि मुनियों के शाप के कारण दोनों राक्षस आरंभ से ही बेहद क्रूर और उत्पाती थे।

दैत्य हिरण्याक्ष ने तो अपनी गदा लेकर अकेले ही स्वर्ग पर चढ़ाई कर दी। वहाँ उसका और देवताओं का भयंकर युद्ध हुआ। युद्ध में हिरण्याक्ष की विजय हुई और उसने देवताओं को मार-पीटकर स्वर्ग से भगा दिया। अनेक देवता तो उसके भय से स्वयं ही अपना आसन छोड़कर यहाँ-वहाँ छिप गए।

हिरण्याक्ष ने भू-देवी पृथ्वी पर भी अत्याचार किए। पृथ्वी पर अपना अधिकार करने के लिए उसने पृथ्वी पर सभी आश्रमों को नष्ट-भ्रष्ट कर दिया। ऋषि-मुनियों को मार-मारकर चारों तरफ दैत्य-शक्ति को बढ़ाना शुरू कर दिया। उसने संपूर्ण पृथ्वी पर अपना प्रभुत्व स्थापित कर लिया और पृथ्वी को समुद्र के गर्भ में कीचड़ के भीतर छिपा दिया।

स्वर्ग-लोक और पृथ्वी को अपने अधिकार में लेकर हिरण्याक्ष ने पाताल-लोक पर आक्रमण कर दिया। हिरण्याक्ष को समुद्र में आया देख समुद्र के देवता वरुण भी उसकी शक्ति का सामना नहीं कर सके और उसके भय से पाताल-लोक छोड़कर भाग खड़े हुए।

हिरण्याक्ष ने उन्हें लड़ने के लिए ललकारा। वरुण बोले, ''तुमसे लड़ने का बल मुझमें नहीं है। तुम्हारा अहंकार केवल श्रीविष्णु ही तोड़ सकते हैं। यदि तुममें बल है तो जाकर भगवान् विष्णु से युद्ध करो।''

उधर ब्रह्माजी सृष्टि-रचना के कार्य में लगे हुए थे। उन्होंने जैसे ही श्रीविष्णु का स्मरण किया, भगवान् विष्णु वहाँ प्रकट हुए और दो भागों में बँट गए, 'एक भाग नर और दूसरा भाग नारी के रूप में। नर का नाम 'मनु' हुआ और नारी का 'शतरूपा'। ब्रह्माजी ने उन्हें पति-पत्नी के रूप में रहकर संतान उत्पन्न करने का आदेश दिया और कहा कि "तुम्हारी संतान मनुष्य कहलाएगी।"

ब्रह्माजी की बात सुनकर मनु बोले, "हे परमपिता ब्रह्मा! आपने हमें उत्पन्न तो कर दिया, लेकिन हम रहें कहाँ? पृथ्वी तो अथाह जल में डूबी हुई है।"

यह सुनकर ब्रह्माजी चिंतित हो उठे और श्रीविष्णु का स्मरण करते हुए बोले, "हे भगवान् विष्णु! पृथ्वी को आज आपकी आवश्यकता आ पड़ी है। हिरण्याक्ष से पृथ्वी को सिर्फ आप ही बचा सकते हैं। आपने ही दैत्य हिरण्याक्ष को पूर्वजन्म में अपने हाथों मारने का वरदान दिया था। प्रभु, हिरण्याक्ष को मारकर पृथ्वी को उसके दमन से बचाएँ।"

ब्रह्माजी की स्तुति को सुनकर भगवान् विष्णु ने वराह का रूप धारण किया और ब्रह्माजी के नासा छिद्र से एक अत्यंत सूक्ष्म वराह के रूप में तीव्र गति से निकले और देखते-ही-देखते पर्वताकार होते चले गए। उस वराह की तीव्र हुंकार से तीनों लोक काँप उठे।

वराह-अवतार ने आकाश में एक छलाँग भरी। फिर पृथ्वी को बचाने के लिए बला की तेजी से समुद्र के जल में छलाँग लगा गए।

वराह रूपी श्रीहरि जल को चीरते हुए पाताल-लोक तक जा पहुँचे। वहाँ पृथ्वी को खोजकर उन्होंने उसे अपने थूथन एवं भयंकर दाँतों पर रख लिया और तीव्र हुंकार भरते हुए ऊपर उठते चले गए।

उधर भगवान् विष्णु की खोज में हिरण्याक्ष क्रोध से पागल होकर उत्पात मचा रहा था। तभी नारद मुनि वहाँ पहुँच गए और बोले, "तुम जिसकी खोज में क्रोध से पागल हो रहे हो, वह श्रीविष्णु तो वराह रूप में रसातल से पृथ्वी को उठाकर ऊपर आ रहे हैं। जाओ, उनका पीछा करो।"

हिरण्याक्ष तुरंत वहाँ आ पहुँचा और वराह रूपी श्रीहरि को ललकारते हुए बोला, "हे मायावी विष्णु! तुम्हारी मृत्यु आज मेरे ही हाथों से होगी। आज तुम्हें कोई नहीं बचा पाएगा। राक्षसों का सबसे बड़ा दुश्मन आज धराशायी होगा। हे विष्णु, अगर तुम वीरों की तरह मरना चाहते हो तो मुझसे युद्ध करो, अन्यथा मरने के लिए तैयार हो जाओ।"

पृथ्वी को अपनी सही जगह स्थापित करने के बाद भगवान् विष्णु हिरण्याक्ष की ओर पलटे। हिरण्याक्ष को इस प्रकार ललकारते देख विष्णुजी बोले, "दुष्ट

हिरण्याक्ष! कौन किसका अंत करता है, इस प्रश्न का उत्तर तुम्हें शीघ्र ही मिल जाएगा। सर्वप्रथम मेरे क्रोध से अपने को बचाओ।''

दोनों में घोर संग्राम छिड़ गया। महापराक्रमी हिरण्याक्ष के अस्त्र-शस्त्र और माया का भगवान् वराह पर कोई प्रभाव नहीं पड़ रहा था। वह हतोत्साहित होता जा रहा था।

ब्रह्माजी और देवराज इंद्र सहित सभी देवगण इस भीषण संग्राम को देख रहे थे। ब्रह्माजी ने हिरण्याक्ष को शीघ्र मार डालने की प्रार्थना की। उनकी प्रार्थना स्वीकार कर भगवान् वराह ने हिरण्याक्ष की कनपटी पर तीव्र प्रहार किया। इससे हिरण्याक्ष की दोनों आँखें बाहर को उबल पड़ीं। वह पछाड़ खाकर नीचे गिर पड़ा और फिर कभी नहीं उठ सका। हिरण्याक्ष की मृत्यु के बाद सभी ओर विजय के शंख बज उठे। ब्रह्माजी और इंद्र सहित सभी देवताओं ने हर्षध्वनि करते हुए भगवान् वराह पर पुष्प-वर्षा की और वराह रूपी भगवान् विष्णु की स्तुति करने लगे।

नृसिंह-अवतार

भाई की मृत्यु के समाचार से हिरण्यकशिपु आहत हो उठा और प्रतिशोध की आग में जलने लगा। उसने अपने सेवकों को देवगण पर अधिक-से-अधिक अत्याचार करने का आदेश दिया और स्वयं ब्रह्माजी की तपस्या करने के लिए महेंद्राचल पर्वत पर चला गया। उसने इतनी कठोर तपस्या की कि उसके अधिकांश शरीर को चींटियाँ खा गईं। देवलोक का आसन डोलने लगा। ब्रह्माजी प्रकट हुए और उन्होंने हिरण्यकशिपु से वरदान माँगने के लिए कहा।

ब्रह्माजी को साक्षात् सामने देखकर हिरण्यकशिपु ने उनसे अमरता का वरदान माँगा। हिरण्यकशिपु द्वारा माँगे वरदान को सुनकर ब्रह्माजी ने कहा, ''यह संसार नश्वर है। सृष्टि का यह नियम है कि कोई भी प्राणी अमर नहीं हो सकता। अतः तुम अमरता के बदले कोई और वरदान माँगो।''

तब हिरण्यकशिपु बोला, ''हे प्रभु! फिर मुझे यह वरदान दीजिए कि मैं न तो शस्त्र से मरूँ और न अस्त्र से, न घर के भीतर और न घर के बाहर, न भूमि पर, न आकाश में, न दिन में मेरी मृत्यु हो और न ही रात्रि में, न किसी मनुष्य द्वारा और न ही किसी पशु द्वारा मेरी मृत्यु हो। मैं समस्त लोकों का स्वामी बन जाऊँ।'' ब्रह्माजी हिरण्यकशिपु को उसका मनोवांछित वर देकर वहाँ से अंतर्धान हो गए। अब हिरण्यकशिपु और अधिक क्रूर हो उठा। उसने घोषणा करवा दी कि 'सभी लोग उसकी पूजा करें। जो भी भगवान् की पूजा करेगा, उसे उसी समय मार दिया जाएगा।'

भक्त प्रह्लाद हिरण्यकशिपु का ही पुत्र था। वह दिन-रात भगवान् विष्णु का ही नाम जपता रहता था। हिरण्यकशिपु को अपने पुत्र से घृणा हो गई। उसने उसे हाथियों के पैरों तले कुचलवाया, पर्वत से फिंकवाया, आग में जलवाया, भयानक विषधारी सर्पों से कटवाया; किंतु प्रह्लाद पर आँच तक नहीं आई। प्रत्येक बार भगवान् विष्णु अपने भक्त को बचाते रहे। एक बार क्रोध में आकर हिरण्यकशिपु ने प्रह्लाद को एक खंभे से बाँध दिया और तलवार लेकर बोला, ''मैं अंतिम बार कहता हूँ प्रह्लाद, विष्णु कहीं नहीं है। तू मेरी पूजा का वचन दे तो मैं तुझे छोड़ सकता हूँ।'' प्रह्लाद बोला, ''पिताश्री, मन की आँखों से देखिए, भगवान् विष्णु प्रत्येक स्थान पर हैं। इन जंजीरों में भी, जिनसे मैं बँधा हूँ और इस खंभे में भी।'' हिरण्यकशिपु क्रोध से फट पड़ा। उसने खंभे में अपनी मुट्ठी का एक तीव्र प्रहार किया और बोला, ''मैं भी तो देखूँ, कहाँ है तेरा भगवान्?'' मुट्ठी के प्रहार से वह खंभा चूर-चूर हो गया। और तभी ब्रह्मांड एक तेज गर्जना से काँप उठा। खंभे से एक भयानक आकृति निकली। उसका आधा शरीर नर का था और आधा सिंह का। भगवान् विष्णु का यह रूप 'नृसिंह' के नाम से प्रसिद्ध हुआ।

भगवान् नृसिंह को देखकर हिरण्यकशिपु गदा लेकर उन पर झपटा। भगवान् नृसिंह ने हिरण्यकशिपु को कोई अवसर नहीं दिया। उसे दबोचकर महल के द्वार पर ले आए और उसे अपनी जंघाओं पर लिटाने के बाद अपने तीक्ष्ण नखों से उसका पेट चीर दिया। हिरण्यकशिपु ने वहीं दम तोड़ दिया।

उस समय न दिन था, न रात, न सायंकाल था। उसे न घर के अंदर और न ही घर के बाहर बल्कि द्वार पर मारा। वह न तो भूमि पर था और न ही आकाश में, भगवान् श्रीहरि ने उसे अपनी जंघाओं पर मारा। आधे नर और आधे सिंह के रूपधारी नृसिंह ने उसे किसी अस्त्र-शस्त्र से न मारकर अपने तेज नाखूनों से मारा। इस प्रकार भगवान् नृसिंह ने सभी शर्तों का निर्वाह किया था। प्रह्लाद सहित सभी देवगण भगवान् नृसिंह की स्तुति करने लगे।

वामन-अवतार

भक्त प्रह्लाद का पौत्र दैत्यराज बलि बहुत शक्तिशाली था। उसने संपूर्ण संसार के साथ-साथ देवलोक पर भी अधिकार कर लिया था। देवराज इंद्र अनेक देवताओं और महर्षि कश्यप के साथ ब्रह्माजी से मिले और सहायता की प्रार्थना की। ब्रह्माजी ने उन्हें श्रीविष्णु की शरण में जाने को कहा।

सभी क्षीर-सागर के तट पर जाकर श्रीविष्णु की प्रार्थना करने लगे। श्रीविष्णु प्रकट हुए और देवगण को आश्वस्त किया कि 'बलि के आतंक से मुक्ति प्रदान करने के लिए मैं शीघ्र ही माता अदिति के गर्भ से जन्म लूँगा।' महर्षि कश्यप की पत्नी अदिति के गर्भ से जन्म लेनेवाला वह बालक बौना था।

दैत्यराज बलि उस समय अश्वमेध यज्ञ कर रहा था। अन्य ऋषि-मुनियों के साथ भगवान् वामन भी यज्ञ स्थल पर पहुँच गए। भगवान् वामन के तेज को देखकर बलि चमत्कृत हो उठा। उसने सभी की पूजा-अर्चना की और सभी ऋषि-मुनियों को उनकी इच्छानुसार दान दिया, किंतु भगवान् वामन ने कुछ भी नहीं माँगा। ब्राह्मण देवता को इस प्रकार शांत देखकर बलि बोला, "हे ब्राह्मणकुमार! माँगिए, आपको क्या चाहिए? हीरे-मोती, स्वर्ण-आभूषण, हाथी-घोड़े, आपको किस वस्तु का दान अर्पित करूँ?" बलि की बात सुनकर भगवान् वामन ने कहा, "हे दैत्यराज! हमें इन तुच्छ वस्तुओं की आवश्यकता नहीं है। अगर तुम कुछ देना ही चाहते हो तो हमें तीन पग भूमि दान में दे दो।"

ब्राह्मण देवता द्वारा तीन पग भूमि माँगने पर बलि अहंकार में भरकर हँस पड़ा और भगवान् वामन से बोला, "हे तपस्वी! आपने दैत्यराज़ बलि के अश्वमेध यज्ञ में माँगी भी तो सिर्फ तीन पग भूमि। अगर आप चाहें तो मैं आपको तीन लोकों का राज दान में दे सकता हूँ। तीनों लोकों का स्वामी बना सकता हूँ। हे ब्राह्मण देवता! आप एक बार फिर इस माँग पर विचार कर लें।"

बलि की इन अहंकारपूर्ण बातों को सुनकर भगवान् वामन ने शांत स्वर में कहा, "महाराज बलि! मुझे आपसे अन्य किसी भी वस्तु की लालसा नहीं है। मैं तो

केवल यज्ञ रीति के अनुसार ही आपसे तीन पग भूमि माँग रहा हूँ। यदि आप मुझे तीन पग भूमि देंगे तो मुझे उसमें ही संतुष्टि मिल जाएगी।''

ब्राह्मण को अपने हठ पर अड़ा देखकर बलि ने उनकी अभिलाषा पूरी करने के लिए अंजुलि में जल भरा और दान देने का संकल्प करने लगे।

उसी समय वहाँ दैत्यगुरु शुक्राचार्य उपस्थित हुए और बलि को रोकते हुए बोले, ''सावधान राजन्! यह वामन रूपी ब्राह्मण साक्षात् विष्णु हैं और देवताओं की सहायता के लिए ही इन्होंने वामन का रूप धारण किया है।''

लेकिन महादानी बलि ने शुक्राचार्य की बात पर कोई ध्यान नहीं दिया और दान का संकल्प कर भगवान् वामन को तीन पग भूमि देने को तैयार हो गए।

बलि द्वारा दान का संकल्प करते ही वामन बने भगवान् विष्णु ने अपना आकार आकाश से भी विशाल कर लिया। उनका वह विशाल रूप देखकर दैत्य भयभीत हो उठे।

आकार विशाल होते ही भगवान् वामन ने एक पग में संपूर्ण पृथ्वी, दूसरे पग में स्वर्ग तथा इंद्रलोक को नाप लिया। इसके बाद उन्होंने दैत्यराज बलि से पूछा, ''दानवीर बलि! तुम्हारा यह संपूर्ण राज्य तो मेरे दो कदमों में ही समा गया है। अब कोई भी ऐसा स्थान नहीं है, जहाँ मैं अपना तीसरा पग रखूँ। तुम ही बताओ, तीसरा पग मैं कहाँ रखूँ?''

भगवान् वामन की बात सुनकर दैत्यराज बलि का गर्व खंडित हो गया और वह बोला, ''हे प्रभु! आप सर्वशक्तिमान हैं। आप ही समस्त जीवों के पालनकर्ता हैं। यह संपूर्ण सृष्टि आपके द्वारा ही रचित है। मैं मूर्ख अपने को महाशक्तिशाली समझने की भूल कर रहा था। मुझे नहीं मालूम था कि मैं उसे दान देने की बात कर रहा हूँ, जो स्वयं ही सबसे बड़े दानी हैं। जिनके दया-सागर के कारण यह संसार चल रहा है। मैं आपकी वस्तुएँ आपको ही दान करने की भूल कर बैठा। मुझे क्षमा करें प्रभु, और दान का वचन पूरा करने के लिए आप अपना तीसरा पग रखने के लिए मेरा सिर स्वीकार करें।''

इतना कहने के बाद भगवान् वामन के तीसरे पग के लिए बलि ने अपना सिर प्रस्तुत कर दिया।

भगवान् वामन बने श्रीविष्णु बोले, ''दैत्यराज बलि! जब मनुष्य को सभी प्रकार की सुख-सुविधाएँ प्राप्त हो जाती हैं, तब वह निरंकुश और अत्याचारी हो जाता है। न्याय और सत्य को वह जीवन से भुला देता है। उसके अंदर धन और शक्ति का अहंकार पैदा हो जाता है। स्वयं को श्रेष्ठ और दूसरों को तुच्छ समझनेवाले मनुष्य कभी भी श्रेष्ठ नहीं कहलाते, बल्कि संसार उन्हें एक बुरे स्वप्न की तरह याद रखता

है। किंतु हे बलि, जो मनुष्य इतना अहंकारी होते हुए भी अपने वचन के प्रति निष्ठावान् होता है, उसे भगवान् स्वयं ही क्षमा कर देते हैं और उसे अपने प्रियों में उच्चतम स्थान प्रदान करते हैं। मेरी सच्चाई जानने के बाद भी तुम अपने वचन से नहीं हटे। अतः तुम्हारा वचन मिथ्या न जाए, इसलिए मैं तुम्हारे वचन को पूर्ण करने के लिए अपना तीसरा पग तुम्हारे सिर पर अवश्य रखूँगा। किंतु इससे तुम्हारा कोई अहित नहीं होगा।''

फिर भगवान् विष्णु ने बलि के सिर पर अपना पैर रखा और उसे क्षमा कर दिया। श्रीविष्णु के चरण सिर पर रखने से दैत्यराज बलि का मन शुद्ध और सात्त्विक हो गया। वह भगवान् श्रीहरि का परम भक्त बन गया। श्रीविष्णु ने बलि की दानवीरता से प्रसन्न होकर उसे पाताल-लोक का राज्य प्रदान किया और अगले जन्म में स्वर्ग के राजा इंद्र होने का वरदान प्रदान किया।

परशुराम अवतार

जिस प्रकार महर्षि दुर्वासा शिवजी के क्रोधावतार हैं, उसी प्रकार भगवान् परशुराम श्रीविष्णु के क्रोधावतार हैं। परशुराम भगवान् विष्णु के अजर-अमर अवतार हैं। उन्होंने महर्षि जमदग्नि की धर्म-पत्नी रेणुका के गर्भ से जन्म लिया। बचपन में ही बालक परशुराम भगवान् शिव की तपस्या करने कैलास पर्वत पर जा पहुँचे। उनकी कठोर तपस्या से शंकरजी प्रसन्न होकर प्रकट हुए और उनसे वरदान माँगने को कहा।

परशुराम ने उनसे एक दिव्य अमोघ अस्त्र माँगा। शिवजी ने उन्हें 'परशु' प्रदान किया, जो श्रीविष्णु के सुदर्शन चक्र और इंद्र के वज्रास्त्र की भाँति महातेज से युक्त था। इस परशु की प्राप्ति के बाद ही उनके मूल नाम 'राम' के साथ 'परशु' जुड़ा और वे 'परशुराम' कहलाए।

एक बार हैहयवंशी महाराजा कृतवीर्य के पुत्र सहस्रार्जुन अपनी सेना सहित महर्षि जमदग्नि के आश्रम में आए। महर्षि जमदग्नि ने उनका भरपूर स्वागत किया। भोजन में अनेक प्रकार के व्यंजन परोसे गए। यह सब सभी

मनोकामनाएँ और सभी वस्तुएँ प्रदान करनेवाली कामधेनु नामक गाय के कारण संभव हो सका।

कामधेनु को देखकर सहस्रार्जुन महर्षि जमदग्नि से बोले, ''महर्षि, यह गाय तो हम जैसे राजा के पास होनी चाहिए। आप ऋषि-मुनि इसका क्या करेंगे? यह आप हमें दे दीजिए।''

जमदग्नि बोले, ''नहीं राजन्! यह कामधेनु हम सभी आश्रमवासियों की माता है। इससे प्राप्त वस्तुओं द्वारा ही इस आश्रम के ऋषि-मुनियों का भरण-पोषण होता है। अतः हम मातारूपी इस कामधेनु को किसी भी प्रकार से आपको नहीं दे सकते।''

इनकार सुनकर सहस्रार्जुन ने क्रोध में भरकर अपने सैनिकों को आदेश दिया, 'गाय को ले चलो।' सैनिक कामधेनु को घसीटते हुए चल पड़े। महर्षि ने राजा को रोकने का प्रयास किया, किंतु वे राजा और उसके सैनिकों का विरोध नहीं कर सके।

परशुराम वन-भ्रमण से आश्रम लौटे तो उन्हें सारी बात ज्ञात हुई। सहस्रार्जुन और उसके सैनिकों द्वारा किए गए भारी उत्पात से वे क्रोध से भड़क उठे। अपना परशु और धनुष लहराते हुए वे उलटे पैर सहस्रार्जुन की राजधानी माहिष्मती की ओर चल पड़े।

भगवान् परशुराम के आगमन का समाचार सुनकर सहस्रार्जुन ने अपनी हाथी-घोड़े की एक विशाल सेना को उन्हें रोकने के लिए भेजा, लेकिन परशुराम के परशु और तीरों ने लाखों सैनिकों को गाजर-मूली की तरह काट दिया। एक भी सैनिक जीवित नहीं बचा। तब सहस्रार्जुन स्वयं युद्धक्षेत्र में आ पहुँचा।

परशुरामजी ने पल भर में उसका रथ और अस्त्र-शस्त्र चूर-चूर कर दिए। सहस्रार्जुन ने एक पर्वत-खंड लेकर परशुरामजी पर आक्रमण किया, किंतु एक ही तीर से उन्होंने पर्वत को बिखेरकर रख दिया। फिर सहस्रार्जुन को सँभलने का मौका नहीं मिला और उसकी गरदन परशु का शिकार बन गई। कामधेनु को लेकर परशुराम वापस अपने आश्रम आ गए।

सहस्रार्जुन की मृत्यु से उसके 10 हजार पुत्र प्रतिशोध की आग में सुलग रहे थे।

एक दिन अवसर देखकर उन्होंने महर्षि जमदग्नि के आश्रम पर आक्रमण कर दिया और जमदग्नि सहित सभी आश्रमवासियों को मार गिराया। ऋषि-पत्नी रेणुका को उन्होंने रोने-बिलखने के लिए जीवित छोड़ दिया।

सायंकाल जब परशुराम आश्रम लौटे तो पूरे आश्रम को नष्ट देखकर वह क्रोधित हो उठे। रेणुका ने करुण रुदन करते हुए इक्कीस बार अपनी छाती पीटी और परशुराम को सारा वृत्तांत कह सुनाया।

परशुराम भीषण आवेग से बोले, ''माताश्री, मैं पृथ्वी से इक्कीस बार क्षत्रियों का नाश करूँगा।'' फिर वह सहस्रार्जुन के पुत्रों को चुन-चुनकर मारने लगे, जो उनके भय से पूरी पृथ्वी पर यहाँ-वहाँ छिपे फिर रहे थे। इस प्रकार इक्कीस बार भगवान् परशुराम ने पृथ्वी को क्षत्रिय-विहीन किया, फिर अपने पूर्वजों के परामर्श पर क्रोध-शांति हेतु महेंद्र पर्वत पर जाकर ब्रह्माजी की तपस्या करने लगे।

परशुरामजी लाखों वर्षों से तपस्या में लीन हैं। पृथ्वी पर जब कोई अभूतपूर्व घटना घटती है तो उनकी समाधि भंग होती है और उद्देश्य पूर्ण होते ही वे पुनः समाधिस्थ हो जाते हैं। त्रेतायुग में सीता-स्वयंवर के दौरान शिव-धनुष टूटने पर, द्वापर में कौरव-पांडवों के गुरु द्रोणाचार्य तथा फिर दानवीर कर्ण को शस्त्र-विद्या सिखाने के लिए तीन बार उन्होंने समाधि तोड़ी है।

बुद्ध

पृथ्वी पर एक बार फिर जब आसुरी शक्तियों ने सिर उठाया तो श्रीविष्णु अपने तेईसवें अवतार भगवान् बुद्ध के रूप में जनमे। इस बार आसुरी शक्तियाँ दैत्य-दानवों के रूप में नहीं थीं, बल्कि समाज के शक्तिशाली वर्ग के रूप में थीं, जिन्होंने निर्बल लोगों का जीना मुश्किल कर दिया था। धर्म के नाम पर आडंबरों का बोलबाला था। ऐसे में कपिलवस्तु के राजा शुद्धोदन की पत्नी मायादेवी के यहाँ एक अत्यंत तेजस्वी बालक का जन्म हुआ। उसकी जन्मपत्री देखकर राजगुरु ने घोषणा की कि ''यह बालक या तो एक महान् राजा होगा अथवा एक महान् संत पुरुष।''

बड़े होने पर बीमारी, रोग और वृद्धावस्था को देखकर बालक सिद्धार्थ का हृदय विचलित हो उठा। फिर एक मृतक को देखकर उन्होंने सोचा कि 'मनुष्य इस संसार में जन्म लेता है और फिर मृत्यु को प्राप्त होता है। ऐसा क्यों होता है? इसका क्या कारण है?' तब उन्होंने संसार की मोह-माया को त्यागने का निश्चय कर लिया।

एक रात पत्नी, बच्चे और राजसी वैभव को त्यागकर सिद्धार्थ वन को चल

पड़े। उन्होंने घोर तपस्या आरंभ कर दी, किंतु कहीं भी उन्हें मानसिक शांति नहीं मिल पा रही थी। जिस ज्ञान की प्राप्ति के लिए वे वन-वन, नगर-नगर भ्रमण कर रहे थे, अभी वह ज्ञान उनसे कोसों दूर था। ज्ञान-प्राप्ति के लिए इस बार वे एक बोधि-वृक्ष के नीचे बैठे ध्यानमग्न थे।

तभी एक दैवी-प्रकाश से उनका शरीर देदीप्यमान हो उठा। उन्होंने अपने नेत्र खोले तो उनमें दैवी चमक थी, जिसकी खोज में वे वर्षों से भटक रहे थे। उन्हें ज्ञान की प्राप्ति हो गई थी।

ज्ञान की प्राप्ति हो जाने पर महात्मा बुद्ध ने संसार को ज्ञान देना आरंभ कर दिया। इसके लिए उन्होंने कई देशों का भ्रमण किया।

लोगों में ज्ञान का प्रकाश जगाना ही उनका प्रमुख उद्‌देश्य था। उनके अनेक अनुयायी बने, जो बौद्ध कहलाए। महात्मा बुद्ध द्वारा चलाए गए धर्म को बौद्ध धर्म कहा जाता है। महात्मा बुद्ध के संपर्क में आकर अनेक दुष्ट लोगों के मन भी निर्मल हो गए। उन्होंने अपराध-मार्ग को त्याग दिया।

एक बार महात्मा बुद्ध अपने शिष्यों के साथ घूमते-घूमते एक गाँव में पहुँचे। गाँव के लोगों ने उनका अतिथि-सत्कार किया। उस गाँव में दो दिन रुकने के बाद जब वे आगे चलने को हुए, तब गाँव के लोगों ने उन्हें जंगल से होकर न जाने की सलाह दी। जब महात्मा बुद्ध ने इसका कारण जानना चाहा तो लोगों ने बताया कि "जंगल में अंगुलिमाल नाम का एक भयानक डाकू रहता है, जो वहाँ से निकलनेवाले हर मनुष्य को लूटकर उसकी उँगली काटकर अपनी माला में डाल लेता है।"

गाँववालों की यह बात सुनकर महात्मा बुद्ध मुसकराए और उन्हें समझाकर जंगलवाले रास्ते से ही आगे बढ़े। जंगल के बीच में पहुँचकर उन्हें एक आवाज सुनाई दी, "रुक जाओ!" यह आवाज सुनकर महात्मा बुद्ध वहीं रुक गए। तभी वहाँ उनके सामने एक भयानक आकृति आकर खड़ी हो गई। महात्मा बुद्ध ने शांत स्वर में कहा, "पुत्र, मैं तो रुक गया हूँ, किंतु तुम कब रुकोगे? यह पाप और अत्याचार कब छोड़ोगे?" महात्मा बुद्ध का शांत स्वर अंगुलिमाल के हृदय में भीतर तक उतर गया। उसको महात्मा बुद्ध के मुख पर एक दिव्य तेज दिखाई दिया।

अंगुलिमाल महात्मा बुद्ध के चरणों में गिर पड़ा और उनसे ज्ञान देने का आग्रह किया। महात्मा बुद्ध ने उसे उठाकर अपने गले से लगा लिया और उसे वहीं ज्ञान दिया। ज्ञान प्राप्त कर अंगुलिमाल उनका परम शिष्य बन गया और उनके साथ चल पड़ा। उन्होंने धरती पर घूम-घूमकर अहिंसा, सत्य और जीव-दया का प्रचार किया। अपने उपदेशों में भगवान् बुद्ध लोगों को समझाते थे कि यज्ञों और बलिदान के नाम पर पशु-हत्या पाप है। अहिंसा सबसे बड़ा धर्म है और सत्य पर आचरण

करना शांति एवं संतोष-प्राप्ति का सबसे सुगम मार्ग। जीव-हत्या, दूसरों को सताना, हिंसा एवं असत्य संभाषण सभी पापों की जड़ है और अहिंसा धर्म का मूलाधार। कुछ शंकालु व्यक्ति भगवान् बुद्ध को एक सिद्ध-पुरुष मानते हैं, जबकि अधिकांश विद्वान् उन्हें श्रीविष्णु का तेईसवाँ अवतार। हमारे धर्मग्रंथों, पुराणों आदि में भी भगवान् विष्णु के तेईसवें अवतार के रूप में भगवान् गौतम बुद्ध का वर्णन स्थान-स्थान पर मिलता है।

कल्कि

एक बार पराशर मुनि और मैत्रेयजी का वार्त्तालाप चल रहा था। तब मैत्रेयजी ने मुनि पराशर से कहा, ''हे महाभाग! कृपा करके आप मुझे कलियुग के बारे में विस्तार से बताएँ।'' मैत्रेयजी की बात सुनकर पराशरजी कलियुग के बारे में बताते हुए बोले, ''ब्रह्माजी ने सृष्टि की रचना करते समय चार युगों (सतयुग, त्रेतायुग, द्वापरयुग और कलियुग) का निर्माण किया। प्रत्येक युग में कुल 12 हजार वर्ष होते हैं। प्रथम युग में ब्रह्माजी सृष्टि का निर्माण करते है और अंतिम युग में सृष्टि का संहार करते हैं। अंतिम युग में कलियुग आता है। यह युग सृष्टि-संहार के कारण बाकी सब युगों से अलग होता है।''

मैत्रेयजी हाथ जोड़कर बोले, ''यह युग सबसे अलग क्यों है और इस युग में ऐसा क्या होता है, जिससे ब्रह्माजी सृष्टि का संहार करते हैं?'' पराशरजी ने कहा, ''कलियुग में मनुष्य अधर्मी और अन्यायी हो जाता है। वेद के प्रति उसकी आस्था खत्म हो जाती है। उसमें न गुरु-शिष्य का भाव रहता है और न ही कोई धार्मिक प्रवृत्ति। मानव मानव का शत्रु बन जाता है। सभी एक-दूसरे पर शासन करना चाहते हैं, इसलिए कलियुग में सृष्टि का संहार आवश्यक होता है।''

मैत्रेयजी बोले, ''ऋषिवर, त्रेतायुग में जब पाप बढ़ा तब भगवान् विष्णु ने श्रीराम का अवतार लेकर पाप का नाश किया और सत्य व धर्म की रक्षा की।

द्वापरयुग में कंस के अत्याचारों से जब धरती पर सब जगह अन्याय और दुराचार बढ़ा, तब श्रीहरि ने श्रीकृष्ण का अवतार लेकर कंस का संहार किया। किंतु कलियुग में जब भ्रष्टाचार और अधर्म की प्रवृत्ति बढ़ेगी तब कौन इनका संहार करेगा?''

पराशरजी बोले, ''कलियुग के अंतिम चरण में जब पृथ्वी पर पाप अधिक बढ़ जाएँगे; भ्रष्टाचार, दुराचार, व्यभिचार, स्वार्थपरता, लोभ-मोह और घृणा पृथ्वी का भार बढ़ा देंगे, तब उस समय भगवान् श्रीविष्णु का चौबीसवाँ अवतार कल्कि पृथ्वी पर अवतीर्ण होगा और दुराचारियों का संहार करेगा।''

हमारे धर्मग्रंथों में भी इसका उल्लेख मिलता है। कहा जाता है कि अश्वारोही भगवान् कल्कि संभल नामक एक ग्राम में एक निर्धन ब्राह्मण विष्णुयशा के यहाँ अवतार लेंगे। वे कल्कि के नाम से विख्यात होंगे।

कल्कि जन्मजात पराक्रमी, धर्म-परायण, परम तेजस्वी, सदाचारी और बुद्धिमान होंगे। बाल्यकाल से ही वह अपने उद्देश्य की पूर्ति के लिए पापियों का नाश आरंभ कर देंगे।

उनकी अभिलाषा मात्र से ही अस्त्र-शस्त्र, वाहन, योद्धा आदि प्रकट होकर अधार्मी, पापी और दुराचारी व्यक्तियों का नाश करेंगे। इस प्रकार वे कलियुग का विनाश कर एक नए युग का सूत्रपात करेंगे। नया युग उनकी सत्य-शिक्षा पर आधारित होने के कारण सतयुग कहलाएगा और सृष्टि का चक्र एक नए सूर्योदय के साथ पुनः आरंभ हो जाएगा।

□

5

भगवान् राम

सनकादि मुनि के शाप से जय-विजय अपने दूसरे जन्म में रावण और कुंभकर्ण के रूप में पैदा हुए। उन्होंने पुलस्त्य ऋषि के यहाँ जन्म लिया। रावण वेद-शास्त्रों का प्रकांड विद्वान् था और ब्रह्माजी से प्राप्त अमरत्व के वरदान ने उसे महाअभिमानी बना दिया था। रावण, कुंभकर्ण और उनके परिजन दैत्यों ने भूमंडल पर अत्याचार करना आरंभ कर दिया। यज्ञ-हवन, धार्मिक अनुष्ठानों पर रोक लगा दी। पृथ्वी पर हाहाकार मच गया। तब देवता, ऋषि-मुनि आदि भगवान् विष्णु की शरण में गए।

भगवान् विष्णु ने कहा, "आप लोग चिंता न करें। पृथ्वी को भय-मुक्त करने के लिए मैं राजा दशरथ के यहाँ जन्म ले रहा हूँ। इस प्रकार राजा दशरथ की तीन रानियों कौशल्या से श्रीराम, कैकेयी से भरत और सुमित्रा से लक्ष्मण व शत्रुघ्न का जन्म हुआ। श्रीराम के रूप में यह भगवान् विष्णु का पूर्णावतार था। उनके साथ शेषनाग ने लक्ष्मण के रूप में, पाञ्चजन्य ने भरत के रूप में तथा शत्रुघ्न के रूप में सुदर्शन ने जन्म लिया था।

चारों बालक अल्प-काल में ही शस्त्र और शास्त्र-विद्या में पारंगत हो गए।

महर्षि विश्वामित्र के यज्ञ-कार्य में दैत्य और राक्षस बहुत विघ्न डाल रहे थे। उन्होंने राजा दशरथ से आग्रह किया कि आश्रमवासियों की सुरक्षा के लिए राम-लक्ष्मण को भेज दें।

राम-लक्ष्मण यज्ञ-स्थल पर पहरा देने लगे। वहाँ उन्होंने ताड़का और सुबाहु सहित अनेक राक्षसों को मृत्यु के घाट उतार दिया, फिर यज्ञ संपन्न होते ही वे विश्वामित्र के साथ लौट चले। उन्हें मिथिला-नरेश राजा जनक की पुत्री सीता के स्वयंवर का निमंत्रण मिला।

इस स्वयंवर में यह शर्त रखी गई थी कि शिवजी के 'पिनाक' धनुष की प्रत्यंचा चढ़ानेवाले पराक्रमी व्यक्ति के साथ ही सीताजी का विवाह संपन्न होगा। समारोह में संसार भर के शूरवीरों सहित लंका-नरेश रावण भी आया था। लेकिन रावण सहित कोई भी योद्धा प्रत्यंचा चढ़ाना तो दूर धनुष को हिला भी न सका।

महाराजा जनक निराशा से भर उठे। उन्हें ऐसा कोई भी पराक्रमी उस सभा में नजर नहीं आया, जो उस धनुष को उठाकर उस पर प्रत्यंचा चढ़ा सके।

तब गुरु विश्वामित्र ने श्रीराम को संकेत किया। विश्वामित्र का संकेत पाकर श्रीराम आगे बढ़े। उन्होंने सर्वप्रथम शिवजी के पिनाक नामक उस धनुष को नमस्कार किया। उसके बाद उन्होंने उसे एक तिनके के समान उठा लिया, फिर ज्योंही वे प्रत्यंचा चढ़ाने लगे, धनुष टूट गया। धनुष टूटने के तेज शोर से ब्रह्मांड गूँज उठा। शंखों की तीव्र ध्वनि चारों ओर फैलने लगी। सभी श्रीराम की जय-जयकार कर उठे।

शिव-धनुष के टूटते ही कैलास पर तपस्या करते परशुरामजी की तपस्या भंग हो गई। जब उन्हें धनुष टूटने का पता चला तो वह अत्यंत क्रोधित हो उठे और उन्होंने शीघ्र ही कैलास से मिथिला की ओर प्रस्थान किया।

परशुरामजी क्रोधित मुद्रा में राजा जनक के दरबार में आ पहुँचे और उन्होंने वहाँ उपस्थित सभी राजाओं को ललकारते हुए कहा, "सावधान दुष्टो! शिव के इस पवित्र धनुष को तोड़ने का दुस्साहस किसने किया है? कौन है वह प्राणी,

जिसे अपने प्राणों का मोह नहीं रहा? शीघ्र बताओ, नहीं तो मैं यहाँ उपस्थित सभी प्राणियों को नष्ट कर दूँगा!''

परशुरामजी को इस प्रकार ललकारते देख सभी राजाओं के प्राण सूख गए। वे डर से थरथर काँपने लगे और अपने-अपने इष्ट-देव का स्मरण करने लगे। तभी श्रीराम ने आगे बढ़कर परशुरामजी को प्रणाम किया और स्वयं धनुष तोड़ने की बात बताई। श्रीराम की बात सुनकर परशुराम बोले, ''हे बालक! तुमने मेरे भगवान् शिव का धनुष तोड़ने का दु:साहस कैसे किया? तुम्हें इसका दंड अवश्य भुगतना पड़ेगा।''

तभी लक्ष्मणजी उनके सामने आए और बोले, ''हे महर्षि! अपनी वाणी को अपने अधिकार में रखिए। इस प्रकार क्रोधित होने का कोई कारण नहीं है। यह इस धनुष का सौभाग्य है कि इसे अयोध्या के राजकुमार श्रीराम ने अपने कोमल हाथों से तोड़ा है। अगर आप परशुधारी राम हैं तो ये धनुर्धारी श्रीराम हैं। आपके अंदर जितना तेज है, उससे भी अधिक तेज श्रीराम में है, जो संपूर्ण सृष्टि को प्रकाशमान कर रहा है। श्रीराम साक्षात् श्रीहरि के अंशावतार हैं, जिनकी स्वयं भगवान् शिव स्तुति करते हैं।''

तब परशुरामजी श्रीराम से बोले, ''हे राम! अगर तुम वास्तव में ही विष्णु के अंशावतारी हो तो मेरे इस धनुष से तीर चलाकर दिखाओ, क्योंकि मेरा यह धनुष मेरी और मेरे इष्ट-देव के अतिरिक्त किसी और की आज्ञा नहीं मानता।''

परशुराम की बात सुनकर श्रीराम ने उनके धनुष से तीर चलाकर आकाश की तरफ छोड़ दिया। परशुराम उन्हें प्रणाम कर वापस लौट गए और सीताजी, जो स्वयं महालक्ष्मी का अवतार थीं, ने श्रीराम के गले में वरमाला डाल दी।

अयोध्या लौटने पर श्रीराम के राज्याभिषेक की तैयारियाँ होने लगीं, लेकिन महाराजा दशरथ को महारानी कैकेयी ने रोक दिया और बोली, ''एक युद्ध में आपकी जान बचाने के बदले आपने मुझे दो वर देने का वचन दिया था। वे वर मुझे अभी चाहिए।''

इस प्रकार कैकेयी ने एक वर में अपने पुत्र भरत के लिए राजगद्दी और दूसरे वर में श्रीराम को चौदह वर्ष का वनवास देने की माँग की।

पिता की आज्ञा मानकर श्रीराम लक्ष्मण व सीताजी के साथ वन को चले गए। उनके वियोग में महाराजा दशरथ ने प्राण त्याग दिए। भरत ननिहाल गए हुए थे। वे लौटे तो उन्हें वास्तविकता ज्ञात हुई। उन्होंने राजपाट लेना अस्वीकार कर दिया। वे श्रीराम को वापस बुलाने गए, लेकिन श्रीराम अयोध्या नहीं लौटे।

भरत ने श्रीराम के प्रतीक के रूप में उनके खड़ाऊँ राजसिंहासन पर रख

दिए। भरत ने राजसी वैभव, सुख, आराम सब त्याग दिया और साधु के रूप में शहर के बाहर रहने लगे। उन्होंने प्रण कर लिया था कि वे भी भ्राता श्रीराम की भाँति साधु के रूप में चौदह वर्ष बिताएँगे और उन्होंने वैसा किया भी। उधर वन में राक्षसों का संहार करते, पतितों का उद्धार करते श्रीराम वनवास का समय व्यतीत कर रहे थे।

वनवास के अंतिम वर्ष में वे गोदावरी नदी के किनारे पंचवटी नामक स्थान पर रह रहे थे। एक दिन लंका-नरेश रावण की बहन शूर्पणखा घूमती हुई उस ओर आ निकली। श्रीराम को देखकर वह उन पर मोहित हो गई और उनसे विवाह करने की सोचने लगी। इसके लिए उसने एक रूपवती स्त्री का रूप धारण किया और श्रीरामचंद्र के सामने जाकर विवाह का प्रस्ताव रखा। श्रीराम ने शूर्पणखा के इस प्रस्ताव को इनकार कर सीताजी की ओर संकेत करते हुए कहा, "हे सुंदरी! मैं तो पहले से विवाहित हूँ और मैं एक पत्नी-व्रत की प्रतिज्ञा कर चुका हूँ। अतः मैं तुम्हारे साथ विवाह नहीं कर सकता। यदि तुम चाहो तो मेरे छोटे भाई लक्ष्मण से विवाह कर सकती हो।"

शूर्पणखा लक्ष्मणजी के पास विवाह का प्रस्ताव लेकर पहुँची। किंतु लक्ष्मणजी ने भी यह कहकर कि 'मैं तो यहाँ अपने प्रभु की सेवा के लिए आया हूँ, इसलिए मैं आपसे विवाह नहीं कर सकता', उससे पीछा छुड़ा लिया। यह सुनकर शूर्पणखा क्रोधित होकर बोली, "तुम दोनों ने मेरा अपमान किया है। मैं अभी इस स्त्री को मार देती हूँ।" यह कहते हुए शूर्पणखा सीताजी की ओर झपटी, लेकिन क्रोधित होकर लक्ष्मण ने उसके नाक और कान काट लिये।

शूर्पणखा रोती-बिलखती रावण के पास पहुँची और अपना दुखड़ा सुनाया। रावण क्रोध से गरज उठा, "सीता के कारण राम ने मेरी बहन से विवाह नहीं किया। मैं उसकी सीता का हरण करके उसे दंड दूँगा।"

रावण ने वेश बदलने में निपुण अपने मामा मारीच को बुलवाया और उसे स्वर्ण मृग में बदलकर पंचवटी जाने का आदेश दिया।

स्वर्ण मृग को देखकर सीता ने उसका चर्म पाने की अभिलाषा व्यक्त की। श्रीराम हिरण को मारने चल पड़े। मृग छलाँगें भरने लगा। श्रीराम उसके पीछे लगे रहे। थोड़ी ही देर बाद कुटिया में श्रीराम की प्रतीक्षा करते लक्ष्मण व सीता को 'हे लक्ष्मण, हे लक्ष्मण' की पुकार सुनाई पड़ी।

सीता व्याकुल हो उठीं कि श्रीराम संकट में हैं। उन्होंने लक्ष्मण को उनकी सहायता के लिए जाने का आदेश दिया। सीताजी के आदेशानुसार लक्ष्मण श्रीराम की सहायता के लिए वहाँ से चल पड़े।

लक्ष्मण के जाते ही भिक्षुक के वेश में रावण ने सीता का हरण कर लिया। कुटिया पर लौटकर वहाँ सीता को न देखकर श्रीराम व्याकुल हो उठे। वे उन्हें वन-वन ढूँढ़ने लगे। मार्ग में उन्हें मरणासन्न जटायु पड़ा मिला। जटायु ने सीता-हरण का सारा वृत्तांत सुनाया। उसने रावण को रोकने का प्रयास किया था और रावण ने उसे घायल कर दिया था।

श्रीराम ने जटायु को प्यार से सहलाया और उसे मोक्ष प्रदान किया। फिर दोनों लंकापति रावण की खोज में चल पड़े।

मार्ग में राम-लक्ष्मण की भेंट शबरी से हुई। शबरी ने श्रीराम को मीठे-मीठे बेर चख-चखकर खिलाए। भक्त की इच्छा रखने के लिए श्रीराम ने आदर से उन बेरों को ग्रहण किया। तब शबरी ने उन्हें सुग्रीव एवं हनुमान के बारे में बताया और उनसे मित्रता करने की सलाह दी। श्रीराम के दर्शन करने के बाद शबरी ने वहीं अपने प्राण त्याग दिए।

शबरी की सलाह के अनुसार श्रीरामजी सीता की खोज में आगे चले। वहाँ उनकी भेंट हनुमान से हुई। हनुमान उन्हें सुग्रीव के पास ले आए। हनुमानजी ने सुग्रीव और जांबवंत आदि से उनका परिचय करवाया। उनमें मित्रता हो गई।

इस मित्रता की यह शर्त रखी गई कि दोनों मित्र समय पड़ने पर एक-दूसरे की सहायता करेंगे। इसके फलस्वरूप श्रीराम ने सुग्रीव के दुराचारी और अन्यायी भाई बालि को मार दिया और सुग्रीव को उसका राजपाट व पत्नी से दुबारा मिलवाया। इस प्रकार श्रीराम ने सुग्रीव की सहायता कर मित्रता का धर्म निभाया।

सुग्रीव ने भी मित्रता के धर्म को निभाया और अपने सभी सैनिकों को सीताजी की खोज में चारों दिशाओं में भेज दिया। हनुमानजी ने सीताजी का पता लगाकर श्रीराम को बताया। सुग्रीव के सहयोग से श्रीराम ने वानर-भालुओं की एक बड़ी सेना तैयार की।

सेना सहित सभी समुद्र किनारे आ पहुँचे और विचार-विमर्श करने लगे कि समुद्र पार करके लंका कैसे पहुँचा जाए।

श्रीराम ने समुद्र के देवता वरुण से मार्ग देने की प्रार्थना की; लेकिन तीन दिन की अनुनय-विनय के बाद भी समुद्र ने मार्ग नहीं दिया। क्रोध में भरकर श्रीराम ने ज्यों ही समुद्र सुखाने के लिए अग्नि-बाण निकाला, वरुण घबरा गए।

वे हाथ जोड़े हुए आए और विष्णु रूपी श्रीराम की वास्तविकता जानकर अपने अपराध की क्षमा माँगने लगे और बोले, "हे प्रभु! मुझ पर दया करें। मैं और इस समुद्र के सभी प्राणी आपके पुत्र समान हैं। कृपया हम पर क्रोधित न हों। आपकी सेना में नल-नील नाम के दो वीर वानर हैं। बचपन में वे दोनों बहुत

शरारती थे। वे ऋषि-मुनियों की वस्तुएँ नदी में फेंक देते थे, इसलिए ऋषियों ने उनसे तंग होकर उन्हें शाप दिया था कि वे जो भी वस्तु पानी में फेंकेंगे, वह डूबेगी नहीं। अत: आप उनकी सहायता लीजिए।''

इस प्रकार वरुण देवता ने समुद्र पर बाँध बाँधने की विधि बताई।

श्रीराम ने नल-नील और वानर सेना की सहायता से शीघ्र ही समुद्र पर सेतु बाँध लिया और सेना उत्साह से छलाँगें भरती हुई लंका की ओर चल पड़ी। लंका पहुँचकर वानर सेना ने उस नगरी को चारों तरफ से घेर लिया और श्रीराम की जय-जयकार करने लगे।

भालू-वानरों की सेना के साथ श्रीराम के आने का समाचार सुनकर रावण अट्टहास कर उठा, ''हा-हा-हा! पशुओं के साथ वह स्वयं ही मृत्यु के मुँह में आ गया।''

उसने हाथी, घोड़ों और वीर राक्षसों की एक बड़ी सेना भेजी, जिसे राम, लक्ष्मण, हनुमान और उनकी सेना ने क्षण भर में काट फेंका। रावण के एक लाख पुत्र और सवा लाख पौत्र इस महायुद्ध में काल की भेंट चढ़ गए।

रावण का महावीर भाई कुंभकर्ण भी श्रीराम के हाथों नहीं बच सका। अंत में रावण भी युद्ध में कूद पड़ा।

श्रीराम और रावण में भयंकर युद्ध छिड़ गया। मायावी रावण रूप बदल-बदलकर श्रीराम पर वार करने लगा, लेकिन भगवान् श्रीराम के पास उसके प्रत्येक वार का उत्तर था। रावण भी कुछ कम नहीं था। उसके अंग कटकर फिर जुड़ जाते थे। श्रीराम के प्रत्येक बाण को वह अट्टहास करते हुए झेल रहा था।

तभी विभीषण श्रीराम के निकट आए और बोले, ''हे भगवन्! रावण का अंत ऐसे संभव नहीं है। इसकी नाभि में अमृत है, अत: इसे मारने के लिए आप पहले इसकी नाभि में तीर मारकर इसका अमृत सोख लीजिए।''

नाभि में बाण लगते ही रावण की शक्ति क्षीण हो गई। फिर श्रीराम ने उसे सँभलने का अवसर नहीं दिया। वह अपने रथ से पछाड़ खाकर धरती पर गिर पड़ा और उसके प्राण-पखेरू उड़ गए।

इसके बाद श्रीराम ने लंका का राज्य विभीषण को सौंप दिया।

श्रीराम जानते थे कि सीताजी की पवित्रता पर संसार विश्वास नहीं करेगा। अत: रावण-वध के उपरांत उन्होंने सीताजी से अपनी पवित्रता सिद्ध करने के लिए कहा और बोले, ''हे सीते! संसार को बताओ कि तुम मन, कर्म और वचन से मेरी एकनिष्ठ पत्नी हो।''

सीताजी को श्रीराम की आज्ञा सुनकर घोर आश्चर्य हुआ। परीक्षा देने के

लिए उन्होंने अग्नि में प्रवेश किया। लपटों ने उन्हें छुआ तक नहीं। स्वयं अग्निदेव ने प्रकट होकर कहा, ''हे प्रभु! मैं केवल अपवित्र चीजों को ही जला सकता हूँ। सीताजी तो पृथ्वी हैं, स्वयं भूदेवी, शाश्वत विशुद्ध। उनकी पवित्रता की मिसाल इस संपूर्ण संसार में ही नहीं, बल्कि तीनों लोकों में भी नहीं मिलेगी।''

श्रीरामजी, सीताजी, लक्ष्मण, हनुमान और सुग्रीव इत्यादि सभी लोग अयोध्या के लिए प्रस्थान कर गए। लेकिन अयोध्या में पहुँचकर भी अग्निदेव के शब्द लोगों के हृदय में जमे भ्रम के बादलों को नहीं हटा सके।

एक बार रात्रि के समय प्रजा के दुःख-दर्दों को जानने के लिए श्रीराम साधारण मनुष्य का वेश धारण करके नगर में घूम रहे थे। घूमते-घूमते वह एक घर के आगे पहुँचे। उस घर का मालिक अपनी पत्नी को पीट रहा था।

श्रीराम ने उस व्यक्ति से अपनी पत्नी को पीटने का कारण पूछा।

वह व्यक्ति बोला, ''हे परदेसी! यह मेरी पत्नी है। कल यह नदी के पार लगनेवाले बाजार में गई थी, किंतु रात को नहीं लौटी। अब यह घर आई है और स्वयं को घर में रखने के लिए प्रार्थना कर रही है। अब आप ही बताएँ कि मैं इसे किस प्रकार अपने घर में रखूँ। इसने अपना धर्म भ्रष्ट तो किया ही है, अब मेरा धर्म भी भ्रष्ट करना चाहती है।''

तभी वह स्त्री बोली, ''यह सच है कि मैं कल नदी के पार के बाजार में गई थी, लेकिन मैं रात को ही वापस आना चाहती थी। पर रात को तेज आँधी और बरसात आरंभ हो गई। इस कारण मुझे रात वहीं बितानी पड़ी।''

यह सुनकर उसका पति बोला, ''हे भ्रष्टा! मैं कोई राम नहीं हूँ, जो पर-पुरुष की छत्र-छाया में इतने दिन व्यतीत करनेवाली स्त्री को अपना लूँ।'' मैं एक साधारण प्राणी हूँ, कोई भगवान् नहीं। प्रजा में से कोई भी व्यक्ति डर के कारण नहीं बोलता, परंतु यह नीति-विरुद्ध कार्य है।'' यह बात सुनकर श्रीरामजी वहाँ से वापस आ गए।

मर्यादा पुरुषोत्तम श्रीराम ने अगले दिन सीताजी को जंगल में छुड़वा दिया, लेकिन वह अब भी सीताजी को ही अपनी पत्नी मानते थे और उन्होंने एकपत्नी-व्रत ले रखा था। उधर, सांसारिकता से दूर जंगल के शांत वातावरण में सीताजी ने दो पुत्रों लव और कुश को जन्म दिया। वे उन दिनों महर्षि वाल्मीकि के आश्रम में रह रही थीं।

प्रजा के सुख और संपन्नता के लिए भगवान् श्रीराम ने अपने सुखों का बलिदान कर दिया था। वे सीताजी की स्वर्ण-प्रतिमा को सिंहासन के निकट स्थापित कर राज्य चला रहे थे।

कुछ वर्षों बाद उन्होंने अश्वमेध यज्ञ किया। यज्ञ में भी पत्नी के स्थान पर श्रीराम ने सीताजी की स्वर्ण-प्रतिमा को रखा। यज्ञ में परंपरानुसार राजकीय अश्व छोड़ा गया।

अश्व जहाँ-जहाँ से गुजरा, वहाँ के राजाओं ने आदरपूर्वक अयोध्या की अधीनता स्वीकार कर ली, लेकिन वाल्मीकि के आश्रम के निकट लव-कुश ने राजकीय अश्व को बंदी बना लिया और बोले, "हम उस राजा की अधीनता स्वीकार नहीं करते, जिसने अपनी पत्नी को त्याग रखा है।"

फिर लव-कुश और अयोध्या की सेना में एक भयंकर महायुद्ध छिड़ गया। लक्ष्मण, भरत, शत्रुघ्न और अयोध्या की विशाल सेना को भी दो छोटे-छोटे बालकों के हाथों पराजय का मुँह देखना पड़ा।

अश्व को लेने स्वयं श्रीराम आए, किंतु श्रीराम भी लव-कुश से पराजित हो गए।

अनेक देवताओं ने अयोध्या के नागरिकों को समझाते हुए कहा, "धर्म लव-कुश और सीताजी के साथ है, क्योंकि वे सत्य और पवित्र हैं। इसी कारण स्वयं श्रीराम को भी पराजय हाथ लगी है। अतः आप लोग सीताजी को अपनी रानी के रूप में स्वीकार कर लें।"

नागरिकों ने सीताजी की पुनः परीक्षा की शर्त रख दी। अयोध्या के दरबार में एक बार फिर सीताजी की पवित्रता की परीक्षा ली जा रही थी।

इस बात से दुःखी होकर सीताजी बोलीं, "आप सभी मेरी परीक्षा के पक्षधर हैं, जबकि मैं इस अपमान को बार-बार सहन नहीं कर सकती। अब मैं इस संसार में जीवित नहीं रहना चाहती। यदि मैं पूर्णतः पवित्र हूँ तो हे धरती माता! मुझे अपने आँचल में स्थान दे दो।"

सीताजी की यह दुःख भरी पुकार सुनकर धरती फट पड़ी और उसमें से धरती माता स्वयं प्रकट हुईं। उन्होंने सीताजी को अपनी गोद में बिठाया और सीताजी के साथ धरती में समाती चली गईं।

प्रजा को सीताजी की पवित्रता का प्रमाण मिल गया था। लज्जा से सभी के सिर झुक गए। लोग अपनी आँखों को उठा नहीं पा रहे थे।

लेकिन श्रीराम अपनी प्रिय पत्नी को खो चुके थे। वह व्यथित होकर सीताजी के शोक में डूब गए। अब धरती पर रहने की उनकी इच्छा समाप्त हो चुकी थी।

उन्होंने अयोध्या छोड़कर वैकुंठ लौटने का निश्चय कर लिया और अपने इस निश्चय के बारे में अपने भाइयों और माता इत्यादि को भी बता दिया। बाद

में उन्होंने लव-कुश को अपना उत्तराधिकारी नियुक्त कर दिया और इस नश्वर शरीर को त्यागने के लिए सरयू नदी की ओर चल पड़े। हजारों लोग नेत्रों में आँसू भरे उन्हें रोकते रहे, किंतु सरयू में प्रविष्ट होकर उन्होंने जल-समाधि ले ली। अनेक नागरिकों ने भी श्रीराम के साथ ही सरयू नदी में प्रविष्ट होकर अपने प्राण त्याग दिए।

जल-समाधि लेने के बाद सरयू नदी में से भगवान् विष्णु अपने विराट् रूप में प्रकट हुए। उस समय ब्रह्मा, इंद्र और अन्य देवता वहाँ उपस्थित हो गए। उन्होंने भगवान् विष्णु पर पुष्प-वर्षा की। फिर श्रीहरि अपनी शेष-शय्या पर विराजमान होकर वैकुंठ धाम को लौट गए। श्रीराम के जाने का सभी को शोक था। मर्यादा की प्रतिमूर्ति श्रीराम और उनका राम-राज्य आज भी एक आदर्श राज्य के रूप में याद किया जाता है।

□

6

भगवान् श्रीकृष्ण

भगवान् विष्णु का श्रीकृष्ण रूपी अवतार जय-विजय की तीसरी और अंतिम राक्षस योनि की मुक्ति हेतु हुआ था। कृष्णावतार श्रीराम से भी अधिक व्यापक अवतार है। भगवान् का यह रूप अत्यंत पूजनीय है। सूर्यवंश में जन्म लेने के कारण श्रीराम को तो सूर्य की बारह कलाओं से युक्त माना जाता है, किंतु चंद्रवंशी होने के कारण श्रीकृष्ण को सोलह कलाओं का स्वामी कहा गया है।

द्वापर में कंस, जरासंध, शिशुपाल और कौरवों ने पूरी पृथ्वी पर आतंक मचा रखा था। आतंक से घबराकर पृथ्वी गाय के रूप में ब्रह्माजी के पास पहुँची और उनसे बोली, "हे परमपिता ब्रह्माजी! धरती पर कंस के अत्याचार दिन-दिन बढ़ते जा

रहे हैं। चारों तरफ पापाचार बढ़ रहा है। दया करें प्रभु, मैं आपकी शरण में हूँ।''

तब ब्रह्माजी बोले, ''हे पृथ्वी! तुम्हारे कष्टों का निवारण केवल भगवान् विष्णु ही कर सकते हैं। तुम विष्णु-लोक चलो।'' उसे साथ लेकर ब्रह्माजी विष्णु-धाम पहुँचे और कष्ट-निवारण की प्रार्थना करने लगे।

विष्णु भगवान् ने पृथ्वी को अभयदान दिया और कहा, ''हे देवी! इस द्वापरकाल में शेषनाग और मैं स्वयं वसुदेव की पत्नी देवकी के सातवें और आठवें गर्भ से जन्म लेकर मृत्युलोक से अधर्म का नाश करेंगे।''

आश्वस्त होकर गाय रूपी पृथ्वी और ब्रह्माजी लौट गए।

उधर, कंस की चचेरी बहन देवकी का विवाह वसुदेव से हुआ। कंस जब बहन को विदा कर रहा था, तभी आकाशवाणी हुई, ''हे मूर्ख कंस! जिसे तू इतने प्रेम से विदा कर रहा है, उसी का आठवाँ पुत्र तेरा काल बनेगा।''

आकाशवाणी सुनकर कंस क्रोध से बौखला उठा। उसने अपनी प्रिय चचेरी बहन को रथ से नीचे खींच लिया और उसे मारने के लिए तलवार निकाल ली।

वसुदेव तुरंत बीच में आ गए और प्रार्थनापूर्वक बोले, ''महाराज कंस! मैं वचन देता हूँ कि हमारी जो भी संतान होगी, उसे हम आपको सौंप दिया करेंगे। आप देवकी को मारिए मत।''

कंस ने दोनों को बंदीगृह में डाल दिया। आकाशवाणी के भय से कंस की रातों की नींद उड़ गई। उसने देवकी के छह बच्चों को मृत्यु के घाट उतार दिया था। सातवें बच्चे को श्रीविष्णु की एक दिव्य शक्ति योगमाया ने देवकी के गर्भ से निकालकर गोकुल में वसुदेव की पहली पत्नी रोहिणी के गर्भ में स्थापित कर दिया। देवकी ने कंस को बताया कि उसका सातवाँ गर्भ समाप्त हो गया है।

आठवें गर्भ में साक्षात् भगवान् विष्णु स्थित हुए और उससे पूर्व उन्होंने देवकी एवं वासुदेव को दर्शन देकर कृतार्थ किया। उन्होंने यह भी बताया कि 'मेरे जन्म के बाद मुझे गोकुल में यशोदा के पास छोड़ आना और उनकी नवजात कन्या को यहाँ लाकर कंस को सौंप देना।''

वसुदेव ने वैसा ही किया। विष्णु-अवतारी श्रीकृष्ण को गोकुल में छोड़कर यशोदा की कन्या को वे अपने साथ ले आए। प्रभु की माया से यह सारा कार्य बिना विघ्न के पूर्ण हो गया।

आठवें बच्चे का रुदन सुनते ही प्रहरियों ने कंस को सूचना दी। कंस दौड़ा-दौड़ा आया और कन्या को देवकी से छीनकर धरती पर पटक दिया। लेकिन धरती पर गिरने से पूर्व ही वह कन्या योगमाया में बदलकर आसमान में उड़ते हुए बोली, ''मुझे मारकर तुम्हें क्या मिलेगा, मूर्ख कंस! काल को आज तक कोई भी

नहीं मार सका। तुम्हारा काल तो कहीं और पल रहा है। वह तुम्हें अवश्य मारेगा।'' भयभीत कंस ने सभी नवजात शिशुओं, ब्राह्मणों और गौओं को मार डालने का आदेश दिया। पूरे राज्य में हाहाकार मच गया। हजारों बच्चे मार डाले गए।

एक बार कंस के दरबार में उसका प्रमुख गुप्तचर उपस्थित हुआ। वह कंस से बोला, ''महाराज, ब्रज में नंद के यहाँ दो विलक्षण बालक पैदा हुए हैं, जो सूर्य के समान तेजमान और अद्‍भुत सौंदर्य के स्वामी हैं। ऐसा सौंदर्य केवल तीनों लोक में सिर्फ भगवान् विष्णु का ही हो सकता है। मुझे पूरा संदेह है कि उनमें से एक वह विष्णु ही है।'' कंस ने जब यह सुना तो उसने अपने अधीन कई सैनिकों को भेजकर उन दोनों बालकों को मारने की कोशिश की।

किंतु वे सैनिक उनका कुछ भी न बिगाड़ पाए और स्वयं ही समाप्त हो गए। जब कंस को उनकी मृत्यु का समाचार मिला तो वह क्रोधित हो गया और तब कंस

ने पूतना नाम की राक्षसी को उपस्थित होने का आदेश दिया। कंस का आदेश पाकर पूतना वहाँ उपस्थित हुई।

कंस ने उससे कहा, ''पूतना, तुम ब्रज जाकर उन दोनों बालकों को समाप्त कर डालो।'' कंस के कहने पर पूतना ब्रज पहुँच गई। वहाँ उसने अपना दूध पिलाने के बहाने से श्रीकृष्ण को विष पिलाने का प्रयास किया; लेकिन वह स्वयं ही नन्हे कृष्ण के हाथों मारी गई।

अन्य ग्वालों की भाँति श्रीकृष्ण भी प्रातः गायों के झुंड को चराने ले जाते थे और साँझ के समय वापस आते थे। उनकी बाँसुरी की धुन में बँधी-बँधी गायें उनके पीछे हो लेती थीं और दूध भी अधिक देती थीं।

गोकुल में वर्षा के देवता इंद्र को प्रसन्न करने के लिए हर वर्ष बलि दी जाती थी। इस बार श्रीकृष्ण ने इस प्रथा का विरोध किया और गोकुलवासियों को समझाया कि बलि से देवता प्रसन्न नहीं होते, बल्कि गोवर्धन पर्वत की पूजा की जाए, जो वर्षा के बादलों को रोककर हमारे खेतों को हरा-भरा करते हैं।

गोकुलवासियों ने श्रीकृष्ण की बात स्वीकार कर इंद्र के स्थान पर गोवर्धन की पूजा आरंभ कर दी। इससे इंद्र अपमान से झुँझला उठे। उन्होंने वृंदावन पर घनघोर वर्षा आरंभ कर दी। तब गोवर्धन को अपनी सबसे छोटी उँगली पर धारण कर श्रीकृष्ण ने वृंदावन वासियों की रक्षा की और इंद्र का मान-मर्दन किया।

कंस के दैत्य और मायावी राक्षस वृंदावन की शांति भंग करते ही रहते थे। आगा अजगर, अरिष्ट बैल, वक सारस, केशी अश्व, वत्स गऊ, व्योम बकरा आदि दैत्यों ने कृष्ण और बलराम को मारने की भरसक कोशिश की, लेकिन स्वयं ही उनके हाथों मारे गए।

एक बार जंगल की आग ने वृंदावन को जलाना चाहा तो श्रीकृष्ण ने अपना मुँह खोला और सारी लपटों को पी गए।

एक बार सभी ब्रजवासी नंद के पास पहुँचे और बोले, ''हे नंदराज! हमारी और हमारे पशुओं की रक्षा कीजिए। यमुनाजी में एक भयंकर विषैला नाग आकर रहने लगा है, जिससे यमुनाजी का जल विषैला हो गया है। हमारे पशु जब भी उस जल को पीते हैं, वे तभी काल का ग्रास बन जाते हैं।''

उनकी ये बातें श्रीकृष्ण छिपकर सुन रहे थे। उन्होंने उस विषैले नाग को वश में करने का निर्णय कर किया। तब यमुना के जल को विषैला करनेवाले पाँच फनोंवाले कालिया नाग के फनों को अपने नन्हे पैरों की नृत्य-थाप से श्रीकृष्ण ने ऐसा दबाया कि भयंकर विषधर कालिया प्राण की भीख माँगने लगा। तब प्रभु ने उसे क्षमा कर दिया। वह जान बचाकर समुद्र में जा छिपा। चारों ओर श्रीकृष्ण की

जय-जयकार होने लगी। देवताओं ने उनकी इस लीला को देखकर उन पर पुष्प-वर्षा की। वृंदावन में इन बड़ी उपलब्धियों और अपनी लीला द्वारा श्रीकृष्ण शीघ्र ही तीनों लोकों में प्रसिद्ध हो गए।

एक दिन कंस ने श्रीकृष्ण और बलराम को राजकीय मल्ल प्रतियोगिता में भाग लेने के लिए मथुरा आमंत्रित किया। इस निमंत्रण द्वारा वह श्रीकृष्ण और बलराम को मारना चाहता था। मथुरा जाने के लिए जैसे ही श्रीकृष्ण और बलराम रथ पर सवार हुए, गोप व गोपियाँ भय से रोने लगे और उनसे बोले, "कंस के मल्ल आपको निश्चित ही मार डालेंगे। हम अब आपको कभी नहीं देख पाएँगे। हे प्रभु, आप हमें छोड़कर वहाँ न जाएँ। कंस दुष्ट, अन्यायी और क्रूर है।"

श्रीकृष्ण शांत भाव से मुसकराए और बोले, "वह मैं ही हूँ, जिसके हाथों कंस की मृत्यु निश्चित है। मैं जल्दी ही लौटूँगा और हम सब फिर विजयोल्लास से नृत्य करेंगे।"

मथुरा में कंस ने श्रीकृष्ण को मारने का पूरा प्रबंध कर रखा था। रंगभूमि के प्रवेश-द्वार पर ही कुवलयापीड नामक विशाल मतवाला हाथी दोनों पर छोड़ा गया। कृष्ण-बलराम ने उसे पटककर उसके दाँत उखाड़ दिए।

रंगभूमि के क्रीड़ा-प्रांगण में आते ही कंस ने अपनी रंगशाला के सबसे शक्तिशाली पहलवान चाणूर को श्रीकृष्ण पर और मुष्टिक को बलराम पर आक्रमण के लिए छोड़ दिया।

भयंकर मल्ल-युद्ध आरंभ हो गया। फिर शीघ्र ही कृष्ण और बलराम ने अपने-अपने प्रतिद्वंद्वियों को आकाश में उछाल दिया। दोनों ही महाबलवान् पहलवान धरती से टकराए और उनके प्राण निकल गए।

दोनों पहलवानों को मृत्यु के घाट उतारकर श्रीकृष्ण कंस की तरफ देखते हुए बोले, "हे दुष्ट कंस! आज तेरी मृत्यु मेरे हाथों निश्चित है। इस धरती पर तूने अनेक पाप किए हैं। अनेक ऋषि-मुनियों को सताया है। नन्हे-नन्हे दुधमुँहे बच्चों को मौत के घाट उतारा है। तुम्हारे इन कर्मों की सजा आज तुम्हें मिलकर रहेगी।"

श्रीकृष्ण की बात सुनकर कंस अट्टहास करते हुए बोला, "मूर्ख बालको! तुम कंस से बात कर रहे हो। वह कंस, जिससे स्वयं यमराज भी डरता है। मृत्यु भी जिससे भय खाती है। तुम उस कंस को ललकार रहे हो। संपूर्ण पृथ्वी को अपने पैरों तले रौंदनेवाले कंस की मृत्यु इतनी आसानी से नहीं हो सकती। इसके लिए तुम्हें न जाने कितने जन्म लेने होंगे। किंतु मैं तुम्हें आज ही अपने हाथों से मसल डालूँगा। तुम शायद अब तक इसलिए जीवित रहे, क्योंकि तुम्हारी मृत्यु मेरे हाथों होनी निश्चित थी।"

कंस की अहंकार भरी बातें सुनकर बलराम हँसते हुए बोले, "कंस, मृत्यु का भय उसे दिखाया जाता है, जिसे मृत्यु लील सकती हो। जो स्वयं ही मृत्यु के स्वामी हों, उन्हें इस प्रकार डराना तुम्हें हँसी का पात्र बना रहा है। बातों से नहीं, अब अस्त्र-शस्त्र का प्रयोग करो, ताकि तुम अपने जीवन को बचाने का संघर्ष कर सको।"

बलराम की यह बात सुनकर कंस ने श्रीकृष्ण पर आक्रमण कर दिया। एक के बाद एक आक्रमणों से भी कंस भगवान् श्रीकृष्ण का कुछ भी नहीं बिगाड़ सका। मृत्यु के भय से कंस के प्राण सूख गए। वह अपने सैनिकों से बोला, "वसुदेव और देवकी को मृत्यु के घाट उतार दो।" लेकिन इससे पहले कि उसकी आज्ञा का पालन होता, श्रीकृष्ण चीते की तरह कंस की ओर लपके और धरती के उस महाबोझ को तिनके की भाँति उठाकर नीचे पटक दिया। एक तेज चीत्कार के साथ दुष्ट कंस ने प्राण त्याग दिए। प्रजा ने राहत की साँस ली।

कंस की मृत्यु के बाद कृष्ण और बलराम ने कारागार में जाकर अपने नाना, पिता और माता को मुक्त करवाया।

इसके बाद श्रीकृष्ण और बलराम की देवकी और वसुदेव के पुत्रों के रूप में सही पहचान जग-जाहिर हुई। मथुरा वासियों ने दोनों भाइयों का हृदय से स्वागत किया।

श्रीकृष्ण ने मथुरा का राज्य अपने नाना उग्रसेन को सौंप दिया और स्वयं ने उनके सेवक के रूप में राज्य की सेवा करने का प्रंण किया। श्रीकृष्ण ने अपने परम मित्र उद्धव को वृंदावन में अपने मित्रों और गोपियों के पास यह बताने के लिए भेजा कि अब वे वहाँ नहीं आएँगे। श्रीकृष्ण ने कहा, "वह मेरी विलास-भूमि थी और अब मुझे अपनी कर्म-भूमि के उत्तरदायित्वों का निर्वाह करना है।"

उद्धव अपने साथ बाँसुरी भी ले गए। उसके बाद श्रीकृष्ण की बाँसुरी की धुन किसी को भी नहीं सुनाई दी। राधा भी अपने प्रिय श्रीकृष्ण को सदैव के लिए खो बैठी। राधा और अन्य गोप-गोपियाँ भगवान् श्रीकृष्ण की याद में खो गए। उन्होंने श्रीकृष्ण को मन में अपने आराध्य-देव के रूप में स्थापित कर लिया। श्रीकृष्ण और बलराम को विद्या-अध्ययन के लिए ऋषि संदीपनि के आश्रम में भेजा गया। वहाँ केवल चौंसठ दिनों में दोनों ने सभी धर्मग्रंथों का अध्ययन कर लिया और अन्य विद्याएँ सीख लीं।

जब विद्या-समापन का दिन आया, तब श्रीकृष्ण बोले, "गुरुदेव, आपने हम दोनों भाइयों को अपने ज्ञान का महत्त्वपूर्ण अंश प्रदान किया है, जिसके द्वारा हम संसार रूपी रहस्य को समझ सके हैं। कृपा करके बताएँ कि हम गुरु-दक्षिणा में

आपको क्या दें?''

संदीपनि ऋषि ने कहा, ''वत्स, गुरु अपने शिष्यों को किसी लोभ के अधीन होकर विद्या प्रदान नहीं करता, बल्कि ज्ञान का प्रकाश चारों ओर फैले, इसके लिए अपने शिष्यों को विद्या प्रदान करता है। प्रत्येक गुरु यह चाहता है कि उसके शिष्य ज्ञान अर्जित करके संसार में प्रसिद्धि प्राप्त करें और दूसरों की सहायता करें।''

गुरु संदीपनि की बात सुनकर श्रीकृष्ण उनके आगे नतमस्तक हो गए और उनसे कहा, ''गुरुदेव, आपने जो कहा वह एक अटल सत्य है; किंतु शिष्यों के भी अपने गुरु के प्रति कर्तव्य होते हैं। शिष्य गुरु का ऋण तो नहीं उतार सकते, किंतु उसे कम अवश्य करना चाहते हैं। अत: आप हमारे कर्तव्य को पूर्ण करने में हमारा सहयोग करें।''

ऋषि संदीपनि यह जानते थे कि श्रीकृष्ण साक्षात् भगवान् विष्णु के अवतार हैं, इसलिए गुरु-दक्षिणा के रूप में ऋषि ने अपने पुत्र की वापसी चाही, जिसे समुद्र में रहनेवाले पंचजन नामक राक्षस ने निगल लिया था।

गुरु-दक्षिणा को सुनकर श्रीकृष्ण बोले, ''हे गुरुदेव! आपने गुरु-दक्षिणा में जो माँगा है, उसे हम अवश्य देंगे। हम आपके पुत्र को उस राक्षस के चंगुल से निकालकर अवश्य लाएँगे। आप निश्‍चिंत रहिए और भगवान् श्रीहरि पर भरोसा रखिए।''

इतना कहने के बाद श्रीकृष्ण पंचजन की खोज में निकल पड़े। वह दुष्ट राक्षस समुद्र के गर्भ में एक शंख में रहता था। श्रीकृष्ण ने उसे खोज निकाला और उसका वध करके ऋषि-पुत्र को यमराज से वापस माँगकर ऋषि संदीपनि को सौंप दिया।

शंख को भी वे अपने साथ ले आए, जिसे 'पाञ्चजन्य' नाम दिया गया। पाञ्चजन्य का उद्‍घोष एक चेतावनी होता था कि 'भगवान् श्रीकृष्ण अब मनुष्यों और देवी-देवताओं को पीड़ा पहुँचानेवालों को मृत्यु के घाट उतारने के लिए तैयार हैं।' जब-जब श्रीकृष्ण ने किसी युद्ध में भाग लिया, तब-तब उन्होंने पांचजन्य शंख बजाया। पांचजन्य शंख श्रीकृष्ण को अत्यंत प्रिय था।

इधर कंस की मृत्यु का समाचार सुनकर उसका ससुर जरासंध आगबबूला हो उठा। उसने अपनी विशाल सेना के साथ मथुरा पर आक्रमण कर दिया। मथुरा को चारों तरफ से जरासंध की सेना ने घेर लिया। जरासंध ने मथुरा को छोड़ने के लिए भगवान् श्रीकृष्ण को देने की माँग रखी।

मथुरा के निवासियों ने अपनी जान के बदले श्रीकृष्ण को देने से इनकार कर दिया और युद्ध की तैयारी में लग गए। जब युद्ध हुआ तब श्रीकृष्ण और बलराम के

हाथों जरासंध को मुँह की खानी पड़ी। वह जान बचाकर भाग खड़ा हुआ।

इस प्रकार उसने सत्रह बार मथुरा पर आक्रमण किया और सत्रह बार ही वह परास्त हुआ। श्रीकृष्ण ने उसे हर बार क्षमा कर दिया। अठारहवीं बार जब जरासंध ने मथुरा पर आक्रमण किया तो म्लेच्छों के राजा कालयवन ने भी अपनी 3 करोड़ की सेना सहित उसका साथ दिया।

मथुरा के लोगों को बचाने के लिए तब नीति-निपुण श्रीकृष्ण ने पश्चिमी समुद्र में एक द्वीप पर द्वारिका नामक एक विशाल नगरी की स्थापना की और अपनी योग माया से समस्त यदुवंशियों को वहाँ पहुँचा दिया।

स्वयं श्रीकृष्ण पीतांबर ओढ़े बाहर निकले तो कालयवन उनके पीछे पड़ गया।

अनेक स्थानों पर कालयवन ने श्रीकृष्ण को मारना चाहा, लेकिन उन्होंने कोई विरोध नहीं किया और बचते-छिपते एक गुफा में जा छिपे। श्रीकृष्ण की नीति कुछ और ही संकेत कर रही थी।

कालयवन ने श्रीकृष्ण को एक गुफा में जाते देख लिया था। वह भी उसी गुफा में घुस गया। वहाँ कोई सो रहा था। कालयवन ने उसे श्रीकृष्ण समझा और ललकारकर एक तेज ठोकर मारी। वह व्यक्ति, जो एक तेजयुक्त वृद्ध था, हड़बड़ाकर उठ बैठा। उसने जब ठोकर मारनेवाले को देखा तो क्रोध से उसके नेत्रों से अग्नि की धारा निकलने लगी। कालयवन वहीं जलकर भस्म हो गया।

वह वृद्ध इक्ष्वाकु वंश के राजा मांधाता के पुत्र मुचुकुंद थे। अपने पराक्रम के बल पर उन्हें स्वर्ग का सुख मिला था। इंद्र भी उनकी सहायता लेने को उत्सुक रहते थे।

एक बार देवासुर संग्राम में उन्होंने असुरों को परास्त कर देवताओं की रक्षा की। जब उन्होंने पृथ्वी पर वापस जाने की इच्छा प्रकट की तो इंद्र ने कहा, ''राजन्, स्वर्ग का एक वर्ष पृथ्वी के 360 वर्ष होते हैं। आप हमारे यहाँ हजारों वर्षों से हैं। अतः पृथ्वी पर अब न आपका राज्य है, न सगे-संबंधी। मोक्ष को छोड़कर हमसे जो भी वर चाहें, माँग लें; क्योंकि मोक्ष तो आपको द्वापर में भगवान् विष्णु ही श्रीकृष्ण के रूप में अवतरित होकर प्रदान करेंगे।''

तब मुचुकुंद ने कहा, ''देव, मैं बहुत थक गया हूँ, जी भरकर सोना चाहता हूँ। आप मुझे यही वर दें कि मैं जी भरकर सो लूँ। जो भी मुझे जगाए, वह मेरे नेत्रों की अग्नि से जलकर भस्म हो जाए।''

इंद्र बोले, ''आप जैसा चाहते हैं वैसा ही होगा। आप पृथ्वी पर जाकर किसी सुरक्षित स्थान पर सो जाइए।''

तब इसी गुफा में आकर मुचुकुंद सो गए थे और भगवान् द्वारा मोक्ष-प्राप्ति की प्रतीक्षा कर रहे थे। उसी वरदान के प्रभाव से कालयवन जलकर भस्म हुआ था।

कालयवन के भस्म होते ही श्रीकृष्ण वहाँ आ गए। भगवान् श्रीकृष्ण के दर्शन पाकर मुचुकुंद धन्य हो गए और कलियुग को आया जानकर तप करने की इच्छा से नर-नारायण के परम स्थान गंधमादन पर्वत पर चले गए।

इस प्रकार शत्रु को समाप्त कर श्रीकृष्ण मथुरा लौट आए और जरासंध को युद्ध में फिर से पराजित कर दिया। कालयवन के रथ, हाथी, घोड़े आदि से सुसज्जित संपूर्ण सेना को अपने नियंत्रण में कर द्वारिका जाकर उग्रसेन को सौंप दी। उस समय से यदुवंशी शत्रुओं की ओर से भय-रहित हो गए, क्योंकि उन्हें ज्ञात हो गया था कि भगवान् श्रीकृष्ण के रहते किसी भी प्राणी पर कोई आँच नहीं आ सकती। भगवान् अपने भक्तों को कष्ट में नहीं देख सकते। वह उनकी रक्षा के लिए अवश्य ही आएँगे।

पांडवों के साथ महाभारत के युद्ध में भी श्रीकृष्ण ने महत्त्वपूर्ण भूमिका का निर्वाह किया। इस कथा का आरंभ द्रौपदी से होता है।

श्रीविष्णु को कृष्ण के रूप में पृथ्वी पर अवतरित हुआ देखकर भूदेवी अत्यंत प्रसन्न हुईं और उनकी समीपता प्राप्त करने के लिए द्रौपदी के रूप में प्रकट हुईं।

द्रौपदी एक योग्य राजा से विवाह करना चाहती थी, जो अनेक गुणों से संपन्न हो। लेकिन ऐसा कोई राजा उसे नहीं मिला। अत: उसने हस्तिनापुर के पाँच पांडव राजकुमारों से विवाह किया, जो श्रीकृष्ण के भी रिश्तेदार थे।

उन पाँचों राजकुमारों में अलग-अलग विशेषताएँ थीं।

सत्यनिष्ठा के लिए युधिष्ठिर, बल के लिए भीम, कौशल के लिए अर्जुन, आकर्षण के लिए नकुल और बुद्धिमानी के लिए सहदेव प्रसिद्ध थे।

पांडवों के पिता पांडु का स्वर्गवास उनके बचपन में ही हो गया था। श्रीकृष्ण के परामर्श पर पांडवों ने कौरवों से आधे राज्य की माँग की।

कौरवों ने उन्हें राज्य का बंजर और बेकार भूभाग खांडवप्रस्थ दे दिया। श्रीकृष्ण की सहायता से पांडवों ने वहाँ एक अति संपन्न और विकसित नगर 'इंद्रप्रस्थ' की स्थापना की।

पांडवों की संपन्नता को देखकर कौरव ईर्ष्या से भर उठे थे और उनका राज्य हड़पने की योजना बनाने लगे।

इंद्रप्रस्थ के सिंहासन पर पांडव-श्रेष्ठ युधिष्ठिर के राज्याभिषेक के अवसर पर अनेक राज्यों के राजा आमंत्रित थे। युधिष्ठिर ने इस अवसर पर खड़े होकर

श्रीकृष्ण को सम्मानित करते हुए कहा, ''हे श्रीकृष्ण! आप पृथ्वी पर हमारे लिए वैसे ही हैं जैसे स्वर्ग में इंद्र के लिए श्रीविष्णु। आप सभी देवों में श्रेष्ठ भगवान् विष्णुजी के अवतार हैं। आपकी श्रेष्ठता जग-जाहिर है। जब-जब प्राणियों पर संकट आया है और उन्होंने आपका स्मरण किया है, तब-तब आपने उनकी सहायता की है। अतः इस समय आपसे अधिक श्रेष्ठ इस संसार तथा तीनों लोकों में और कोई नहीं है। आपके प्रकाश के आगे सब प्रकाशहीन हैं।''

श्रीकृष्ण की प्रशंसा सुनकर चेदि-नरेश शिशुपाल ईर्ष्या व आवेग से फट पड़ा और खड़ा होकर चिल्लाया, ''युधिष्ठिर! इस सामान्य ग्वाले का इस प्रकार राजकीय सम्मान कर तुम हम राजाओं का अपमान कर रहे हो। इस ग्वाले से अधिक श्रेष्ठ हम हैं। तुम्हारे सम्मान के पात्र सिर्फ हम हैं, और कोई नहीं।''

शिशुपाल की बात सुनकर श्रीकृष्ण बोले, ''हे शिशुपाल! इस प्रकार क्रोधित मत होओ। यह राजाओं को शोभा नहीं देता। तुम्हारा व्यवहार एक क्रोधित बालक के समान है। क्रोध से मनुष्य का मस्तिष्क कार्य करना बंद कर देता है। अपने क्रोध पर अंकुश लगाओ।''

श्रीकृष्ण की बातों से शिशुपाल और उत्तेजित होकर उन्हें बुरा-भला कहने लगा। श्रीकृष्ण शांतिपूर्वक उसकी सभी बातें सुनते रहे, किंतु उसे कुछ कहा नहीं; क्योंकि जब शिशुपाल का जन्म हुआ था, तब उसकी माता ने शिशुपाल की जन्म-कुंडली बनवाई और उसके भविष्य के बारे में पूछा। तब पंडितों ने बताया था कि शिशुपाल की मृत्यु शीघ्र होगी और उसे मृत्यु विष्णु-अवतारी भगवान् स्वयं श्रीकृष्ण प्रदान करेंगे।

यह जानकर शिशुपाल की माता श्रीकृष्ण के पास गई और उनसे शिशुपाल का जीवन माँगा। तब श्रीकृष्ण ने उनसे कहा, ''हे माते! मैं विधि के विधान को नहीं बदल सकता। यदि शिशुपाल की मृत्यु मेरे हाथों लिखी है तो वह मेरे ही हाथों मरेगा। किंतु मैं आपको निराश नहीं करूँगा। मैं शिशुपाल के सौ अपराध क्षमा करूँगा।''

सौ बार शिशुपाल ने श्रीकृष्ण का अपमान किया और उतनी ही बार श्रीकृष्ण ने उसे क्षमा किया। किंतु जैसे ही शिशुपाल ने एक और बार उन्हें बुरा-भला कहा, श्रीकृष्ण उठ खड़े हुए और बोले, ''शिशुपाल! जब तुम पैदा हुए थे, तब मैंने तुम्हारी माता को वचन दिया था कि तुम्हें सौ बार क्षमा प्रदान करूँगा—और मैंने अपने वचन का पालन किया। अब तुम अपनी मर्यादा का उल्लंघन कर चुके हो और मैं तुम्हें दंड दूँगा।'' भगवान् श्रीकृष्ण ने अपनी तर्जनी हवा में लहराई तो वहाँ सुदर्शन चक्र प्रकट हुआ और प्रभु के संकेत मात्र से उसने शिशुपाल का सिर धड़ से अलग कर दिया।

राज्याभिषेक के साथ ही धर्मराज युधिष्ठिर की ख्याति चारों फैल गई। उनकी

प्रसिद्धि और संपन्नता कौरव-कुमार दुर्योधन को एक आँख नहीं सुहाती थी। उसने एक बार पांडवों को द्यूत-क्रीड़ा के लिए हस्तिनापुर आमंत्रित किया। श्रीकृष्ण से परामर्श किए बिना ही युधिष्ठिर ने वह आमंत्रण स्वीकार कर लिया।

द्यूत-क्रीड़ा में युधिष्ठिर राज्य, भाइयों और यहाँ तक कि स्वयं को भी हार बैठे। कौरवों ने तब द्रौपदी को दाँव पर लगाने को कहा। युधिष्ठिर उसे भी हार गए।

द्रौपदी को जीतने के बाद दुर्योधन गर्व से भर उठा। उसने दु:शासन को आदेश देते हुए कहा, ''अनुज दुशासन, तुम इसी समय जाओ और द्रौपदी को बालों से पकड़कर यहाँ इस भरी सभा में ले आओ। आज हम उसके गर्व को खंडित करेंगे।''

दुर्योधन की आज्ञा पाकर दु:शासन उसी समय द्रौपदी के महल में पहुँचा और उसे बालों से पकड़कर भरे दरबार में ले आया। दरबार में द्रौपदी को लाने के बाद दुर्योधन ने उसके चीर-हरण का आदेश दे दिया। दु:शासन ने द्रौपदी का चीर-हरण आरंभ कर दिया। उस सभा में कोई भी द्रौपदी की सहायता के लिए आगे नहीं आया, लेकिन द्रौपदी की करुण पुकार पर श्रीकृष्ण तुरंत प्रकट हुए और उन्होंने द्रौपदी की रक्षा की।

राज-पाट हारे पांडवों को बारह वर्ष का वनवास और एक वर्ष का अज्ञातवास देते हुए दुर्योधन ने कहा, ''वनवास के बाद ही तुम अपना राज्य वापस पाने के अधिकारी होगे। तब तक के लिए इंद्रप्रस्थ के द्वार तुम्हारे लिए बंद रहेंगे।'' पांडव वन की ओर प्रस्थान कर गए। जब पांडव वनवास बिताकर लौटे तो कौरवों ने इंद्रप्रस्थ तो दूर, सूई की एक नोक के बराबर भी भूमि देने से इनकार कर दिया। श्रीकृष्ण ने कौरवों को समझाया कि शांति बनाए रखने के लिए पांडवों को कम-से-कम पाँच गाँव ही दे दें, किंतु दुर्योधन ने उनकी बात भी नहीं मानी।

इस इनकार की परिणति महाभारत युद्ध के रूप में सामने आई। जैसे ही कौरव और पांडव युद्ध के लिए तैयार हुए, बलराम ने भूमि के टुकड़े के लिए किसी भी पक्ष में रहकर रक्त बहाने से इनकार कर दिया। कृष्ण बोले, ''यदि यह युद्ध नहीं हुआ तो पृथ्वी पर अधर्म बढ़ जाएगा और समय से पहले ही प्रलय इस संसार को निगल जाएगी।'' श्रीकृष्ण ने अर्जुन के रथ की लगाम थामी और बोले, ''आओ अर्जुन, पृथ्वी पर धर्म स्थापित करने में मेरी सहायता करो।''

भगवद्गीता

युद्धभूमि में अपने सगे-संबंधियों, गुरुजन आदि को देखकर अर्जुन ने आहत

होकर अपने हथियार नीचे रख दिए और खिन्न हृदय से बोले, "हे श्रीकृष्ण! भूमि के एक छोटे से टुकड़े को पाने के लिए मैं अपने ही नाते-रिश्तेदारों का वध कैसे करूँ? जिन गुरुजन से मैंने अस्त्र-शस्त्र चलाने सीखे, उन पर मैं वार कैसे करूँ? हे श्रीकृष्ण! कृपया मेरा मार्गदर्शन करें।"

तब श्रीकृष्ण धीर-गंभीर स्वर में बोले, "अर्जुन, स्मरण रखो, यह संग्राम तुम्हारे राज्य या सिंहासन के लिए कदापि नहीं है। यह धर्म की स्थापना के लिए है। तुम अन्यायी को अपने प्रतिशोध की पूर्ति के लिए नहीं मारोगे, बल्कि मात्र अपने कर्तव्य के पालन के लिए। तुम एक माध्यम मात्र हो, उस दैवी शक्ति के, जो जीवन के इस चक्र की संचालक है।"

"वह दैवी-शक्ति कौन है?" अर्जुन ने पूछा। "वह विष्णु हैं।" भगवान् श्रीकृष्ण ने अपना विश्वरूप प्रकट करते हुए अर्जुन से कहा, "हे अर्जुन! आना-जाना, होनी-अनहोनी सबकुछ मुझमें समाहित है। इस भ्रम में मत पड़ो कि तुम रचयिता अथवा संहारक हो सकते हो। सभी घटनाओं का एकमात्र कारण मैं ही हूँ। मैं ही रचनाकार हूँ, मैं ही विध्वंसक। तुम केवल अपना कर्म करो और फल की इच्छा मेरे ऊपर छोड़ दो।"

श्रीकृष्ण के इतना कहने पर भी अर्जुन के मन का संदेह दूर नहीं हुआ।

तब श्रीकृष्ण ने अर्जुन को दिव्य नेत्र प्रदान किए और उसे अपने विराट् रूप के दर्शन कराए। श्रीकृष्ण के विराट् रूप को देखकर अर्जुन के मन का सारा संदेह दूर हो गया। उसने श्रीकृष्ण के विराट् रूप की स्तुति की।

श्रीकृष्ण का विश्वरूप और दिव्य संदेश भगवद्गीता के नाम से प्रसिद्ध हुआ। सारी बातें स्पष्ट हो चुकी थीं। अर्जुन ने अपने हथियार उठाए और धर्म का अधर्म के विरुद्ध युद्ध आरंभ हो गया।

कौरवों के रथी और महारथी एक-एक कर पांडवों के हाथों मरते गए और युद्ध के अंतिम दिन दुर्योधन भीम के हाथों मारा गया। इसी के साथ महाभारत का युद्ध समाप्त हो गया। धर्म और श्रीकृष्ण की कूटनीति की जीत हुई।

वे श्रीकृष्ण, जिन्होंने वृंदावन को हँसी-खुशी और अपने मधुर संगीत की लहरों से प्रेममय बना दिया था, कुरुक्षेत्र के मैदान को लाशों के ढेर और रक्त की नदी में बदल दिया। कर्तव्य के प्रति समर्पण का यह एक अनन्य उदाहरण था।

कौरवों की माता गांधारी अपने पुत्रों की मृत्यु के कारण क्रोध और दुःख में आकंठ डूबी हुई थी। उसने श्रीकृष्ण को शाप देते हुए कहा, "हे कृष्ण! जिस प्रकार मेरा वंश समाप्त हुआ, तुम्हारा यदुवंश भी समाप्त हो जाए। जिस प्रकार मैं दुःख और पीड़ा का अनुभव कर रही हूँ, तुम भी उसी प्रकार दुःख और पीड़ा में डूब जाओ।

7

विघ्नहर्ता गणेश

गणेश शिव और पार्वती के पुत्र हैं। उनका वाहन मूषक है। गणों के स्वामी होने के कारण उनका एक नाम गणपति भी है। ज्योतिष में इन्हें केतु का देवता माना जाता है और जो भी संसार के साधन हैं, उनके स्वामी श्री गणेशजी हैं। हाथी जैसा सिर होने के कारण इन्हें 'गजानन' भी कहते हैं। गणेशजी का नाम हिंदू मत के अनुसार प्रथम पूज्य देवता के रूप में मान्य है।

गणपति आदिदेव हैं। उन्होंने हर युग में अलग अवतार लिया। उनकी शारीरिक संरचना में भी विशिष्ट व गहरा अर्थ निहित है। शिवमानस पूजा में श्री

गणेश को प्रवण (ॐ) कहा गया है। इस एकाक्षर ब्रह्म में ऊपरवाला भाग गणेश का मस्तक, नीचे का भाग उदर, चंद्र बिंदु लड्डू और मात्रा सूँड़ है।

चारों दिशाओं में सर्वव्यापकता की प्रतीक उनकी चार भुजाएँ हैं वे लंबोदर हैं, क्योंकि समस्त चराचर सृष्टि उनके उदर में विचरती है। बड़े कान अधिक ग्राह्य शक्ति और छोटी व पैनी आँखें सूक्ष्म-तीक्ष्ण दृष्टि की सूचक हैं। उनकी लंबी नाक महाबुद्धित्व का प्रतीक है।

मूषक वाहन

प्राचीन समय में सुमेरु पर्वत पर सौभरि ऋषि का अत्यंत मनोरम आश्रम था। उनकी अत्यंत रूपवती और पतिव्रता पत्नी का नाम मनोमयी था। एक दिन ऋषि लकड़ी लेने के लिए वन में गए और मनोमयी गृह-कार्य में लग गई। उसी समय एक दुष्ट कौंच नामक गंधर्व वहाँ आया और उसने अनुपम लावण्यवती मनोमयी को देखा तो व्याकुल हो गया।

कौंच ने ऋषि-पत्नी का हाथ पकड़ लिया। रोती और काँपती हुई ऋषि पत्नी उससे दया की भीख माँगने लगी। उसी समय सौभरि ऋषि आ गए। उन्होंने गंधर्व को श्राप देते हुए कहा, "तूने चोर की तरह मेरी सहधर्मिणी का हाथ पकड़ा है, इस कारण तू मूषक होकर धरती के नीचे और चोरी करके अपना पेट भरेगा।"

काँपते हुए गंधर्व ने मुनि से प्रार्थना की, "दयालु मुनि, अविवेक के कारण मैंने आपकी पत्नी के हाथ का स्पर्श किया था। मुझे क्षमा कर दें।" ऋषि ने कहा, "मेरा श्राप व्यर्थ नहीं होगा, तथापि द्वापर में महर्षि पराशर के यहाँ गणपति देव गजमुख पुत्र रूप में प्रकट होंगे। (हर युग में गणेशजी ने अलग-अलग अवतार लिये) तब तुम उनका वाहन बन जाओगे, जिससे देवगण भी तुम्हारा सम्मान करने लगेंगे।"

गणेशजी के अनेक नामों में बारह नाम प्रमुख हैं—सुमुख, एकदंत, कपिल, गजकर्णक, लंबोदर, विकट, विघ्ननाशक, विनायक, धूम्रकेतु, गणाध्यक्ष, भालचंद्र, गजानन।

- पिता—भगवान् शिव
- माता—पार्वतीजी
- भाई—कार्तिकेय
- पत्नी—दो 1. रिद्धि 2. सिद्धि (दक्षिण भारतीय संस्कृति में गणेशजी ब्रह्मचारी रूप में दरशाए गए हैं।)

- पुत्र–दो 1. शुभ 2. लाभ
- प्रिय भोग (मिष्टान्न)–मोदक, लड्डू
- प्रिय पुष्प–लाल रंग के
- प्रिय वस्तु–दूर्वा (दूब), शमी-पत्र
- अधिपति–जल तत्त्व के .
- प्रमुख अस्त्र–पाश, अंकुश।

ज्योतिष-शास्त्र के अनुसार गणेशजी को केतु के देवता के रूप में जाना जाता है। केतु एक छाया ग्रह है, जो राहु नामक छाया ग्रह से हमेशा विरोध में रहता है। बिना विरोध के ज्ञान नहीं आता है और बिना ज्ञान के मुक्ति नहीं है। गणेशजी को माननेवालों का मुख्य प्रयोजन उनको सर्वत्र देखना है। गणेश अगर साधन हैं तो संसार के प्रत्येक कण में वे विद्यमान हैं। उदाहरण के लिए तो जो साधन है वही गणेश हैं, जीवन को चलाने के लिये अनाज की आवश्यकता होती है, जीवन को चलाने का साधन अनाज है तो अनाज गणेश हैं अनाज को पैदा करने के लिये किसान की आवश्यकता होती है, तो किसान गणेश हैं, किसान को बोने और निकालने के लिए बैलों की आवश्यकता होती है तो बैल भी गणेश हैं, अनाज बोने के लिए खेत की आवश्यकता होती है, तो खेत गणेश हैं, अनाज को रखने के लिए भंडारण की आवश्यकता होती है तो भंडारण का स्थान भी गणेश हैं, अनाज के घर में आने के बाद उसे पीसकर चक्की की आवश्यकता होती है तो चक्की भी गणेश हैं, चक्की से निकालकर रोटी बनाने के लिए तवे, चीमटे और रोटी बनानेवाले की आवश्यकता होती है तो ये सभी गणेश हैं, खाने के लिए हाथों की आवश्यकता होती है तो हाथ भी गणेश हैं, मुँह में खाने के लिए दाँतों की आवश्यकता होती है तो दाँत भी गणेश हैं। कहने का अर्थ है कि जो भी साधन जीवन में प्रयोग किए जाते हैं वे सभी गणेश हैं।

□

8

हनुमान

हनुमानजी अग्रणी रामभक्त हैं। उन्हें रुद्र (शिव) अवतार भी कहा जाता है। उनकी सबसे प्रसिद्ध उपलब्धि थी, जैसा कि 'रामायण' में वर्णित है, वानर सेना के अग्रणी वीर के रूप में राक्षसराज रावण से लड़ाई। उन्हें बजरंग बली के रूप में जाना जाता है, क्योंकि उनका शरीर वज्र के समान अभेद्य है। हनुमान पवनपुत्र के रूप में जाने जाते हैं, क्योंकि पवन (वायु देवता) ने हनुमान को पालने मे महत्त्वपूर्ण भूमिका निभाई थी।

रामायण के अनुसार, वे सीता माता के अत्यधिक प्रिय हैं। इस धरा पर जिन सात मनीषियों को अमरत्व का वरदान प्राप्त है, उनमें बजरंग बली भी शामिल हैं। शेष

छह ये हैं—परशुराम, विभीषण, महर्षि व्यास, कृपाचार्य, अश्वत्थामा और राजा बलि। हनुमानजी का अवतार भगवान् राम की सहायता के लिए हुआ। हनुमानजी के पराक्रम की असंख्य गाथाएँ प्रचलित हैं। इन्होंने जिस तरह से श्रीराम के साथ सुग्रीव की मैत्री कराई और फिर वानरों की मदद से राक्षसों का मर्दन किया, वह अत्यंत प्रसिद्ध है।

हनुमानजी के पिता सुमेरु पर्वत के राजा केसरी थे तथा इनकी माता का नाम अंजना था। इनके जन्म के पश्चात् एक दिन इनकी माता फल लाने के लिए इन्हें घर में छोड़कर चली गईं। जब शिशु हनुमान को भूख लगी तो वे उगते हुए सूर्य को फल समझकर उसे पकड़ने के लिए आकाश में उड़ने लगे। उनकी सहायता के लिए पवन भी बहुत तेजी से चला। उधर भगवान् सूर्य ने उन्हें अबोध शिशु समझकर अपने तेज से नहीं जलने दिया। जिस समय हनुमान सूर्य को पकड़ने के लिए लपके, उसी समय राहु सूर्य पर ग्रहण लगाना चाहता था। हनुमानजी ने सूर्य के ऊपरी भाग में जब राहु का स्पर्श किया तो वह भयभीत होकर वहाँ से भाग गया। उसने इंद्र के पास जाकर शिकायत की कि "देवराज, आपने मुझे अपनी क्षुधा शांत करने के साधन के रूप में सूर्य और चंद्र दिए थे। आज जब अमावस्या के दिन मैं सूर्य को ग्रस्त करने के लिए गया तो मैंने देखा कि एक दूसरा राहु सूर्य को पकड़ने जा रहा है।"

राहु की बात सुनकर इंद्र घबरा गए और उसे साथ लेकर सूर्य की ओर चल पड़े। राहु को देखकर हनुमानजी सूर्य को छोड़कर उस पर झपटे। राहु ने इंद्र को रक्षा के लिए पुकारा तो उन्होंने हनुमानजी पर वज्र का प्रहार किया, जिससे वे एक पर्वत पर जा गिरे और उनकी बाईं ठुड्डी टूट गई। हनुमानजी की यह दशा देखकर वायुदेव को क्रोध आया। उन्होंने उसी क्षण अपनी गति रोक ली। इससे कोई भी प्राणी साँस ने ले सका और सब पीड़ा से तड़पने लगे। तब सारे सुर, असुर, यक्ष, किन्नर आदि ब्रह्माजी की शरण में गए। ब्रह्माजी उन सबको लेकर वायुदेव के पास गए। वे मूर्च्छित हनुमान को गोद में लिये उदास बैठे थे। जब ब्रह्मा जी ने उन्हें जीवित कर दिया तो वायुदेव ने अपनी गति का संचार करके सब प्राणियों की पीड़ा दूर की। फिर ब्रह्माजी ने कहा कि कोई भी शस्त्र इनके अंग को छेद नहीं सकता। इंद्र ने कहा कि इसका शरीर वज्र से भी कठोर होगा। सूर्यदेव ने कहा कि मैं इसे अपने तेज का शतांश प्रदान करता हूँ, साथ ही शास्त्र मर्मज्ञ होने का भी आशीर्वाद दिया। वरुण ने कहा कि मेरे पाश और जल से यह बालक सदा सुरक्षित रहेगा। यमदेव ने अवध्य और नीरोग रहने का आशीर्वाद दिया। यक्षराज कुबेर, विश्वकर्मा आदि देवों ने भी अमोघ वरदान दिए। इंद्र के वज्र से हनुमानजी की हनु (ठुड्डी) टूट गई थी, इसलिए उनका नाम 'हनुमान' हो गया। □

9

देवराज इंद्र

देवराज इंद्र एक पदवी है, जिस पर सत्कर्म करनेवाले संत पुरुष आसीन होते रहते हैं। इंद्र एक वैदिक देवता कहलाते हैं, जिनका स्थान अंतरिक्ष कहलाता है। इनका वाहन ऐरावत हाथी, अश्व उच्चैःश्रवा, अस्त्र वज्र, तलवार परंज तथा धनुष इंद्रधनुष है। इन्हें वर्षा का देवता भी कहा जाता है।

इंद्र का जन्म कश्यप की पत्नी अदिति से हुआ। इनकी सभा 'सुधर्मा' कहलाती है, जिसमें देवता, गंधर्व और अप्सराएँ रहती हैं। इनकी पुरी अमरावती है, जहाँ नंदनवन है, जिसमें पारिजात के अधिक वृक्ष हैं।

त्रेतायुग में इंद्र ने महर्षि दधीच की हड्डियों का वज्र बनाकर वृत्रासुर का वध किया था। द्वापर में जब कृष्ण ने इनकी (इंद्र) पूजा रोककर गोवर्धन की पूजा कराई तो ये रुष्ट हो गए थे। उसके बाद इंद्र-पूजा बंद हो गई।

विभिन्न धर्मग्रंथों के अध्ययन से इंद्र के चरित्र में बहुत सी विसंगतियाँ दिखती हैं। चरित्र की दुर्बलता के कारण महान् देवों में इनकी गिनती नहीं होती, न ही इनकी पूजा-अर्चना होती है। वैदिक काल में इंद्र सर्वोच्च देवता थे, पर बाद में पौराणिक काल में उनका स्तर बहुत गिर गया। उनका चरित्र हनन हो गया। इस काल में इंद्र को विलासी राजा के रूप में चित्रित किया गया है। 'महाभारत' में ऋषि गौतम की पत्नी अहल्या के साथ इनके द्वारा बलात्कार करने की कथा मिलती है। ऋषि शाप से इनके शरीर में एक हजार योनि-चिह्न हो गए थे, किंतु बाद में वे आँखों में बदल गए, जिसके बाद इनका नाम 'सहस्राक्ष' पड़ा।

इंद्र का एक नाम 'वासव' भी है। ये ज्येष्ठा नक्षत्र और पूर्व दिशा के स्वामी हैं। पुराणानुसार विश्वभुक, विपश्चित, विभु, प्रभु, शिखी, मनोजव, तेजस्वी, बली, अद्भुत, त्रिदिव, सुशांत, सुकीर्ति, ऋतधाता और दिवस्पति—ये चौदह इंद्र क्रमशः एक मन्वंतर में राजा होते हैं। एक मन्वंतर में 43,20,000 वर्ष होते हैं।

वेदों में वायु को इंद्र का मित्र कहा गया है और दोनों एक ही रथ पर चढ़कर चलते हैं। वर्षाकाल में इनकी मित्रता का प्रत्यक्ष दर्शन होता है। वृत्र, त्वष्टा, नमुचि, शंबर, बाण, बलि और विरोचन इंद्र के प्रमुख शत्रु हैं।

इंद्र देवराज या देवताओं के राजा भी कहलाते हैं।

इंद्र की पत्नी शची या इंद्राणी हैं, जिनके पिता पुलोमा राक्षस वंश के थे, जो एक युद्ध में अपने दामाद इंद्र के हाथों ही मारे गए थे। सूर्यदेव इनके सगे भाई हैं।

इंद्रियों की पुष्टि के लिए इंद्र की पूजा होती है।

□

10

अग्निदेव

अग्निदेव को यज्ञ का प्रधान अंग माना जाता है। बिना अग्नि के यज्ञ, पूजन और अन्य संस्कार पूर्ण नहीं होते। अग्निदेव संपूर्ण सृष्टि में प्रकाश करनेवाले और पुरुषार्थ प्रदान करनेवाले देव हैं। इन्हें सभी देवताओं में श्रेष्ठ और प्रथम माना जाता है। सभी यज्ञों के यही प्रधान पुरोहित माने जाते हैं। देवताओं को पृथ्वी पर होनेवाले समस्त वैदिक और धार्मिक कार्यों का फल अग्निदेव ही प्रदान करते हैं। धार्मिक ग्रंथों और पुराणों के अनुसार, अग्नि को अंगिरा ऋषि का पुत्र और शांडिल्य ऋषि का पौत्र कहा गया है। 'विष्णुपुराण' में अग्निदेव को भगवान् विष्णु का सबसे बड़ा पुत्र बताया गया है। अग्निदेव की पत्नी का नाम

स्वाहा है, जिनसे इन्हें पावक, पवमान और शुचि नामक तीन पुत्रों की प्राप्ति हुई।

भगवान् अग्निदेव की सात जिह्वाएँ हैं–'काली, कराली, मनोजवा, सुलोहिता, धूम्रवर्णी, सुलिंगी तथा विश्वरुचि। ये पवित्र और शुद्ध जिह्वाएँ संयुक्त रूप से भगवान् अग्निदेव के मुख में विराजमान हैं। इनके स्पर्श मात्र से ही पापी, दुराचारी और तामसिक प्रवृत्तियों का मनुष्य कुंदन के समान शुद्ध सात्त्विक हो जाता है।

उत्तंक को वर

महर्षि वेद बहुत ज्ञानी, महात्मा और तपस्वी ऋषि थे। अनेक ऋषि-मुनि, राजा-महाराजाओं के पुत्र उनसे शिक्षा ग्रहण करने के लिए तत्पर रहते थे। इस कारण उनके अनेक शिष्य थे। इन शिष्यों में उत्तंक नाम का एक परम-प्रिय और आज्ञाकारी शिष्य था। उत्तंक बाल्यकाल से ही महर्षि के आश्रम में रहते हुए शिक्षा ग्रहण कर रहा था। महर्षि के आशीर्वाद से उत्तंक शीघ्र ही तीव्र बुद्धिमान और समस्त ज्ञान का ज्ञाता हो गया।

कुछ ही वर्षों में उत्तंक की शिक्षा-दीक्षा पूर्ण हुई। एक बार संध्या की पूजा के पश्चात् महर्षि वेद उससे बोले, "हे पुत्र! आज तुम्हारी शिक्षा-दीक्षा समाप्त हुई। जिस उद्देश्य से तुम मेरे पास आए थे, वह पूर्ण हुआ। तुमने बड़ी तत्परता से संपूर्ण शिक्षा ग्रहण की है। तुम जैसे शिष्य को शिक्षा प्रदान करके मैंने भी आनंद का अनुभव किया। अब तुम अपने घर लौट सकते हो। प्रभु तुम्हारा सदैव मार्गदर्शन करेंगे।"

यह कहकर महर्षि ने उत्तंक को आशीर्वाद प्रदान किया।

उत्तंक विनती भरे स्वर में बोला, "हे गुरुदेव! आपने शिक्षा प्रदान करके मुझ पर बहुत उपकार किया है। परंपरानुसार आपको गुरु-दक्षिणा दिए बिना मैं घर नहीं जा सकता। यह मेरा कर्तव्य है और कृपया मुझे अपने कर्तव्य का पालन करने दीजिए।"

महर्षि वेद बोले, "पुत्र, तुमने परिश्रम और लग्न से विद्या ग्रहण की है। यही मेरी गुरुदक्षिणा है। मुझे अन्य किसी भी प्रकार की गुरुदक्षिणा नहीं चाहिए। यदि तुम्हारी गुरुमाता दक्षिणा लेना चाहती हैं तो उनसे पूछ लो।"

तब गुरुमाता बोलीं, "हे उत्तंक! यदि तुम गुरुदक्षिणा देना ही चाहते हो, तो मुझे महाराजा पौष्य की पत्नी के दिव्य कुंडल चाहिए।"

उत्तंक उसी समय वह दिव्य कुंडल प्राप्त करने के लिए महाराजा पौष्य

के राज्य की ओर प्रस्थान कर गया।

राजदरबार में पहुँचने पर उसने महाराजा पौष्य को अपना परिचय दिया। महर्षि वेद का शिष्य जानकर पौष्य ने उसका उचित आदर-सत्कार किया और उससे वहाँ आने का कारण पूछा।

उत्तंक बोला, ''हे महाराज! मैं आपके पास एक विशेष कार्य से आया हूँ। मुझे पूर्ण आशा है कि आप मेरी सहायता करेंगे।''

महाराज पौष्य बोले, ''हे ऋषिकुमार! आप निस्संकोच होकर अपनी बात कहें। इस राजदरबार से आज तक कोई भी खाली हाथ नहीं गया। मैं आपकी हर संभव सहायता करने का वचन देता हूँ।''

महाराज पौष्य से आश्वासन प्राप्त करके उत्तंक बोला, ''हे राजन्! मैंने अपनी गुरुमाता को गुरुदक्षिणा देने का वचन दिया है और उन्हें गुरुदक्षिणा में महारानी के दिव्य कुंडल चाहिए। इसी उद्‌देश्य से मैं आपके पास आया हूँ। वह कुंडल प्रदान करके आप मुझे अपना कर्तव्य पूर्ण करने में सहायता करें।''

उत्तंक की बात सुनकर महाराज पौष्य चिंता में डूब गए। वे दिव्य कुंडल महारानी को अत्यंत प्रिय थे। वे न तो महारानी को कुंडल देने के लिए कह सकते थे और न ही ऋषि-कुमार को खाली हाथ लौटा सकते थे। अंत में राजा पौष्य ने उत्तंक को प्रातःकाल कुंडल देने का वचन दिया।

उसी रात्रि महाराजा पौष्य ने महारानी को सारी कथा कह सुनाई। तब महारानी कुंडल देते हुए बोली, ''हे देव! यद्यपि ये दिव्य कुंडल अनमोल और दुर्लभ हैं, तथापि इनका मूल्य किसी भी ऋषि-कुमार के धर्म और कर्तव्य से अधिक नहीं है। आप बिना किसी पश्चात्ताप के ये कुंडल ऋषि-कुमार को सौंप दें और उनसे अपना कर्तव्य पूरा करने के लिए कहे।''

प्रातःकाल वे दिव्य कुंडल महाराज ने उत्तंक को सौंप दिए। कुंडल लेकर उत्तंक खुशी-खुशी आश्रम की ओर चल दिया।

आश्रम लौटते समय रास्ते में संध्या हो गई। यह समय संध्या-पूजन का था। इस कारण उत्तंक ने निकट के एक जलाशय के पास दिव्य कुंडलों को रख दिया और स्वयं स्नानादि के बाद संध्या-पूजन करने लगा।

उस जलाशय में तक्षक नामक एक तीव्र विषधारी नाग रहता था। जब उत्तंक संध्या-पूजन में निमग्न था, तब तक्षक नाग जलाशय के किनारे पर रखे दिव्य कुंडलों को चुराकर पाताललोक में चला गया।

संध्या-पूजन करने के बाद उत्तंक दिव्य कुंडल लेने के लिए आया। किंतु वहाँ उसे कुंडल नहीं मिले। कुंडलों को वहाँ न पाकर उत्तंक व्याकुल होकर उन्हें

इधर-उधर खोजने लगा। काफी समय व्यतीत होने के बाद भी उत्तंक को वे दिव्य कुंडल नहीं मिले। तब उसने सोचा कि 'मैं आश्रम में बिना दिव्य कुंडलों के जाकर गुरुमाता को अपना मुख नहीं दिखा सकता और न ही मुझे कर्तव्य का निर्वाह किए बिना जीवित रहने का अधिकार है। अतः मुझे अपने प्राणों की आहुति दे देनी चाहिए।'

यह सोचकर उसने सूखी लकड़ियाँ एकत्रित करके अग्नि प्रज्वलित की और अग्निदेव का स्मरण करके उसमें प्रवेश करने लगा।

तभी जलती हुई अग्नि में से अग्निदेव प्रकट हुए और बोले, "हे पुत्र उत्तंक! तुम्हारी निस्स्वार्थ, कर्तव्यनिष्ठ, सात्त्विक और शुद्ध मानसिक आहुति से ही मैं अत्यंत प्रसन्न हूँ। तुम्हें प्राणों का त्याग करने की कोई आवश्यकता नहीं है। तुम्हारे दिव्य कुंडलों को नाग-लोक का राजा तक्षक नाग ले गया है। मैं तुम्हें आग्नेयास्त्र प्रदान करता हूँ। इसकी सहायता से तुम दिव्य कुंडल पुनः प्राप्त कर लोगे।"

यह कहकर अग्निदेव ने उत्तंक को आग्नेयास्त्र प्रदान किया और उसे आशीर्वाद देकर वहाँ से अंतर्धान हो गए।

कुंडल प्राप्त करने के लिए उत्तंक ने अग्निदेव का स्मरण करके आग्नेयास्त्र का प्रयोग किया। आग्नेयास्त्र के प्रयोग से जलाशय अग्नि-कुंड में बदल गया। उसमें से तीव्र लपटें निकलने लगीं। धीरे-धीरे ये अग्नि की लपटें पाताललोक तक जा पहुँचीं और सभी नागों को भस्म करने लगीं। वहाँ चारों ओर हाहाकार मच गया और सभी नाग अपने राजा तक्षक के पास जाकर रक्षा की विनती करने लगे।

तक्षक नाग ने शीघ्र ही ध्यान लगाकर इस विपत्ति का कारण जान लिया। वह उसी समय दिव्य कुंडल लेकर उत्तंक के समक्ष प्रकट हुआ और दिव्य कुंडल लौटाकर उससे आग्नेयास्त्र को रोकने की प्रार्थना की।

उत्तंक ने अग्निदेव का स्मरण करके आग्नेयास्त्र को रोक दिया और दिव्य कुंडल लेकर आश्रम आ गया। वहाँ उसने गुरुमाता को दिव्य कुंडल देकर गुरुदक्षिणा प्रदान की और अग्निदेव की कृपा से अपने कर्तव्य को पूर्ण किया।

राजा दशरथ को पुत्र-प्राप्ति

अयोध्या के महाराजा दशरथ शूरवीर, दानी और धार्मिक विचारों के व्यक्ति थे। उनके कुशल शासनकाल में प्रजा अत्यंत सुखमय जीवन व्यतीत कर रही थी। राजा दशरथ अपनी प्रजा के कष्टों का स्वयं निवारण करते थे। उनके वैभव, ऐश्वर्य और शूरवीरता का डंका स्वर्ग में भी बजता था। चारों ओर धर्म, ईमानदारी

और परिश्रम का बोलबाला था।

राजा दशरथ की तीन रानियाँ थीं, 'कौशल्या, सुमित्रा और कैकेयी। तीनों ही रानियाँ सुंदर, मृदुभाषी और दयावान् थीं। किंतु उनके एक भी संतान नहीं थी। संतान-प्राप्ति के लिए तीनों रानियाँ प्रतिदिन अनेक ऋषि-मुनियों, निर्धनों आदि को भोजन करवातीं और इच्छित दक्षिणा प्रदान करतीं। परंतु यह अभाव पूर्ण नहीं होता था। इसी कारण राजा दशरथ और उनकी रानियाँ चिंताग्रस्त रहती थीं। प्रजा भी अपने भावी युवराज को देखना चाहती थी।

एक दिन महाराज दशरथ ने महर्षि वसिष्ठ से इस समस्या पर परामर्श किया। तब महर्षि वसिष्ठ ने राजा दशरथ को अपने कुलदेवता भगवान् सूर्यदेव की शरण में जाकर विनती करने का परामर्श दिया।

महर्षि वसिष्ठ का परामर्श मानकर एक दिन राजा दशरथ अपने दिव्य विमान द्वारा भगवान् सूर्यदेव की शरण में गए और उनसे विनती करते हुए बोले, "हे भगवन्! आप हमारे कुल-देवता हैं। हमारे कुल की रक्षा केवल आप ही कर सकते हैं। संतान के अभाव से हमारा वंश नष्ट हो जाएगा। हे प्रभु! अपनी कृपा-दृष्टि प्रदान करके हमारे कुल की रक्षा करें।"

राजा दशरथ की बात सुनकर भगवान् सूर्यदेव बोले, "हे राजन्! यदि आप संतान की प्राप्ति को उत्सुक हैं तो आपको अग्नि-यज्ञ द्वारा अग्निदेव को प्रसन्न करना होगा। इस संपूर्ण सृष्टि में अग्निदेव का ही प्रकाश विद्यमान है। मेरी किरणों में भी अग्निदेव वास करते हैं। उनकी कृपा से ही इस सृष्टि में मेरा अस्तित्व विद्यमान है। केवल वे ही आपके कुल में संतान रूपी दीपक जलाकर प्रकाश उत्पन्न कर सकते हैं।"

सूर्यलोक से लौटकर राजा दशरथ ने महर्षि वसिष्ठ को अग्नि-यज्ञ के बारे में बताया। तब महर्षि वसिष्ठ बोले, "हे राजन्! इस यज्ञ को पूर्ण करने के लिए आप ऋषि ऋष्यश्रृंग को यज्ञ का पुरोहित बनने के लिए तैयार करें। उनकी देखरेख में यह यज्ञ अत्यंत शीघ्र सफल होकर फलदायी सिद्ध होगा।"

महर्षि वसिष्ठ की आज्ञा से राजा दशरथ ने ऋषि ऋष्यश्रृंग के आश्रम में जाकर उनसे यज्ञ-पुरोहित बनने की प्रार्थना की। दशरथ के विनम्र निवेदन से प्रसन्न होकर ऋषि ऋष्यश्रृंग यज्ञ-पुरोहित बनने के लिए तैयार हो गए। उचित मुहूर्त पर अग्नि-यज्ञ आरंभ किया गया।

इस यज्ञ में इंद्र और ब्रह्माजी सहित सभी देवताओं ने भाग लिया। यज्ञ में मंत्रोच्चारण के साथ विधिवत् आहुतियाँ डाली गईं। यज्ञ अनेक दिनों तक चलता रहा। यज्ञ के दौरान ऋषि-मुनियों और निर्धनों को भोजन करवाकर उचित

दान-दक्षिणा दी गई। धीरे-धीरे यज्ञ का प्रभाव तीव्र होता चला गया।

जब यज्ञ में अंतिम आहुति डाली गई, तब चारों ओर दिव्य प्रकाश फैल गया। यह प्रकाश इतना तीव्र था, मानो पृथ्वी पर एक साथ अनेक सूर्य उदय हो गए हों। राजा दशरथ, तीनों रानियों, महर्षि वसिष्ठ, ऋष्यश्रृंग और सभी देवताओं ने उस प्रकाश की पूजा-आराधना करते हुए उसकी स्तुति की।

तभी उस प्रकाश-पुंज से अक्षय पात्र सहित अग्निदेव प्रकट हुए। अग्निदेव के शरीर से अग्नि की तीव्र लपटें निकल रही थीं। राजा दशरथ को आशीर्वाद देते हुए अग्निदेव बोले, "हे पुत्र! तुम्हारे इस यज्ञ से मैं अत्यंत प्रसन्न हूँ। इस यज्ञ के फलस्वरूप मैं तुम्हें पुत्र-प्राप्ति का आशीर्वाद देते हुए, यह दिव्य खीर का अक्षय पात्र देता हूँ। अपनी तीनों रानियों को यह खीर खिला देना। शीघ्र ही तुम्हें पुत्र की प्राप्ति होगी।" राजा दशरथ को खीर का अक्षय पात्र देकर अग्निदेव वहाँ से अंतर्धान हो गए।

राजा दशरथ ने वह खीर अपनी तीनों रानियों को खिला दी। इस प्रकार उचित समय के बाद भगवान् अग्निदेव की कृपा से राजा दशरथ को चार पुत्रों-राम, लक्ष्मण, भरत एवं शत्रुघ्न की प्राप्ति हुई और उनका वंश संसार में अमर हो गया।

देव-सेनापति

दैत्यों और देवताओं के गुण एक-दूसरे से विपरीत हैं, इसी कारण उनके मध्य अनेक बार भयंकर युद्ध हुए हैं। ये युद्ध अनेक वर्षों तक चलते थे। इन युद्धों में कभी दैत्यों को विजय प्राप्त होती थी तो कभी देवताओं को। दैत्य जहाँ कठोर तप के बल से अनेक शक्तियाँ प्राप्त करते थे, वहीं देवता सुरा-सुंदरियों में डूबकर अपनी शक्तियों को क्षीण कर देते थे। इसी प्रकार एक बार दैत्यों ने शक्ति-संपन्न होकर स्वर्ग पर अधिकार करने के लिए देवताओं पर आक्रमण कर दिया।

देवताओं की शक्ति भोग-विलास में रमने के कारण क्षीण हो चुकी थी, अतः वह इस युद्ध में परास्त हो गए और अपने प्राणों की रक्षा के लिए ब्रह्म-लोक में गए। वहाँ ब्रह्माजी की स्तुति करते हुए उनसे रक्षा करने की प्रार्थना की।

ब्रह्माजी बोले, "हे देवगण! भोग-विलास में डूबकर तुमने अपनी शक्तियों को छिन्न-भिन्न कर लिया है। दैत्य अपने तप के बल से शक्ति-संपन्न होकर स्वर्ग पर आक्रमण करते हैं, जिसके फलस्वरूप आपकी सदा पराजय होती है। यदि आप पुनः शक्ति-युक्त होकर स्वर्ग पर अधिकार करना चाहते हैं तो अग्निदेव की शरण में जाएँ।

पृथ्वी पर होनेवाले समस्त यज्ञों की आहुतियाँ अग्निदेव को शक्ति प्रदान करती हैं। यदि अग्निदेव यज्ञ-शक्तियाँ आपको प्रदान करने के लिए तैयार हो जाएँ तो आप पुनः शक्ति-युक्त हो जाएँगे।''

ब्रह्माजी के परामर्श से इंद्र आदि देवगण अग्निदेव के पास पहुँचे और उन्हें ब्रह्माजी की बात कह सुनाई। तब अग्निदेव बोले, ''हे देवगण! आपकी रक्षा के लिए मैं आपको यज्ञ-फल प्रदान करता हूँ।'' तभी से परम दयालु अग्निदेव अपने यज्ञ-फल का संपूर्ण भाग देवताओं को प्रदान करने लगे।

भगवान् अग्निदेव की कृपा से देवता शक्ति-युक्त हो गए। तब देवताओं ने अग्निदेव से देव-सेना का सेनापति बनने के लिए प्रार्थना की। अग्निदेव ने इसे भी सहर्ष स्वीकार कर लिया। उनके नेतृत्व में देवताओं ने दैत्यों पर आक्रमण कर दिया।

अग्निदेव ने दैत्य-सेना के मार्ग में पवित्र अग्नि की लपटें प्रज्वलित कर दीं। पवित्र और शुद्ध अग्नि का स्पर्श होते ही तामसिक व अशुद्ध प्रवृत्तियों से युक्त दैत्य वहीं भस्म होने लगे। शीघ्र ही अग्निदेव की तीव्र अग्नि-लपटों से सभी दैत्य जलकर भस्म हो गए और स्वर्ग पर देवताओं का अधिकार हो गया।

इस प्रकार अग्निदेव के आशीर्वाद और कृपा-दृष्टि से देवताओं को अपने मान-सम्मान, वैभव, ऐश्वर्य और शक्तियों की पुनः प्राप्ति हुई।

राजा द्रुपद को वरदान

पंचाल राज्य के महाराज द्रुपद और ऋषि-पुत्र द्रोणाचार्य बाल्यकाल में एक ही गुरु के पास शिक्षा ग्रहण करने के लिए गए। गुरुकुल में शिक्षा ग्रहण करते हुए द्रुपद और द्रोणाचार्य में गहरी मित्रता हो गई। एक बार द्रोणाचार्य ने द्रुपद के प्राणों की रक्षा की। इसके फलस्वरूप द्रुपद ने द्रोणाचार्य को वचन दिया कि 'जिस दिन मैं पंचाल राज्य का महाराज बनूँगा, उस दिन अपने राज्य का आधा भाग तुम्हें प्रदान कर दूँगा।' जब दोनों की शिक्षा समाप्त हुई, तब दोनों मित्रों ने एक-दूसरे से विदाई ली।

कुछ दिनों के पश्चात् युवराज द्रुपद को पंचाल देश का राजा बना दिया गया। द्रुपद के राजा बनने पर द्रोणाचार्य द्रुपद के पास गए और उसे उसके वचन की याद दिलाई। द्रुपद अपने दिए वचन को भूल चुका था, अतः उसने द्रोणाचार्य को कुछ भी देने से इनकार कर दिया। इससे द्रोणाचार्य क्रोधित होकर वापस अपने आश्रम आ गए। बाद में द्रोणाचार्य ने गुरु-दक्षिणा में पांडव-पुत्रों से द्रुपद की माँग की। पांडव-पुत्रों ने युद्ध में द्रुपद को बंदी बनाया और द्रोणाचार्य के समक्ष लाए।

द्रोणाचार्य ने द्रुपद को अपमानित करके उसे उसका राज्य पुनः सौंप दिया।

द्रोणाचार्य के इस व्यवहार से द्रुपद अत्यंत विचलित हो गया और उसने अपने राज्य लौटकर अग्नि-यज्ञ आरंभ कर दिया। अग्नि-यज्ञ के पूर्ण होने पर यज्ञ-वेदी से अग्निदेव प्रकट हुए और द्रुपद से मनोवांछित वर माँगने को कहा। द्रुपद ने अग्निदेव से द्रोणाचार्य को परास्त करने के लिए शक्तिशाली संतान प्रदान करने की प्रार्थना की। तब अग्निदेव उन्हें एक युवक और एक युवती संतान-रूप में प्रदान करते हुए बोले, "हे राजन्! यह युवक संसार में तुम्हारे पुत्र धृष्टद्युम्न के नाम से विख्यात होगा और तुम्हारे शत्रु द्रोणाचार्य को युद्ध में पराजित करेगा। यह युवती द्रौपदी पांडवों और कौरवों के वंश के विनाश का कारण बनेगी। इस प्रकार इनके माध्यम से तुम अपने अपमान का प्रतिशोध ले सकोगे।"

बाद में द्रौपदी के कारण ही महाभारत का युद्ध हुआ, जिसमें कौरवों के वंश का समूल नाश हो गया। पांडव-वंश भी इस विनाश से अछूता नहीं रहा। अग्निदेव की कृपा से इस युद्ध में द्रुपद-पुत्र धृष्टद्युम्न ने द्रोणाचार्य को परास्त करके अपने पिता के अपमान का बदला लिया।

अग्निदेव अपने भक्तों पर प्रसन्न होकर उन्हें धन-धान्य से परिपूर्ण करते हैं। इनकी कृपा-दृष्टि प्राप्त करने के लिए भक्तों को नीचे दिए गए अग्नि-मंत्र का नियमित और श्रद्धापूर्वक जप करना चाहिए–

ॐ रं वह्निचैतन्याय नमः।

□

11

चित्रगुप्त

एक दिव्य शक्ति, जो अंतःकरण में चित्रित चित्रों को पढ़ती है, उसी के अनुसार उस व्यक्ति के जीवन को नियमित करती है, अच्छे-बुरे कर्मों का फल भोग प्रदान करती है, न्याय करती है। उसी दिव्य देव शक्ति का नाम चित्रगुप्त है। चित्रगुप्तजी कायस्थों के जनक हैं।

कायस्थों का स्रोत श्री चित्रगुप्तजी को माना जाता है। कहा जाता है कि

जब ब्रह्माजी ने सृष्टि की रचना की तो यमराज ने उनसे मानवों का विवरण रखने में सहायता माँगी। यह सुन ब्रह्माजी ध्यान-साधना में लीन हो गए और जब उन्होंने आँखें खोलीं तो एक पुरुष को अपने सामने कलम, दवात, पुस्तक तथा कमर में तलवार बाँधे खड़ा पाया। ब्रह्माजी ने पूछा, "हे पुरुष, तुम कौन हो?"

वह पुरुष बोला, "मैं आपके चित्र (शरीर) में गुप्त रूप से निवास कर रहा था। अब आप मेरा नामकरण करें और मेरे लिए जो भी दायित्व हो, सौंपें।"

तब ब्रह्माजी बोले, "क्योंकि तुम मेरे चित्र (शरीर) में गुप्त (विलीन) थे, इसलिए तुम्हें 'चित्रगुप्त' के नाम से जाना जाएगा और तुम्हारा कार्य होगा प्रत्येक प्राणी की काया में गुप्त रूप से निवास करते हुए उनके द्वारा किए गए सत्कर्म व अपकर्म का लेखा रखना और तदनुसार सही न्याय कर उपहार और दंड की व्यवस्था करना। चूँकि तुम प्रत्येक प्राणी की काया में गुप्त रूप से निवास करोगे, इसलिए तुम्हें और तुम्हारी संतानों को कायस्थ भी कहा जाएगा।"

चित्रगुप्तजी को महाशक्तिमान क्षत्रिय के नाम से संबोधित किया गया है। इनके दो विवाह हुए। पहली पत्नी सूर्यदक्षिणा/नंदिनी, जो ब्राह्मण कन्या थी, इनसे चार पुत्र हुए जो भानु, विभानु, विश्वभानु और वीर्यभानु कहलाए। दूसरी पत्नी ऐरावती/शोभावती नागवंशी क्षत्रिय कन्या थी। इनसे सात पुत्र हुए, जो चारु, चितचारु, मतिमान, सुचारुचारुण, हिमवान, चित्र और अतींद्रिय कहलाए।

□

12

कामदेव

कामदेव को हिंदू शास्त्रों में प्रेम और काम का देवता माना गया है। उनका स्वरूप युवा और आकर्षक है। वे विवाहित हैं और रति उनकी पत्नी है। वे इतने शक्तिशाली हैं कि उनके लिए किसी प्रकार के कवच की कल्पना नहीं की गई है। उनके अन्य नामों में रागवृंत, अनंग, कंदर्प, मनमथ, मनसिजा, मदन, रतिकांत, पुष्पवान्, पुष्पधन्व आदि प्रसिद्ध हैं। कामदेव हिंदू देवी श्री के पुत्र और कृष्ण के पुत्र प्रद्युम्न के अवतार हैं। कामदेव के आध्यात्मिक रूप को हिंदू धर्म में वैष्णव अनुयायियों द्वारा कृष्ण भी माना जाता है।

कामदेव का धनुष प्रकृति के सबसे ज्यादा मजबूत साधनों में से एक है। वसंत कामदेव का मित्र है, इसलिए कामदेव का धनुष फूलों का बना हुआ है। इस धनुष की कमान स्वर-विहीन होती है। यानी कामदेव जब

कमान से तीर छोड़ते हैं तो उसकी आवाज नहीं होती। इसका मतलब यह अर्थ भी समझा जाता है कि काम में शालीनता जरूरी है। तीर कामदेव का सबसे महत्त्वपूर्ण शस्त्र है। यह जिस किसी को बेधता है, उसके पहले न तो आवाज करता है और न ही शिकार को सँभलने का मौका देता है। यह मनुष्य को कर्म करने की प्रेरणा देता है। यह मनुष्य को मुक्ति का मार्ग बताता है। यानी काम न सिर्फ सृष्टि के निर्माण के लिए जरूरी है, बल्कि मनुष्य को कर्म का मार्ग बताने और अंत में मोक्ष प्रदान करने का रास्ता सुझाता है। कामदेव के धनुष का लक्ष्य विपरीत लिंगी आकर्षण से बँधकर पूरी सृष्टि संचालित होती है। कामदेव का रूप इतना बलशाली है कि इसकी सुरक्षा नहीं की गई तो उपद्रव ला सकता है इसीलिए यह कवच कामदेव की सुरक्षा से निबद्ध है। यानी सुरक्षित काम प्राकृतिक व्यवहार के लिए आवश्यक माना गया है, ताकि सामाजिक बुराइयों और भयंकर बीमारियों को दूर रखा जा सके।

इतिहास कथाओं में कामदेव के नयन, भौंह और माथे का विस्तृत वर्णन मिलता है। उनके नयनों को बाण या तीर की संज्ञा दी गई है। शारीरिक रूप से नयनों का प्रतीकार्थ ठीक उनके शस्त्र तीर के समान माना गया है। उनकी भौहों को कमान की संज्ञा दी गई है। ये शांत होती हैं, लेकिन इशारों में ही अपनी बात कह जाती हैं। इन्हें किसी संग या सहारे की भी आवश्यकता नहीं होती। कामदेव का माथा धनुष के समान है, जो अपने भीतर चंचलता समेटे होता है; लेकिन यह पूरी तरह स्थिर होता है। माथा पूरे शरीर का सर्वोच्च हिस्सा है। यह दिशा निर्देश देता है।

हाथी को कामदेव का वाहन माना गया है। वैसे कुछ शास्त्रों में कामदेव को तोते पर बैठे हुए भी बताया गया है; लेकिन इसे मूल अवधारणा में शामिल नहीं किया गया है। प्रकृति में हाथी एकमात्र ऐसा प्राणी है, जो चारों दिशाओं में स्वच्छंद विचरण करता है। मादक चाल से चलनेवाला हाथी तीन दिशाओं में देख सकता है और पीछे की तरफ से हलकी सी भी आहट आने पर सँभल सकता है। हाथी हर तरफ का स्वर आसानी से सुन सकता है और अपनी सूँड़ से चारों दिशाओं में वार कर सकता है। ठीक इसी प्रकार कामदेव का चरित्र भी देखने में आता है। ये स्वच्छंद रूप से चारों दिशाओं में घूमते हैं और किसी भी दिशा में तीर छोड़ने को तत्पर रहते हैं। कामदेव किसी भी तरह के स्वर को तुरंत भाँपने का माद्दा भी रखते हैं।

□

13

धन्वंतरि

धन्वंतरि को हिंदू धर्म में देवताओं का वैद्य माना जाता है। वे एक महान् चिकित्सक थे, जिन्हें देवपद प्राप्त हुआ। हिंदू धार्मिक मान्यताओं के अनुसार वे भगवान् विष्णु के अवतार समझे जाते हैं। इनका पृथ्वी लोक में अवतरण

आयुर्वेद के संबंध में सुश्रुत का मत है कि ब्रह्माजी ने पहली बार एक लाख श्लोक के आयुर्वेद का प्रकाशन किया था, जिसमें एक सहस्र अध्याय थे। उनसे प्रजापति ने पढ़ा, तदुपरांत उनसे अश्विनीकुमारों ने पढ़ा और उनसे इंद्र ने पढ़ा। इंद्रदेव से धन्वंतरि ने पढ़ा और उन्हें सुनकर सुश्रुत मुनि ने आयुर्वेद की रचना की।

वेद के संहिता तथा ब्राह्मण भाग में धन्वंतरि का कहीं नामोल्लेख भी नहीं है। महाभारत तथा पुराणों में विष्णु के अंश के रूप में उनका उल्लेख प्राप्त होता है। उनका प्रादुर्भाव समुद्र-मंथन के बाद निर्गत कलश से अंड के रूप में हुआ। समुद्र के निकलने के बाद उन्होंने भगवान् विष्णु से कहा कि लोक में मेरा स्थान और भाग निश्चित कर दें। इस पर विष्णु ने कहा कि 'यज्ञ का भाग तो देवताओं में पहले ही बँट चुका है, अतः यह अब संभव नहीं है। देवों के बाद आने के कारण तुम (देव) ईश्वर नहीं हो। अतः तुम्हें अगले जन्म में सिद्धियाँ प्राप्त होंगी और तुम लोक में प्रसिद्ध होगे। तुम्हें उसी शरीर से देवत्व प्राप्त होगा और द्विजातिगण तुम्हारी सभी तरह से पूजा करेंगे। तुम आयुर्वेद का अष्टांग विभाजन भी करोगे।'

इस वर के अनुसार पुत्र के इच्छुक काशिराज धन्व की तपस्या से प्रसन्न होकर भगवान् विष्णु ने उसके पुत्र के रूप में जन्म लिया और धन्वंतरि नाम धारण किया। धन्व काशी नगरी के संस्थापक काश के पुत्र थे। वे सभी रोगों के निवारण में निष्णात थे। उन्होंने भरद्वाज से आयुर्वेद ग्रहण कर, उसे अष्टांग में विभक्त कर अपने शिष्यों में बाँट दिया। धन्वंतरि की परंपरा इस प्रकार है—

वैदिक काल में जो महत्त्व और स्थान अश्विनीकुमारों को प्राप्त था, वही पौराणिक काल में धन्वंतरि को प्राप्त हुआ। जहाँ अश्विनीकुमारों के हाथ में मधु कलश (सोमरस) था, वहाँ धन्वंतरि को अमृत कलश मिला, क्योंकि विष्णु संसार की रक्षा करते हैं, अतः रोगों से रक्षा करनेवाले धन्वंतरि को विष्णु को अंश माना गया। भगवान् धन्वंतरि की साधना के लिए एक साधारण मंत्र है—

ॐ धन्वंतरये नमः।।

□

14

यमराज

यमराज हिंदू धर्म के अनुसार मृत्यु के देवता हैं। इनका उल्लेख वेद में भी आता हे। इनकी जुड़वाँ बहन यमुना (यमी) है। विश्वकर्मा की पुत्री संज्ञा से भगवान् सूर्य के पुत्र यमराज, श्राद्धदेव मनु और यमुना हुईं। यमराज जीवों के शुभाशुभ कर्मों के निर्णायक हैं। दक्षिण दिशा के इन लोकपाल की संयमनीपुरी समस्त प्राणियों के लिए, जो अशुभकर्मा हैं, बड़ी भयप्रद है।

यम, धर्मराज, मृत्यु, अंतक, वैवस्वत, काल, सर्वभूतक्षय, औदुंबर, दघ्न, नील, परमेष्ठी, वृकोदर, चित्र और चित्रगुप्त—इन चौदह नामों से इन भैंसा सवार दंडधर की आराधना होती है। इन्हीं नामों से इनका तर्पण किया जाता है। चार द्वारों, सात तोरणों तथा पुष्पोदका, वैवस्वती आदि सुरम्य नदियों से पूर्ण अपनी पुरी में पूर्व, पश्चिम

तथा उत्तर के द्वार से प्रविष्ट होने में अपने महाप्रासाद में रत्नासन पर दर्शन देते हैं। दक्षिण द्वार से प्रवेश करनेवाले पापियों को वे तप्त लौह द्वार तथा पूय (मवाद), शोणित (रक्त) एवं क्रूर पशुओं से पूर्ण वैतरणी नदी पार करने पर प्राप्त होते हैं। द्वार से भीतर आने पर वे अत्यंत विस्तीर्ण सरोवरों के समान नेत्रवाले, धूम्रवर्ण, प्रलय मेघ के समान गर्जन करनेवाले, ज्वालामय रोमधारी, बड़े तीक्ष्ण प्रज्वलित दंतयुक्त, सँड़सी जैसे नखोंवाले, चर्म वस्त्रधारी, कुटिल भृकुटि, भयंकरतम वेश में यमराज को देखते हैं। वहाँ मूर्तिमान व्याधियाँ, घोरतर पशु तथा यमदूत उपस्थित मिलते हैं।

दीपावली से पूर्व दिन यमदीप देकर तथा अन्य पर्वों पर यमराज की आराधना करके मनुष्य उनकी कृपा के लिए अर्चना करता है। यमराज हमसे सदा शुभ कर्म की आशा करते हैं। दंड द्वारा जीव को शुद्ध करना ही इनके लोक का मुख्य कार्य है।

□

15

काकभुशुंडि

काकभुशुंडि एक ब्राह्मण थे, जो लोमश ऋषि के शाप से कौआ हो गए थे। वे राम के बड़े भक्त थे। इन्होंने 'भुशुंडि' रामायण की रचना की थी। काकभुशुंडी का प्रथम जन्म अयोध्या में एक शूद्र के घर में हुआ। उस जन्म में वे भगवान् शिव के भक्त थे, किंतु अभिमानपूर्वक अन्य देवताओं की निंदा करते थे। एक बार अयोध्या में अकाल पड़ जाने पर वे उज्जैन चले गए। वहाँ वे एक दयालु ब्राह्मण की सेवा करते हुए उन्हीं के साथ रहने लगे। वे ब्राह्मण भगवान् शंकर के बहुत बड़े भक्त थे, किंतु भगवान् विष्णु की निंदा कभी नहीं करते थे। उन्होंने उस शूद्र को शिवजी का मंत्र दिया। मंत्र पाकर उसका अभिमान और भी बढ़ गया। वे अन्य द्विजों से ईर्ष्या और भगवान् विष्णु से द्रोह करने लगे। उनके इस व्यवहार से ब्राह्मण अत्यंत दु:खी होकर उन्हें श्रीराम की भक्ति का उपदेश दिया करते थे।

एक बार उस शूद्र ने भगवान् शंकर के मंदिर में अपने गुरु, अर्थात् जिस ब्राह्मण के साथ वे रहते थे, का अपमान कर दिया। इस पर भगवान् शंकर ने आकाशवाणी करके उन्हें शाप दे दिया कि रे पापी! तूने गुरु का निरादर किया है, इसलिए तू सर्प की अधम योनि में चला जा और सर्प योनि के बाद तुझे 1,000 बार अनेक योनियों में जन्म लेने पड़ेंगे। गुरु बड़े दयालु थे, इसलिए उन्होंने शिवजी की स्तुति करके अपने शिष्य के लिए क्षमा-प्रार्थना की। गुरु द्वारा क्षमा याचना करने पर भगवान् शंकर ने आकाशवाणी करके कहा, "हे ब्राह्मण! मेरा शाप व्यर्थ नहीं जाएगा। इस शूद्र को 1,000 बार जन्म अवश्य ही लेना पड़ेगा; किंतु जनमने में और मरने में जो दु:सह्य दु:ख होता है वह इसे नहीं होगा और किसी भी जन्म

में इसका ज्ञान नहीं मिटेगा। इसे अपने प्रत्येक जन्म का स्मरण बना रहेगा। जगत् में इसे कुछ भी दुर्लभ न होगा और इसकी सर्वत्र अबाध गति होगी। मेरी कृपा से इसे भगवान् श्रीराम के चरणों के प्रति भक्ति भी प्राप्त होगी।"

इसके पश्चात् उस शूद्र ने विंध्याचल में जाकर सर्प योनि प्राप्त की। कुछ काल बीतने पर उसने उस शरीर को बिना किसी कष्ट के त्याग दिया। वह जो भी शरीर धारण करता था, उसे बिना कष्ट के सुखपूर्वक त्याग देता था, जैसे मनुष्य पुराने वस्त्र को त्यागकर नया वस्त्र पहन लेता है। प्रत्येक जन्म की याद उसे बनी रहती थी। श्रीरामचंद्र के प्रति भक्ति भी उसमें उत्पन्न हो गई। अंतिम शरीर उसने ब्राह्मण का पाया। ब्राह्मण हो जाने पर ज्ञान-प्राप्ति के लिए वह लोमश ऋषि के पास गया। जब लोमश ऋषि उसे ज्ञान देते थे तो वह उनसे अनेक प्रकार के तर्क-कुतर्क करता था। उसके इस व्यवहार से कुपित होकर लोमश ऋषि ने उसे शाप दे दिया कि "जा, तू चांडाल पक्षी (कौआ) हो जा।" वह तत्काल कौआ बनकर उड़ गया। शाप देने के पश्चात् लोमश ऋषि को पश्चात्ताप हुआ और उन्होंने उस कौए को वापस बुलाकर राममंत्र दिया तथा इच्छा-मृत्यु का वरदान भी दिया। कौए का शरीर पाने के बाद ही राममंत्र मिलने के कारण उस शरीर से उन्हें प्रेम हो गया और वे कौए के रूप में ही रहने लगे तथा काकभुशुंडि के नाम से विख्यात हुए।

□

16

गरुड

हिंदू मान्यता के अनुसार गरुड पक्षियों के राजा और भगवान् विष्णु के वाहन हैं। गरुड कश्यप ऋषि और उनकी दूसरी पत्नी विनता की संतान हैं। दक्ष

प्रजापति की कद्रू और विनता नामक दो कन्याएँ थीं। उन दोनों का विवाह कश्यप ऋषि के साथ हुआ। कश्यप ऋषि से कद्रू ने एक हजार नाग-पुत्र और विनता ने केवल दो तेजस्वी पुत्र वरदान के रूप में माँगे। वरदान के परिणामस्वरूप कद्रू ने एक हजार अंडे और विनता ने दो अंडे दिए। कद्रू के अंडों के फूटने पर उसे एक हजार नाग-पुत्र मिल गए। किंतु विनता के अंडे उस समय तक नहीं फूटे। उतावली होकर विनता ने एक अंडे को फोड़ डाला। उसमें से निकलनेवाले बच्चे का ऊपरी अंग पूर्ण हो चुका था, किंतु नीचे के अंग नहीं बन पाए थे। उस बच्चे ने क्रोधित होकर अपनी माता को शाप दे दिया कि ''माता, तुमने कच्चे अंडे को तोड़ दिया है, इसलिए तुम्हें पाँच सौ वर्षों तक अपनी सौत की दासी बनकर रहना होगा। ध्यान रहे, दूसरे अंडे को अपने आप फूटने देना। उस अंडे से एक अत्यंत तेजस्वी बालक होगा और वही तुम्हें इस शाप से मुक्ति दिलाएगा।'' इतना कहकर अरुण नामक वह बालक आकाश में उड़ गया और सूर्य के रथ का सारथि बन गया।

एक दिन कद्रू और विनता की दृष्टि समुद्र-मंथन से निकले हुए उच्चैःश्रवा घोड़े पर पड़ी। कद्रू ने कहा कि उस घोड़े की पूँछ काली है, जबकि विनता से उसे सफेद रंग का बताया। इस पर दोनों में शर्त लगी कि जिसका कथन गलत होगा, उसे दूसरे की दासी बनना होगा। दोनों शर्त मानकर पूँछ देखने गईं। कद्रू ने चुपचाप अपने पुत्रों को उस पूँछ से लिपट जाने की आज्ञा दी। इससे पूँछ काली दिखाई पड़ने लगी। विनता हार मानकर कद्रू की दासी बन गई।

समय आने पर विनता के दूसरे अंडे से महातेजस्वी गरुड़ की उत्पत्ति हुई। उनकी शक्ति और गति अद्वितीय थी। एक दिन कद्रू ने गरुड़ से कहा कि तुम मेरी दासी के पुत्र हो, इसलिए तुम मेरे पुत्रों को घुमाने ले जाओ। गरुड़ को इस पर बहुत क्रोध आया, लेकिन उन्होंने सौतेली माता की आज्ञा मान ली। सर्पों को घुमाते हुए गरुड़ ने उनसे अपनी माता को दासता से मुक्त कर देने के लिये कहा। इस पर सर्पों ने कहा कि यदि तुम हम लोगों के लिए अमृत ला दोगे तो इस तुम्हारी माता को दासता से मुक्त कर देंगे। गरुड़ ने इंद्र सहित सभी देवताओं को परास्त कर अमृत घट उनसे छीन लिया। गरुड़ के पराक्रम से प्रभावित होकर इंद्र ने गरुड़ से मित्रता कर ली। मित्रता हो जाने पर इंद्र बोले, "मित्र, आप इस अमृत घट को मुझे वापस दे दीजिए, क्योंकि आप जिनके लिए इसे ले जा रहे हैं, वे स्वभावतः बहुत दुष्ट हैं।"

इस पर गरुड़ ने कहा, "मुझे पता है, किंतु मैं अपनी माता को दासता से मुक्ति दिलाने हेतु इसे उनके पास ले जा रहा हूँ। आप वहाँ से इसे वापस ला

सकते हैं।'' सहसा उनकी भेंट भगवान् विष्णु से हो गई। विष्णुजी ने गरुड़ से प्रसन्न होकर वर माँगने के लिए कहा। इस पर गरुड़ ने सदा उनकी छत्र च्छाया में बने रहने का वर ले लिया, साथ ही उनके वाहन भी बन गए। इसके पश्चात् गरुड़ ने अमृत घट को सर्पों को देकर अपनी माता विनता को दासता से मुक्ति दिलाई।

अमृत घट को कुशासन पर रखकर सर्प पवित्र होने के लिए स्नान करने चले गए। इसी बीच इंद्र चोरी से उस अमृत घट को उठाकर ले गए।

रावण के पुत्र मेघनाद ने श्रीराम से युद्ध करते हुए उन्हें नागपाश से बाँध दिया था। देवर्षि नारद के कहने पर गरुड़, जो कि सर्पभक्षी थे, ने नागपाश के समस्त नागों को खाकर श्रीराम को नागपाश के बंधन से छुड़ाया। राम के इस तरह नागपाश में बँध जाने पर राम के परब्रह्म होने पर गरुड़ को संदेह हो गया। गरुड़ का संदेह दूर करने के लिए देवर्षि नारद ने उन्हें ब्रह्मा के पास भेजा। ब्रह्मा जी ने उनसे कहा कि तुम्हारा संदेह भगवान् शंकर दूर कर सकते हैं। भगवान् शंकर ने भी गरुड़ को उनका संदेह मिटाने के लिए काकभुशुंडि के पास भेज दिया। अंत में काकभुशुंडिजी ने राम के चरित्र की पवित्र कथा सुनाकर गरुड़ के संदेह को दूर किया।

□

17

सूर्य देव

वैदिक और पौराणिक ग्रंथों में भगवान् सूर्य देव को ब्रह्मस्वरूप और संपूर्ण सृष्टि का आदि कारण कहा गया है। ब्रह्मांड में सबसे पहले सूर्य देव ही ओंकार परब्रह्म के रूप में उत्पन्न हुए। इस कारण जगत् की उत्पत्ति सूर्य देव से ही मानी जाती है और उन्हीं के अधीन सृष्टि का कार्य संपन्न होता है। भगवान् सूर्य ही ब्रह्मा, विष्णु और शिव के रूप में सृष्टि का सृजन, पालन और संहार करते हैं। नव-ग्रहों में ये सबसे प्रमुख देव-ग्रह हैं।

भगवान् सूर्य देव का वर्ण लाल है। ये कमल-पुष्प पर आसीन होते हैं। भगवान् सूर्य की दो भुजाएँ हैं। इनके हाथों में कमल-पुष्प, सिर पर स्वर्ण-मुकुट और गले में रत्नों की माला सुशोभित होती है। इनका वाहन रथ है, जिसे सात घोड़े खींचते हैं। इनके प्रमुख अस्त्र-शस्त्र चक्र, शक्ति, पाश और अंकुश हैं। इनके रथ के आगे समस्त देवगण, ऋषि-मुनि, गंधर्व, नाग, यक्ष आदि इनकी स्तुति करते हुए चलते हैं।

शास्त्रों और धार्मिक ग्रंथों में इनकी उत्पत्ति की कथा इस प्रकार वर्णित है—

महाप्रलय के बाद संपूर्ण ब्रह्मांड जलमग्न होकर शून्य में लीन हो गया। उस समय केवल एक दिव्य प्रकाश-पुंज ब्रह्मांड में स्थित था। यह दिव्य प्रकाश-पुंज ही परब्रह्म भगवान् सूर्य देव थे। बाद में भगवान् सूर्य देव की प्रेरणा से जब ब्रह्माजी ने सृष्टि-रचना का विचार किया तो उन्होंने मनु, दक्ष और मरीचि नामक नरों की रचना की।

ब्रह्माजी ने मरीचि का विवाह अदिति के साथ संपन्न करवाया। मरीचि बाद में कश्यप ऋषि के नाम से विख्यात हुए। महर्षि कश्यप और अदिति दोनों ही

धार्मिक प्रवृत्ति के, सात्त्विक और लोकोपकारी थे। इनसे उत्पन्न होनेवाली संतानें इनके सद्गुणों के कारण देवता कहलाईं।

सत्ताधिकार के लिए दैत्यों और देवताओं में वैमनस्य उत्पन्न होने के कारण दैत्य सदा देवताओं पर आक्रमण करके युद्ध करते रहते थे।

एक बार इसी प्रकार दैत्य और देवताओं के मध्य भयंकर युद्ध आरंभ हो गया। यह युद्ध अनेक वर्षों तक चला। इस युद्ध के कारण देवताओं और सृष्टि का अस्तित्व संकट में पड़ गया। अंत में देवगण दैत्यों से पराजित हो गए और अपनी जान बचाकर वन-वन भटकने लगे। देवताओं की यह दुर्दशा देखकर देव-माता अदिति और महर्षि कश्यप दुःखी रहने लगे।

एक बार देवर्षि नारदजी घूमते-घूमते महर्षि कश्यप के आश्रम में आ

पहुँचे। वहाँ देव-माता अदिति और महर्षि कश्यप को व्याकुल देखकर वह बोले, "हे देव-माता! आप इस प्रकार चिंतित क्यों दिखाई दे रही हैं? महर्षि कश्यप भी इसी प्रकार व्याकुल और चिंतित हैं। आपको क्या कष्ट व्याकुल कर रहा है? कृपा करके बताएँ, माता?"

माता अदिति बोलीं, "हे देवर्षि! आप जानते हैं कि दैत्यों ने युद्ध में देवताओं को शक्तिहीन करके पराजित कर दिया है। इंद्र आदि सभी देवता अपने प्राणों की रक्षा हेतु वन-वन भटक रहे हैं। दैत्यों के शक्ति-संपन्न होने के कारण सृष्टि और देवताओं का अस्तित्व संकट में पड़ गया है। हमें इनकी रक्षा करने का कोई उपाय नहीं सूझ रहा। इसलिए हम चिंतित और व्याकुल हैं।"

नारदजी बोले, "हे देव-माता! आप इस तरह व्याकुल न हों। विधि के विधान में जो लिखा है, वह अवश्य होगा। इसे न तो आप बदल सकते हैं और न ही कोई अन्य। किंतु इस संकट से बचने का एक उपाय है। आप भगवान् सूर्यनारायण की उपासना करके उन्हें प्रसन्न करें और उनसे पुत्र-रूप में प्रकट होने का वरदान प्राप्त करें। भगवान् सूर्यनारायण के तेज के समक्ष ही दैत्य पराजित हो सकते हैं और देवताओं की रक्षा की जा सकती है।"

नारदजी के उपदेशानुसार देव-माता अदिति भगवान् सूर्यनारायण को प्रसन्न करने के लिए कठोर तप करने लगीं। उसकी तपस्या अनेक वर्षों तक चली।

अंत में उसके तप से प्रसन्न होकर भगवान् सूर्यनारायण प्रकट हुए और बोले, "हे पुत्री! तुम्हारी तपस्या से मैं अत्यंत प्रसन्न हूँ। तुमने सच्ची भक्ति और लगन के बल से वर प्राप्त करने का अधिकार पा लिया है। माँगो, तुम वरदान में क्या चाहती हो? मैं तुम्हारी समस्त मनोकामनाएँ पूर्ण करूँगा।"

भगवान् सूर्यनारायण को अपने समक्ष देखकर अदिति भाव-विभोर हो गईं। उन्होंने सर्वप्रथम पुष्पों और सूर्य-श्लोक से सूर्य भगवान् की स्तुति की। तत्पश्चात् बोलीं, "हे परब्रह्म सूर्य देव! आप सभी की इच्छाएँ पूर्ण करनेवाले हैं। आपकी पूजा-आराधना करनेवाला कभी निराशा नहीं होता। मेरी केवल यह विनती है कि आप मेरे पुत्र के रूप में उत्पन्न होकर देवताओं की रक्षा करें।"

अदिति के वर माँगने पर सूर्य नारायण बोले, "तथास्तु! मैं तुम्हारे पुत्र के रूप में जन्म लेकर दैत्यों का नाश करूँगा। तुम्हारे गर्भ से उत्पन्न होने के कारण मेरा वह रूप 'आदित्य' नाम से विख्यात होगा और सृष्टि के अंत तक ब्रह्मांड में विद्यमान रहेगा।"

अदिति को मन-वांछित वर देकर भगवान् सूर्य वहाँ से अंतर्धान हो गए। वर-प्राप्ति के बाद अदिति महर्षि कश्यप के साथ प्रतिदिन सूर्य-उपासना करने

लगीं। कुछ दिनों के बाद भगवान् सूर्य नारायण का तेज अदिति के गर्भ में स्थापित हो गया।

एक बार महर्षि कश्यप और अदिति में किसी बात को लेकर विवाद उत्पन्न हो गया। यह विवाद बढ़ता चला गया। तब क्रोध में आकर महर्षि कश्यप ने अदिति को अपशब्द कहते हुए उत्पन्न होनेवाले पुत्र के लिए 'मृत' शब्द का उच्चारण कर दिया।

महर्षि कश्यप ने जैसे ही 'मृत' शब्द का उच्चारण किया, तभी अदिति के शरीर से एक तेजयुक्त दिव्य प्रकाश-पुंज निकल कमल के पुष्प के ऊपर स्थित हो गया। इस दिव्य प्रकाश-पुंज में से निकलनेवाली भयंकर अग्नि की लपटों से संपूर्ण ब्रह्मांड में हाहाकार मच गया। दिव्य पिंड को देखकर महर्षि कश्यप अत्यंत भयभीत हो गए और वे सूर्य देव से क्षमा-याचना करने लगे।

कश्यप की क्षमा-याचना से द्रवित होकर अंत में सूर्य देव प्रकट होकर बोले, "हे कश्यप! तुमने क्रोध के अधीन होकर अपने पुत्र के लिए 'मृत' शब्द का उच्चारण कर दिया। ऋषि के मुख से निकले वचन को सत्य होना ही चाहिए।"

सूर्यनारायण की बात सुनकर कश्यप लज्जित होते हुए बोले, "हे प्रभु! क्रोधित होने के कारण मुझसे यह अपराध अनजाने में हो गया। हे दयानिधान! आप क्षमाशील हैं, कृपया मुझे क्षमा प्रदान करें।"

तब भगवान् सूर्य नारायण कश्यप को क्षमा करते हुए बोले, "हे महर्षि! मैं तुम्हारे अपराध को क्षमा करता हूँ। अब तुम इस प्रकाश-पुंज की नियमित आराधना करो। उचित समय पर इसमें से एक दिव्य बालक जन्म लेगा और तुम्हारी समस्त इच्छाओं को पूर्ण करने के बाद ब्रह्मांड के मध्य में स्थित हो जाएगा।" यह कहकर सूर्य भगवान् वहाँ से अंतर्धान हो गए।

कश्यप और अदिति ने प्रकाश-पुंज को भगवान् सूर्य का अंश मानकर वेद-मंत्रों द्वारा उसकी स्तुति आरंभ कर दी। उचित समय पर उसमें से एक कांति-युक्त, तेजस्वी और दिव्य बालक उत्पन्न हुआ। इसके शरीर से दिव्य तेज निकल रहा था। इसके आलोक से संपूर्ण पृथ्वी, दसों दिशाएँ और ब्रह्मांड आलोकित हो उठा।

यही बालक सूर्य देवता, आदित्य और मार्तण्ड आदि नामों से प्रसिद्ध हुआ। जन्म लेने के बाद बालक ने अपने माता-पिता, कश्यप और अदिति को प्रणाम किया और उनसे अपने जन्म का उद्देश्य पूछा।

तब देव-माता अदिति बोलीं, "हे पुत्र! तुम्हारा जन्म सृष्टि की रक्षा के लिए

हुआ है। दैत्यों ने देवताओं को पराजित करके तीनों लोकों में अपना राज्य स्थापित कर लिया है। उनके अत्याचारों से मनुष्य, ऋषि-मुनि, देवताओं में हाहाकार मच गया है। तुम्हारा कर्तव्य व धर्म उनकी रक्षा करना और उनका पालन करना है।''

माता से अपने जीवन का उद्‌देश्य जानकर आदित्य ने भगवान् सूर्य नारायण का स्मरण किया। सूर्य देव का स्मरण करते ही उसके हाथों में अंकुश, चक्र, पाश आदि अस्त्र-शस्त्र प्रकट हो गए। तत्पश्चात् माता-पिता से युद्ध में जाने की अनुमति लेकर आदित्य देवताओं को एकत्रित करने के लिए चल पड़ा।

आदित्य वन-वन जाकर देवताओं को एकत्रित करने लगा। आदित्य के तेजस्वी और बलशाली स्वरूप को देखकर इंद्र आदि देवता अत्यंत प्रसन्न हुए। उन्हें विश्वास हो गया कि आदित्य उन्हें दैत्यों के अत्याचारों से अवश्य मुक्ति दिलाएगा। उन्होंने सहर्ष आदित्य को अपना अधिपति स्वीकार कर लिया।

आदित्य के नेतृत्व में सभी देवताओं ने दैत्यों पर आक्रमण कर दिया। दोनों पक्षों में भयंकर युद्ध छिड़ गया। आदित्य के तेज के समक्ष दैत्य अधिक समय तक नहीं टिक पाए। शीघ्र ही दैत्यों के पाँव उखड़ गए। वे अपनी जान बचाकर पाताललोक में भाग गए। सूर्य देव के आशीर्वाद से स्वर्गलोक पर पुनः देवताओं का अधिकार हो गया। सभी देवताओं ने आदित्य को जगत्-पालक और ग्रहराज के रूप में स्वीकार किया।

सृष्टि को दैत्यों के अत्याचारों से मुक्त करके भगवान् आदित्य सूर्य के रूप में ब्रह्मांड के मध्य में स्थित हो गए और वहीं से संपूर्ण ब्रह्मांड का कार्य-संचालन करने लगे।

यम को वरदान

दैत्यों और देवताओं के युद्ध में सूर्य देव की कृपा से देवताओं की विजय हुई और स्वर्ग पर पुनः देवताओं का राज्य स्थापित हो गया। सूर्य देव जब सुकुमार अवस्था के थे तब विश्वकर्मा ने उन्हें हर प्रकार से सुयोग्य और सुपात्र मानकर अपनी पुत्री संज्ञा का विवाह उनके साथ कर दिया। उनके विवाह में सभी देवगण, ऋषि-मुनि, गंधर्व आदि सम्मिलित हुए।

विवाह के पश्चात् संज्ञा की तीन संतानें मनु, यम और यमुना उत्पन्न हुईं। संध्या अत्यंत कोमल और शांत प्रकृति की थी, इस कारण वह सूर्य देव के तेज को अधिक दिनों तक सहन न कर सकी। तब उसने योगबल के माध्यम से अपनी छाया को जीवंत बनाकर उसे सूर्य भगवान् की सेवा में रहने के लिए कहा और

स्वयं उत्तराकुश में जाकर तपस्या में लीन हो गई। संज्ञा के इस प्रतिरूप का एक नाम 'सम्वर्णा' भी था।

छाया में संज्ञा के समस्त गुणों का समावेश था, इसलिए सूर्य देव को इस परिवर्तन का ज्ञान नहीं हुआ। वह उसे संज्ञा समझकर व्यवहार करते रहे।

कुछ वर्षों के बाद छाया की अपनी संतान हुई। तब उसके स्वभाव में पक्षपात उत्पन्न हो गया। वह अपनी संतानों से विशेष मोह रखती, किंतु संज्ञा की संतानों की उपेक्षा कर देती। उसके इस व्यवहार को देखकर यम उससे अत्यंत क्रोधित रहते।

एक बार यम और छाया के मध्य इसी कारण वाद-विवाद हो गया। विवाद बढ़ने के साथ-साथ यम का क्रोध भी बढ़ता गया। अंत में यम ने कुपित होकर उस पर चरण-प्रहार कर दिया। यम के इस आचरण से छाया का भी क्रोध बढ़ गया और उसने यम को प्रेतों का अधिपति होने का शाप दे डाला।

जब सूर्य देव को छाया की वास्तविकता और यम को दिए शाप का पता चला तो उन्होंने यम को वरदान दिया कि 'आज से तुम धर्मराज के पद पर आसीन होकर मनुष्यों को उनके अच्छे-बुरे समस्त कर्मों का फल प्रदान करोगे।' इस प्रकार भगवान् सूर्य देव ने यम को वरदान देकर छाया के शाप को क्षीण कर दिया।

बाद में विश्वकर्मा ने सूर्य का तेज कम कर दिया, जिसके फलस्वरूप संज्ञा भगवान् सूर्य देव के पास आकर रहने लगी।

लोलार्क रूप की स्थापना

एक बार भगवान् शिव काशी नगरी का भ्रमण कर रहे थे। भ्रमण करते हुए उनकी दृष्टि वहाँ के राजा दिवोदास पर पड़ी। दिवोदास बड़ा धर्मपरायण, सात्त्विक और सदाचारी था। उस समय भी वह भक्ति-भाव से धर्म-कर्म के कार्यों में व्यस्त था।

उसकी धर्मपरायणता देखकर शिवजी के मन में उसकी परीक्षा लेने का विचार उठा। यह विचार लिये हुए ही वह वापस कैलास लौट आए। वहाँ भगवान् सूर्य देव शिवजी से मिलने के लिए कैलास पर उपस्थित थे। भगवान् सूर्य देव को देख शिवजी ने उन्हें आसन प्रदान किया और बोले, "हे सूर्य देव! काशी के राजा दिवोदास बहुत धर्मपरायण हैं। उनके दान-पुण्य के लिए उनकी ख्याति विश्व भर में फैली हुई है। मेरी इच्छा है कि आप वहाँ जाकर उनकी परीक्षा लेकर सत्यता की परख करें।"

भगवान् सूर्य बोले, "हे भगवन्! मैं स्वयं आपकी काशी नगरी के निकटतम दर्शन को लालायित था। आपकी कृपा से मुझे यह सुअवसर प्राप्त हुआ है।"

भगवान् सूर्य देव एक भिक्षुक का वेश धारण करके काशी पहुँचे। वहाँ उन्होंने चारों ओर राजा दिवोदास की दानवीरता के अनेक किस्से सुने। वे एक मंदिर में पहुँचे। वहाँ अनेक साधु-संन्यासी दिखाई दिए, जिनके मुखमंडल पर तृप्ति की झलक थी। उन्होंने मंदिर के पुजारी को प्रणाम किया और उससे पूछा, "हे ब्राह्मण देवता! काशी में प्रत्येक व्यक्ति के मुख पर ऐश्वर्य, वैभव और सुख के लक्षण दिखाई देते हैं। ऐसा किस कारण से है?"

पुजारी बोला, "हे भिक्षुक! तुम इस नगर में नए आए हो, तभी यह प्रश्न कर रहे हो। यह संपूर्ण ऐश्वर्य और वैभव यहाँ के राजा दिवोदास द्वारा प्रदान किया हुआ है। उनके होते कोई भी मनुष्य इस नगरी में दुःख नहीं उठा सकता।"

सूर्य देव बोले, "पुजारीजी, क्या वे मेरी भी इच्छा पूर्ण करेंगे?"

पुजारी हँसते हुए बोला, "हाँ-हाँ, क्यों नहीं। तुम कल सुबह इस मंदिर में आ जाना। आरती के पश्चात् राजा दिवोदास सभी को बिना पक्षपात दान देते हैं। उस दान से तुम्हारी समस्त इच्छाएँ पूर्ण हो जाएँगी।"

दूसरे दिन भगवान् सूर्य देव भिक्षुक के वेश में मंदिर पहुँच गए। वहाँ राजा दिवोदास पहले से ही उपस्थित था। उसने सर्वप्रथम भगवान् की पूजा-आराधना की, उसके पश्चात् दान-पुण्य का कार्य आरंभ किया। दान देते-देते जब वह भिक्षुक बने सूर्य देव के निकट पहुँचा तो उसे भिक्षुक के शरीर से एक दिव्य प्रकाश निकलता दिखाई दिया। वह समझ गया कि यह कोई साधारण भिक्षुक नहीं है। उसने भिक्षुक से उसकी इच्छा पूछी।

तब भिक्षुक रूपी भगवान् सूर्य देव बोले, "हे राजन्! मेरी इच्छा है कि तुम मुझे राज-अतिथि बनाकर अपने राजमहल में रखो और मेरी संपूर्ण इच्छाएँ पूर्ण करो।"

भिक्षुक की बात सुनकर राजा दिवोदास ने मुसकराते हुए उन्हें राज-अतिथि बनाना स्वीकार कर लिया। राज-अतिथि बनने के बाद सूर्य देव ने राजा दिवोदास की भिन्न-भिन्न प्रकार से परीक्षाएँ लेनी आरंभ कर दीं। किंतु उन्हें दिवोदास के व्यवहार में कहीं भी धर्म-विमुखता अथवा त्रुटि दिखाई नहीं दी।

अंत में राजा दिवोदास की सत्यता और सात्त्विकता से प्रसन्न होकर भगवान् सूर्य देव ने उन्हें साक्षात् दर्शन दिए और उससे वर माँगने को कहा। भगवान् सूर्य देव को प्रत्यक्ष देखकर दिवोदास ने उनकी चरण-वंदना की और बोले, "हे भगवन्! मैं आपसे यह वर माँगता हूँ कि आपका एक अंश काशी में निवास करे

और जो भी भक्त यहाँ आपके दर्शन करे, वह सदा सुखी, रोग-मुक्त एवं ऐश्वर्य-युक्त रहे।''

भगवान् सूर्य देव स्वयं भी महादेव की नगरी में निवास करने के लिए लालायित थे। अतः दिवोदास की बात सुनकर भगवान् सूर्य देव का एक अंश काशी में 'लोलार्क' के नाम से स्थापित हो गया।

सूर्य देव की स्यमंतक मणि

महाराज यदु की वंश-परंपरा में एक बहुत ही प्रतापी और धर्म-परायण राजा सत्राजित हुआ। सत्राजित भगवान् सूर्य देव का अनन्य भक्त था। वह प्रातःकाल स्नानादि के बाद नदी के किनारे सूर्य देव की उपासना करता था।

एक बार सत्राजित के मन में यह विचार उठा कि 'जिन भगवान् की मैं पूजा करता हूँ, वे देखने में कैसे हैं? उनका स्वरूप कैसा है? मैं भगवान् सूर्य देव के साक्षात् दर्शन करके ही रहूँगा।' यह विचार कर उसने वन में कठोर तपस्या आरंभ कर दी। सैकड़ों वर्षों तक तपस्या करने के बाद भगवान् सूर्य देव प्रसन्न हुए और उसके समक्ष साक्षात् प्रकट हुए।

सूर्य देव प्रकट होकर सत्राजित से बोले, ''हे वत्स! मैं तुम्हारे समक्ष अपने पूरे स्वरूप में प्रकट हुआ हूँ। अपनी आँखें खोलकर मेरे स्वरूप के दर्शन करो।''

भगवान् सूर्य देव की बात सुनकर जैसे ही सत्राजित ने अपने नेत्र खोले, उसे चारों ओर प्रकाश-ही-प्रकाश दिखाई दिया। इस कारण वह उनका स्पष्ट दर्शन नहीं कर सका।

तब वह बोला, ''हे प्रभु! मैं दिव्य प्रकाश के कारण आपके दर्शन नहीं कर पा रहा हूँ। कृपया ऐसा उपाय करें कि मैं आपके स्पष्ट दर्शन कर सकूँ। अन्यथा मेरा यह तप व्यर्थ चला जाएगा।''

सत्राजित की दुविधा देखकर सूर्य देव ने अपने गले में से स्यमंतक मणि निकाल दी। मणि के निकलते ही सूर्य देव स्पष्ट दृष्टिगोचर होने लगे। तब सत्राजित ने भगवान् सूर्य देव के साक्षात् दर्शन किए और उनकी स्तुति की।

जब भगवान् सूर्य देव वापस जाने लगे तो उन्होंने सत्राजित की तपस्या से प्रसन्न होकर उसे स्यमंतक मणि उपहार-स्वरूप दे दी। स्यमंतक मणि प्राप्त करने के बाद सत्राजित ने उसे गले में धारण कर लिया। मणि के प्रभाव से सत्राजित पुनः युवा, बलशाली और देव-तुल्य हो गया।

कुंती को पुत्र-प्राप्ति

एक बार महर्षि दुर्वासा राजा कुंतिभोज के राजमहल में गए। दुर्वासा ऋषि को अपने दरबार में देखकर कुंतिभोज ने उनका आदर-सत्कार किया और कुछ दिनों के लिए वहाँ ठहरने की प्रार्थना की। दुर्वासा ऋषि ने राजा की प्रार्थना को सहज ही स्वीकार कर लिया। कुंतिभोज की कुंती नाम की एक पुत्री थी। उन्होंने उसे दुर्वासा ऋषि की सेवा का भार सौंप दिया।

कुंती ने बिना किसी त्रुटि के दुर्वासा ऋषि की दिन-रात सेवा की। कुंती की सेवा से दुर्वासा ऋषि अत्यंत प्रसन्न हुए। जब वे वहाँ से प्रस्थान करने लगे तो बोले, "हे पुत्री! तुमने बड़े मनोयोग से मेरी सेवा की है। तुम्हारे सेवा-भाव से मैं अत्यंत प्रसन्न हूँ और तुम्हें एक वर देना चाहता हूँ। माँगो, तुम्हें क्या वर चाहिए?"

कुंती बोली, "ऋषिवर, यदि आप मुझसे प्रसन्न हैं तो कृपया यह वर दीजिए कि मैं जिस भी देवता का स्मरण करूँ, वह साक्षात् मेरे समक्ष उपस्थित हो जाए।"

दुर्वासा ऋषि कुंती को वांछित वर प्रदान करते हुए बोले, "पुत्री, कभी इसका दुरुपयोग मत करना, अन्यथा दुष्परिणाम भुगतना पड़ेगा।"

दुर्वासा ऋषि के जाने के बाद कुंती उनकी चेतावनी को भूल गई और उसने प्राप्त वर की परीक्षा करने का निश्चय किया। अगले दिन स्नानादि के बाद उसने सूर्य देव का आवाहन किया। तत्काल ही सूर्य देव वहाँ उपस्थित हो गए और उससे वहाँ बुलाने का कारण पूछते हुए बोले, "हे देवी! तुमने मुझे किस कार्य के लिए बुलाया है?"

कुंती चंचलतावश हँसते हुए बोली, "हे सूर्य देव! मैंने दुर्वासा ऋषि के वर की परीक्षा के लिए आपका स्मरण किया था। मुझे आपसे कोई कार्य नहीं है।"

कुंती की बात सुनकर सूर्य देव बोले, "हे देवी! आपको ऋषि-मुनियों पर कदापि संदेह नहीं करना चाहिए और न ही बिना किसी कारण के सृष्टि के कार्य में बाधा डालनी चाहिए।"

सूर्य देव की बात सुनकर कुंती गर्वपूर्ण शब्दों में बोली, "हे सूर्य देव! मुझे किसी भी देवता को कभी भी यहाँ बुलाने का वर प्राप्त है। आप मुझे इस प्रकार उपदेश न दें। यदि मेरी इच्छा होगी तो देवताओं को यहाँ आना होगा।"

कुंती की बात सुनकर सूर्य देव विचलित होकर बोले, "कुंती, तुमने न केवल मेरा अपमान किया है वरन् सृष्टि के नियमित चक्र में भी अकारण ही व्यवधान डाला है। मैं तुम्हें कुँवारी माँ बनने का शाप (वर) देता हूँ। यह शाप

जीवन के अंत तक तुम्हें इस दुर्व्यवहार की याद दिलाएगा।''

सूर्य देव के शाप से कुंती से एक बालक का जन्म हुआ, जिसे लोक-लाज के भय से उसने नदी में प्रवाहित कर दिया। यही बालक आगे चलकर 'कर्ण' कहलाया। सूर्य-पुत्र होने के कारण कर्ण सूर्य के समान तेजवान् और तपस्वी था। संसार में वह दानवीर कर्ण के नाम से विख्यात हुआ।

सूर्य-मंत्र और आराधना

सूर्य-उपासना में सूर्य-मंत्रों का विशेष महत्त्व है। सूर्य देव को शीघ्र प्रसन्न करने के लिए ये मंत्र अत्यंत प्रभावशाली हैं। सूर्य देव की मंत्र-स्तुति के लिए इनमें से किसी भी मंत्र का उच्चारण करना चाहिए–

'ॐ घृणिः सूर्याय नमः।''
'ॐ घृणिः सूर्य आदित्य।''
'ॐ स्रीं स्रीं सूर्याय नमः।''
'ॐ स्रां स्रीं स्रौं सः सूर्याय नमः।''

भगवान् सूर्य देव के ये मंत्र शुभकारी और फलदायक हैं। इन मंत्रों के जप से भक्त को ऐश्वर्य, भोग और मान-सम्मान की प्राप्ति होती है। इन मंत्रों का नियमित जप भक्त के लिए मोक्ष के द्वार खोलता है।

□

18

चंद्रदेव

चंद्रदेव को नवग्रहों में द्वितीय स्थान प्राप्त है। ये महर्षि अत्रि और अनसूया के पुत्र हैं। इन्हें वनस्पतियों, औषध, जल तथा ब्राह्मणों का राजा कहा गया है। इनका वर्ण गौर है। वर्ण के समान ही इनके वस्त्र, रथ और अश्व भी श्वेत हैं।

कमल के आसन पर विराजमान चंद्रदेव के मस्तक पर स्वर्ण मुकुट और गले में मोतियों की माला सुशोभित है। इनका एक हाथ गदायुक्त और दूसरा हाथ वर–मुद्रा में है। भगवान् चंद्रदेव सोलह कलाओं से युक्त हैं। द्वापर युग में भगवान् श्रीकृष्ण ने भी इन्हीं के वंश में अवतार लिया था। इस कारण वे चंद्रमा के समान

सोलह कलाओं से युक्त थे।

चंद्रदेव की प्रतिकूलता के परिणामस्वरूप जातक को मानसिक कष्ट और श्वास संबंधी रोगों का सामना करना पड़ता है। इनकी शांति और कृपा-दृष्टि प्राप्त करने के लिए मनुष्य को शिव-उपासना और सोमवार का व्रत रखना चाहिए।

शास्त्रों और धार्मिक ग्रंथों में चंद्रदेव की उत्पत्ति की कथा इस प्रकार वर्णित है—

प्राचीन काल में पृथ्वी पर अत्रि नामक एक महर्षि हुए। उनका विवाह सती अनसूया के साथ संपन्न हुआ। विवाह के उपरांत दोनों ऋषि दंपती प्रभु की साधना में लीन रहने लगे और उनसे संतान-प्राप्ति की प्रार्थना करने लगे। किंतु विवाह के अनेक वर्षों के पश्चात् भी उन्हें संतान का सुख प्राप्त नहीं हुआ। इस कारण ऋषि दंपती निराश रहने लगे।

एक दिन देवर्षि नारद विचरण करते हुए वहाँ पहुँचे। महर्षि अत्रि और अनसूया को शोक-मग्न देखकर उन्होंने कारण पूछा।

महर्षि अत्रि ने अपने शोक का कारण बताते हुए कहा, "हे देवर्षि! संतान के अभाव ने हमें विचलित कर रखा है। आप ही इसका कोई उपाय बताएँ।" देवर्षि नारद ने उन्हें ब्रह्माजी की शरण में जाने का परामर्श दिया।

महर्षि अत्रि अपनी दिव्य शक्तियों के माध्यम से ब्रह्म-लोक गए। जब ब्रह्माजी ने उनसे वहाँ आने का कारण पूछा तो वह बोले, "हे परमपिता ब्रह्मदेव! आप तो जानते ही हैं कि शास्त्रों के अनुसार जब तक मनुष्य को संतान की प्राप्ति नहीं होती, तब तक मृत्यु के बाद उसकी सद्गति नहीं होती। मुझे यही बात विचलित कर रही है कि मृत्यु उपरांत हमारे वंश का नाम लेनेवाला कोई नहीं रहेगा। अत: हे देव! आप मुझे इस संकट से निकलने का उपाय बताएँ।"

महर्षि अत्रि का कथन सुनकर ब्रह्मदेव बोले, "हे महर्षि! इस प्रकार विचलित न हों। आपके हाथ की रेखाओं में पुत्र-योग निश्चित है। आपका वह पुत्र संसार में आपके नाम और वंश को सृष्टि के अंत तक जीवंत बनाए रखेगा। आपका यह पुत्र दिव्य तेज और दैवी शक्तियों से संपन्न होगा। अत: उसकी प्राप्ति के लिए आपको कठोर तपस्या द्वारा त्रिदेवों का आशीर्वाद प्राप्त करना होगा।"

ब्रह्माजी से संतान-प्राप्ति का आश्वासन पाकर महर्षि अत्रि अपने आश्रम में लौट आए और त्रिदेवों को प्रसन्न करने के लिए कठोर तप करने लगे। उन्होंने अनेक वर्षों तक कठोर तप किया। तपस्या की कठोरता और दृढ़ निश्चय के कारण सृष्टि में हाहाकार मच गया। अंत में त्रिदेवों को महर्षि के समक्ष उपस्थित होना पड़ा। त्रिदेवों को साक्षात् देखकर महर्षि अत्रि ने उनकी स्तुति की, तत्पश्चात् उनसे

पुत्र-प्राप्ति का वरदान माँगते हुए बोले, "हे त्रिदेवो! मेरी तपस्या का उद्‌देश्य केवल संतान की प्राप्ति है। मैं संतान-सुख के अतिरिक्त अन्य कोई सुख नहीं चाहता। आप मुझे संतान प्रदान करने का आशीर्वाद देकर कृतार्थ करें। मेरी केवल यही विनती है। मैं अपनी तपस्या के बदले में यही फल चाहता हूँ।"

त्रिदेवों ने महर्षि अत्रि को पुत्र-युक्त होने का आशीर्वाद दिया। आशीर्वाद के प्रभाव के कारण महर्षि अत्रि की समस्त तपस्या का तेज उनके मस्तक में एक प्रकाश-पुंज के रूप में एकत्रित हो गया। धीरे-धीरे यह प्रकाश-पुंज कमल-पुष्प पर आसीन होकर एक दिव्य बालक के रूप में प्रकट हुआ। उस बालक के शरीर से दिव्य कांति फूट रही थी।

बालक ने प्रकट होकर त्रिदेवों को प्रणाम किया और उनकी स्तुति की। बालक की स्तुति से प्रसन्न होकर विष्णुजी ने बालक चंद्रमा को सोलह कलाओं की शक्तियाँ प्रदान कीं। ब्रह्माजी ने उसे ग्रहों में श्रेष्ठ स्थान प्रदान करते हुए औषधियों, बीज, जल और ब्राह्मणों का राजा घोषित किया। शिवजी ने उसे मुकुट-रूप में अपने मस्तक पर धारण किया।

बालक को आशीर्वाद देने के बाद त्रिदेव बोले, "हे महर्षि! आज से यह बालक चंद्रमा के नाम से विख्यात होगा। ग्रहों में इसे श्रेष्ठ स्थान प्राप्त होगा। संपूर्ण ब्रह्मांड में परिक्रमा करते हुए यह सृष्टि के कल्याण का कार्य करेगा। जब तक सृष्टि विद्यमान रहेगी तब तक यह ब्रह्मांड में सुशोभित रहेगा।"

इस प्रकार चंद्रदेव का इस सृष्टि में उद्‌भव हुआ। नव-ग्रहों में केवल चंद्रदेव ही त्रिदेवों के सबसे प्रिय ग्रह हैं।

चंद्रमा को शाप

चंद्रदेव का विवाह दक्ष प्रजापति की सत्ताईस कन्याओं के साथ हुआ। वे कन्याएँ थीं–'अश्विनी, भरणी, कृत्तिका, रोहिणी, मृगशिरा, आर्द्रा, पुनर्वसु, पुष्य, आश्लेषा, मघा, पूर्वा फाल्गुनी, उत्तरा फाल्गुनी, हस्त, चित्रा, स्वाति, विशाखा, अनुराधा, ज्येष्ठा, मूल, पूर्वाषाढ़, उत्तराषाढ़, श्रवण, धनिष्ठा, शतभिषा, पूर्वा भाद्रपद, उत्तरा भाद्रपद और रेवती। ये सत्ताईस नक्षत्रों के रूप में भी जानी जाती हैं।

चंद्रदेव को पति-रूप में प्राप्त करके दक्ष-कन्याएँ अत्यंत प्रसन्न हुईं। किंतु उन सभी पत्नियों में से चंद्रदेव रोहिणी को सबसे अधिक प्रेम करते थे। इससे उनकी अन्य पत्नियाँ दुःखी रहने लगीं। जब चंद्रदेव के व्यवहार में कोई अंतर नहीं आया तो वे सभी अपने पिता दक्ष प्रजापति के पास गईं और उनसे विनती करते

हुए बोलीं, ''हे पिताश्री! आपने हमारा विवाह चंद्रदेव से करके पितृ-धर्म का पालन किया है। किंतु चंद्रदेव रोहिणी से अधिक प्रेम और हमारे साथ उपेक्षा का व्यवहार करते हैं। उनके इस व्यवहार से हम सभी बहुत दुःखी हैं। कृपया आप चंद्रदेव को पति-धर्म का पालन करने के लिए प्रेरित करें।''

दक्ष प्रजापति ने चंद्रदेव को समझाने का निश्चय किया और चंद्रलोक की ओर चल पड़े।

दक्ष प्रजापति को देखकर चंद्रदेव ने उनका स्वागत किया और पूछा, ''हे प्रजापति! आप यहाँ किस उद्देश्य से आए हैं? अवश्य ही कोई आवश्यक कार्य आन पड़ा है। कृपया बताएँ, मैं आपकी क्या सेवा कर सकता हूँ?''

दक्ष प्रजापति अपने आने का प्रयोजन बताते हुए बोले, ''हे पुत्र चंद्र! मैं तुम्हारे पास अपनी पुत्रियों की करुण व्यथा लेकर आया हूँ। तुम निर्मल कुल में उत्पन्न हुए हो, इस कारण तुम्हारा चित्त भी निर्मल होना चाहिए। अपनी पत्नियों के साथ पक्षपातपूर्ण व्यवहार करना तुम्हें शोभा नहीं देता। इस प्रकार का विषमतापूर्ण व्यवहार करनेवाला मनुष्य नरक का भागी बनता है। अतः तुम्हें इस अपराध से बचना चाहिए। मैं तुम्हारे पास यही विनती लेकर आया हूँ कि तुम अपनी सभी पत्नियों के साथ एक समान व्यवहार करो और उन्हें एक समान सम्मान प्रदान करो।''

दक्ष प्रजापति का उपदेश सुनकर चंद्रमा का मन परिवर्तित हो गया और उसने उनकी आज्ञा-पालन करने का वचन दिया। इसके बाद दक्ष प्रजापति अपनी पुत्रियों को वहाँ छोड़कर वापस अपने राज्य में लौट गए।

दक्ष प्रजापति के कहे अनुसार चंद्रदेव ने अपनी सभी पत्नियों के साथ एक समान व्यवहार करना आरंभ कर दिया। वे सभी को समान रूप से प्रेम करते और उन्हें समान रूप से ही आदर प्रदान करते। किंतु यह परिवर्तन कुछ समय तक ही रहा। धीरे-धीरे उनका व्यवहार पुनः पक्षपातपूर्ण हो गया। वे रोहिणी में अधिक आसक्त हो गए और शेष पत्नियों के साथ उपेक्षा का व्यवहार करने लगे।

चंद्रदेव के व्यवहार से दुःखी होकर वे सभी पुनः दक्ष प्रजापति के पास गईं और उनसे चंद्रदेव को समझाने की प्रार्थना करने लगीं।

इस बार चंद्रदेव के व्यवहार के बारे में सुनकर दक्ष प्रजापति अत्यंत क्रोधित हो गए और क्रोधित अवस्था में ही चंद्रलोक में जा पहुँचे। उस समय चंद्रदेव रोहिणी के साथ प्रेमालाप में निमग्न थे। उन्हें दक्ष प्रजापति की उपस्थिति का आभास ही नहीं हुआ।

अपनी उपेक्षा और चंद्रदेव को इस प्रकार रोहिणी के प्रति आसक्त देख

दक्ष प्रजापति का क्रोध बढ़ गया और वे चंद्रदेव को शाप देते हुए बोले, ''हे दुष्ट चंद्र! शास्त्रों के अनुसार तुम्हें अपनी सभी पत्नियों के साथ एक समान व्यवहार करना चाहिए। मैं स्वयं भी तुमसे कितनी बार प्रार्थना कर चुका हूँ, किंतु तुम पर मेरी प्रार्थना का कोई प्रभाव नहीं हुआ। अतः विवश होकर मैं तुम्हें शाप देता हूँ कि रोहिणी तुम्हारे जिस रूप-सौंदर्य और कलाओं पर आसक्त है, वह पल भर में खंडित हो श्रीहीन हो जाए। मैं तुम्हें शाप देता हूँ कि तुम क्षय रोग से युक्त हो जाओ।''

दक्ष प्रजापति के शाप का असर शीघ्र ही प्रकट हो गया। क्षण भर में ही चंद्रदेव क्षय रोग से पीड़ित होकर श्रीहीन हो गए। चंद्रदेव के श्रीहीन होते ही सृष्टि में चारों ओर हाहाकार मच गया। सृष्टि के चक्र में बाधा उत्पन्न हो गई। सभी मनुष्य, देवता, ऋषि-मुनि इससे भयभीत होकर त्राहि-त्राहि करने लगे।

दक्ष प्रजापति शाप देने के बाद चंद्रलोक से चले गए। तब चंद्रदेव ने कष्ट से पीड़ित होकर देवताओं का आवाहन किया और उनसे इस शाप से मुक्ति पाने का उपाय पूछने लगे।

चंद्रदेव की यह दुर्दशा देखकर इंद्र आदि देवता और वशिष्ठ आदि अनेक ऋषि-मुनि वहाँ उपस्थित हुए और बोले, ''हे देव! आप निराश न हों। दक्ष प्रजापति के इस शाप के अंत का उपाय केवल ब्रह्माजी ही बता सकते हैं। अतः आप हमारे साथ ब्रह्माजी की शरण में चलें।''

महर्षि वशिष्ठ के मतानुसार चंद्रदेव अन्य देवगण के साथ ब्रह्माजी की शरण में पहुँचे और ब्रह्माजी की स्तुति करने के बाद उनसे बोले, ''हे ब्रह्मदेव! दक्ष प्रजापति के शाप के कारण मैं श्रीहीन हो गया हूँ। यह रोग धीरे-धीरे मेरे प्राणों को हर रहा है। इस शाप से मेरी रक्षा करें, प्रभु! मैं आपकी में शरण हूँ।''

चंद्रदेव की करुण प्रार्थना सुनकर ब्रह्म देव बोले, ''हे चंद्रदेव! यह तुम्हारे कर्मों का फल है। यदि तुम दक्ष प्रजापति का परामर्श मानकर अपनी पत्नियों के साथ पक्षपातपूर्ण व्यवहार न करते तो आज तुम्हारी यह दशा न होती। अब तुम्हें केवल महादेव ही इस शाप से मुक्त कर सकते हैं। इसके लिए तुम प्रभास नामक क्षेत्र में देवताओं सहित महामृत्युंजय मंत्र का जप करते हुए भगवान् शिव की पूजा-आराधना करो। भगवान् शिव के आशीर्वाद से तुम्हारे सभी कष्टों का अंत हो जाएगा और तुम पुनः श्रीयुक्त हो जाओगे।''

ब्रह्माजी से शाप-मुक्ति का उपाय जानकर चंद्रदेव अन्य देवताओं के साथ प्रभास नामक क्षेत्र में पहुँचे। वहाँ उन्होंने शिवलिंग की स्थापना की और उसकी विधिपूर्वक पूजा-अर्चना करने के बाद महामृत्युंजय मंत्र का जप आरंभ कर दिया।

यह जप छह मास तक चला। इन छह महीनों में चंद्रदेव ने महामृत्युंजय मंत्र का दस करोड़ बार जप किया।

अंत में चंद्रदेव की तपस्या से प्रसन्न होकर भगवान् शिव वहाँ प्रकट हुए और बोले, ''हे चंद्रदेव! मैं तुम्हारी तपस्या से प्रसन्न हुआ। माँगो, तुम्हें क्या वर चाहिए? मैं तुम्हें मनोवांछित वर प्रदान करने का वचन देता हूँ।''

भगवान् शिव को साक्षात् देख चंद्र अपनी सारी पीड़ा भूल गए और बेल-पत्रों व गंगाजल से उनकी स्तुति करते हुए शिव-मंत्रोच्चारण करने लगे।

स्तुति के बाद वे बोले, ''हे महादेव! मैंने अपनी पत्नियों के साथ पक्षपातपूर्ण व्यवहार करके उन्हें अत्यंत कष्ट पहुँचाया है। दक्ष प्रजापति ने मुझे दंडस्वरूप श्रीहीन होने का शाप दे दिया। हे प्रभु! मैं अपने अपराध का दंड भोग रहा हूँ। आप मुझे इस शाप से मुक्त करने की कृपा करें।''

चंद्रदेव की बात सुनकर भगवान् शिव बोले, ''हे चंद्रदेव! दक्ष प्रजापति का शाप समाप्त नहीं हो सकता। यह शाप तुम्हें भोगना ही होगा; किंतु तुमने मेरी कठोर तपस्या की है, अतः मैं तुम्हें वर देता हूँ कि तुम्हारी कांति एक पक्ष में क्षीण होती जाएगी, किंतु दूसरे पक्ष में पुनः बढ़ने लगेगी।''

दक्ष प्रजापति के शाप के कारण ही पूर्णिमा के बाद पंद्रह दिन तक चंद्रमा का क्षय होता है, फिर भगवान् शिव के आशीर्वाद के कारण अमावस्या से पूर्णिमा तक चंद्रमा धीरे-धीरे उजला होता जाता है।

गणेशजी से शाप

एक बार ब्रह्माजी कैलास पर्वत पर भगवान् शिव के पास आसीन थे। तभी देवर्षि नारद वहाँ आए। नारदजी के पास एक दिव्य अपूर्व फल था। वह फल उन्होंने भगवान् शिव के चरणों में अर्पित कर दिया।

बालक गणेश और कार्त्तिकेय उस फल को पाने का प्रयास करने लगे। जब भगवान् शिव ने उनके इस प्रयास को देखा तो उन्होंने ब्रह्माजी से कहा, ''हे ब्रह्मदेव! नारदजी ने हमें धर्म-संकट में डाल दिया है। फल केवल एक ही है और गणेश व कार्त्तिकेय दोनों ही इसे प्राप्त करना चाहते हैं। अब आप ही बताएँ, यह फल हम किसे दें? हमें इस संकट से निकालें।''

भगवान् शिव की बात सुनकर ब्रह्माजी बोले, ''हे प्रभु! बड़े भाई का अधिकार केवल पिता की वस्तुओं पर होता है, जबकि छोटा भाई पिता के साथ-साथ अपने बड़े भाई के लिए भी पुत्र समान होता है। अतः पिता के

साथ-साथ बड़े भाई की वस्तुओं पर भी छोटे भाई का समान अधिकार होता है। अतः यह फल आप कुमार कार्त्तिकेय को दे दें।''

ब्रह्माजी की बात मानते हुए भगवान् शिव ने वह दिव्य फल कार्त्तिकेय को दे दिया। ब्रह्मदेव के इस निर्णय से गणेशजी अत्यंत क्रोधित हो गए।

कुछ समय कैलास पर बिताने के बाद ब्रह्माजी ब्रह्मलोक में लौट आए और सृष्टि का कार्य आरंभ कर दिया। गणेशजी ब्रह्माजी पर क्रोधित थे, इसलिए उन्होंने सृष्टि के कार्य में बाधा उत्पन्न कर दी और भयंकर रूप धारण कर ब्रह्मा जी को डराने लगे।

गणेशजी के इस भयंकर रूप को देखकर ब्रह्माजी भय से काँपने लगे।

तभी चंद्रदेव अपने गणों के साथ वहाँ से निकले। मूषक पर सवार गणेश जी की भयंकर मुद्रा को देखकर चंद्रदेव को हँसी आ गई। चंद्रदेव को इस प्रकार हँसते देख गणेशजी ने उनसे हँसी का कारण पूछा।

तब चंद्रदेव और भी अधिक तेज हँसते हुए बोले, ''बालक गणेश, तुम इतने बड़े हो और तुम्हारी सवारी एक छोटा सा मूषक है। इस समय तुम्हारा यह रूप उपहास का पात्र बन रहा है, इसलिए मुझे हँसी आ रही है।''

चंद्रदेव को अपनी हँसी उड़ाते देखकर गणेशजी का क्रोध बढ़ गया। उन्होंने चंद्र देव को शाप देते हुए कहा, ''हे दुष्ट चंद्र! किसी भी जीव के आकार को देखकर हँसना असभ्यता का चिह्न है। यह संपूर्ण संसार परमपिता का बनाया हुआ है। उनके द्वारा निर्मित किसी भी जीव का उपहास करना तुम्हें शोभा नहीं देता। तुमने मेरा उपहास उड़ाकर परमपिता की सृष्टि का उपहास उड़ाया है, अतः मैं तुम्हें शाप देता हूँ कि इसी समय तुम्हारी काया अभिशप्त हो जाए। जो भी मानव तुम्हें देखे, वह पाप का भागी हो जाए।''

गणेशजी के जाने के बाद चंद्रमा की काया अभिशप्त हो गई। चंद्रदेव पश्चात्ताप करने लगे और ब्रह्मदेव की स्तुति कर उनसे इस शाप से बचने का उपाय पूछने लगे।

चंद्रदेव की दयनीय दशा को देखकर ब्रह्मदेव बोले, ''हे चंद्रदेव! यद्यपि गणेशजी बालक हैं, तथापि तुम्हें मूर्ख के समान उनका उपहास नहीं उड़ाना चाहिए था। वे सभी देवताओं में श्रेष्ठ और प्रथम पूजा के अधिकारी हैं। उनके शाप को समाप्त करने का अधिकार स्वयं त्रिदेवों में भी नहीं है। अतः तुम्हें यह शाप भोगना ही होगा। इस शाप को केवल गणेशजी ही समाप्त कर सकते हैं। तुम्हें कठोर तप द्वारा उन्हें प्रसन्न करना होगा, तभी इस शाप से तुम्हारी मुक्ति हो पाएगी।''

ब्रह्माजी से शाप-मुक्ति का उपाय जानकर चंद्रदेव गणेशजी को प्रसन्न करने

के लिए तपस्या में लीन हो गए।

अनेक वर्ष बीत गए, किंतु गणेशजी प्रसन्न न हुए। अंत में चंद्रदेव की सहायता के लिए इंद्र आदि देवगण गणेशजी की शरण में पहुँचे और उनसे क्षमा-याचना की।

देवताओं की प्रार्थना से पसीजकर गणेशजी चंद्रदेव के समक्ष प्रकट हुए और बोले, ''आँखें खोलो, चंद्रदेव! मैं तुम्हारी तपस्या से प्रसन्न हूँ और तुम्हें वर प्रदान करने के लिए उपस्थित हुआ हूँ। माँगो, तुम्हें क्या वर चाहिए?''

गणेशजी को देखकर चंद्रदेव की आँखों में आँसू भर आए और वे उनकी स्तुति करते हुए बोले, ''हे प्रभु! आप सभी लोगों का कष्ट हरनेवाले हैं। मैं आपकी शरण में हूँ। मुझ पर कृपा करें। मेरे अपराध क्षमा करें, प्रभु।''

चंद्रदेव की इच्छा जानकर गणेशजी बोले, ''हे चंद्रदेव! कमान से निकले तीर के समान दिया गया शाप भी वापस नहीं लिया जा सकता। किंतु तुम्हारी तपस्या के फलस्वरूप मैं तुम्हें वर देता हूँ कि तुम्हारी काया पुनः पहले के समान कांतियुक्त और अभिशाप से मुक्त हो जाए। तुम केवल भाद्रपद शुक्ल चतुर्थी के दिन ही अदर्शनीय और अभिशप्त रहोगे। इस दिन जो मनुष्य तुम्हारे दर्शन करेगा, वह पाप का भागी होगा। कृष्णपक्ष की चतुर्थी को व्रत रखनेवाले मनुष्यों को तभी फल की प्राप्ति होगी, जब वे मेरे साथ तुम्हारी भी पूजा-आराधना करेंगे।''

वर प्रदान करने के बाद गणेशजी अंतर्धान हो गए।

चंद्रदेव की शांति के लिए नीचे दिए किसी एक चंद्र-मंत्र का जप करना कल्याणकारी और लाभकारी होता है—

ॐ श्रां श्रीं श्रौं सः चंद्राय नमः।

ॐ सों सोमाय नमः।

□

19

मंगल देव

धार्मिक ग्रंथों और पुराणों के अनुसार मंगल पृथ्वी के अंश से उत्पन्न हुए हैं, इसलिए उन्हें भूमि-पुत्र भी कहा गया है। मंगल देव के मस्तक पर स्वर्ण मुकुट और गले में लाल पुष्पों की माला सुशोभित होती है। ये लाल ही रंग के वस्त्र धारण करते हैं। भगवान् विष्णु के समान इनके भी चार भुजाएँ हैं। इनके हाथों में त्रिशूल, गदा, अभय मुद्रा और वरमुद्रा सुशोभित होते हैं। इनका वाहन भेड़ है।

मंगल देव मेष और वृश्चिक राशि के स्वामी हैं। मंगल देव की कृपा-दृष्टि प्राप्त करनेवाले साधकों के सभी कष्टों का अंत हो जाता है और उनकी समस्त इच्छाओं की पूर्ति करते हैं। इनकी महादशा सात वर्षों तक रहती है। महादशा की अशुभता समाप्त करने के लिए मंगलवार के दिन लाल वस्तुओं का दान देकर हनुमान जी की पूजा-आराधना और 'हनुमान-चालीसा' का पाठ करना चाहिए।

वेदों, पुराणों और अन्य धार्मिक ग्रंथों में मंगल देव की उत्पत्ति की कथा इस प्रकार वर्णित है—

महर्षि कश्यप की प्रथम धर्म-पत्नी दिति के गर्भ से दो दैत्य

जुड़वाँ भाइयों के रूप में पैदा हुए। उनका नाम हिरण्याक्ष तथा हिरण्यकशिपु था।

जन्म के उपरांत ही दोनों दैत्यों ने विशालकाय रूप धारण कर लिया। राक्षसी स्वभाव के होने के कारण दोनों राक्षस आरंभ से ही बेहद क्रूर और उत्पाती थे।

दैत्य हिरण्याक्ष ने अपनी गदा लेकर अकेले ही स्वर्ग पर चढ़ाई कर दी। वहाँ दैत्य हिरण्याक्ष और देवताओं का भयंकर युद्ध हुआ। अनेक देवता तो उसके भय से स्वयं ही अपना आसन छोड़कर यहाँ-वहाँ छिप गए। युद्ध में हिरण्याक्ष की विजय हुई और उसने देवताओं को मार-पीटकर स्वर्ग से निकाल दिया।

स्वर्ग पर अधिकार करने के बाद हिरण्याक्ष ने भू-देवी पर भी अत्याचार किए। पृथ्वी पर अपना अधिकार जमाने के लिए उसने वहाँ सभी आश्रमों को नष्ट-भ्रष्ट कर दिया। ऋषि-मुनियों को मार-मारकर चारों तरफ दैत्य शक्ति को बढ़ाना शुरू कर दिया। उसने संपूर्ण पृथ्वी पर अपना प्रभुत्व स्थापित कर लिया और पृथ्वी को समुद्र के गर्भ में कीचड़ के भीतर छिपा दिया।

स्वर्गलोक और पृथ्वी को अपने अधिकार में लेकर हिरण्याक्ष ने पाताललोक पर आक्रमण कर दिया। हिरण्याक्ष को समुद्र में आया देख समुद्र के देवता वरुण भी उसकी शक्ति का सामना नहीं कर सके और उसके भय से पाताललोक छोड़कर भाग खड़े हुए।

हिरण्याक्ष ने उन्हें लड़ने के लिए ललकारा। वरुण बोले, "तुमसे लड़ने का बल मुझमें नहीं है। तुम्हारा अहंकार तो केवल श्रीविष्णु ही तोड़ सकते हैं। यदि तुममें बल है तो जाकर भगवान् विष्णु से युद्ध करो।"

इधर जब हिरण्याक्ष ने पृथ्वी को समुद्र के अथाह जल में डुबो दिया, तब पृथ्वी देवी रूप में अन्य देवताओं के पास अपनी रक्षा की प्रार्थना करने गई। पृथ्वी की विनती सुनकर इंद्र बोले, "हे देवी! आप हमसे अपनी रक्षा की आशा न रखें। हम स्वयं ही हिरण्याक्ष से पराजित होकर स्वर्ग पर अधिकार खो बैठे हैं। भला हम आपकी सहायता कैसे कर सकते हैं! आप हमारे साथ ब्रह्माजी की शरण में चलें। वे अवश्य ही कोई उपाय बताएँगे।"

उस समय ब्रह्माजी सृष्टि-रचना के कार्य में लगे हुए थे। तभी वहाँ सभी देवगण, देवी पृथ्वी और अन्य ऋषि-मुनि उपस्थित हुए। ब्रह्माजी ने उनसे सृष्टि-रचना के कार्य में बाधा डालने का कारण पूछा।

ब्रह्माजी की बात सुनकर इंद्र बोले, "हे परमपिता ब्रह्मा! आपने सृष्टि का चक्र चलाने के लिए इन मनुष्यों को उत्पन्न तो कर दिया, लेकिन ये रहेंगे कहाँ? हिरण्याक्ष ने तो पृथ्वी को अथाह जल में डुबो दिया है।"

यह सुनकर ब्रह्माजी चिंतित हो उठे और श्रीविष्णु का स्मरण करते हुए बोले, "हे भगवन्! पृथ्वी को आज आपकी आवश्यकता है। हिरण्याक्ष की दुष्टता से पृथ्वी को सिर्फ आप ही बचा सकते हैं। आपने ही पूर्वजन्म में दैत्य हिरण्याक्ष को अपने हाथों मरने का शाप दिया था। प्रभु, हिरण्याक्ष को मारकर पृथ्वी को उसके दमन से बचाएँ।"

ब्रह्माजी की स्तुति सुनकर भगवान् विष्णु ने वराह का रूप धारण किया और ब्रह्माजी के नासा छिद्र से एक अत्यंत सूक्ष्म वराह के रूप में तीव्र गति से निकले और देखते-ही-देखते पर्वताकार होते चले गए। उस वराह की तीव्र हुंकार से तीनों लोक काँप उठे।

विष्णुजी के वराह-अवतार ने आकाश में एक छलाँग भरी, फिर पृथ्वी को बचाने के लिए बला की तेजी से समुद्र के जल में छलाँग लगा गए।

वराह रूपी श्रीहरि जल को चीरते हुए पाताल-लोक तक जा पहुँचे। वहाँ पृथ्वी को खोजकर उन्होंने उसे अपने थूथन एवं भयंकर दाँतों पर रख लिया और तीव्र हुंकार भरते हुए ऊपर उठते चले गए।

उधर भगवान् विष्णु की खोज में हिरण्याक्ष क्रोध से पागल होकर उत्पात मचा रहा था। तभी नारद मुनि वहाँ पहुँच गए और बोले, "तुम जिसकी खोज में क्रोध से पागल हो रहे हो वत्स, वह श्रीविष्णु तो वराह रूप में रसातल से पृथ्वी को उठाकर ऊपर आ रहे हैं। जाओ, उनका पीछा करो।"

हिरण्याक्ष तुरंत वहाँ आ पहुँचा और वराह रूपी श्रीहरि को ललकारते हुए बोला, "हे मायावी विष्णु! तुम्हारी मृत्यु आज मेरे हाथों होगी। आज तुम्हें कोई नहीं बचा पाएगा। राक्षसों का सबसे बड़ा शत्रु आज धराशायी होगा। हे विष्णु, अगर तुम वीरों की तरह मरना चाहते हो तो मुझसे युद्ध करो।"

पृथ्वी को अपनी सही जगह पर स्थापित करने के बाद भगवान् विष्णु हिरण्याक्ष की ओर पलटे। हिरण्याक्ष को इस प्रकार ललकारते देख विष्णुजी बोले, "दुष्ट हिरण्याक्ष! कौन किसका अंत करता है, इस प्रश्न का उत्तर तुम्हें शीघ्र ही मिल जाएगा। सर्वप्रथम मेरे क्रोध से अपने को बचाओ।"

दोनों में घोर संग्राम छिड़ गया। महापराक्रमी हिरण्याक्ष के अस्त्र-शस्त्र और माया का भगवान् वराह पर कोई प्रभाव नहीं पड़ रहा था। वह हतोत्साहित होता जा रहा था।

ब्रह्माजी और देवराज इंद्र सहित सभी देवगण इस भीषण संग्राम को देख रहे थे। ब्रह्माजी ने हिरण्याक्ष को शीघ्र मार डालने की प्रार्थना की। उनकी प्रार्थना को स्वीकार कर भगवान् वराह ने हिरण्याक्ष की कनपटी पर तीव्र प्रहार किया।

इससे हिरण्याक्ष की दोनों आँखें बाहर को उबल पड़ीं। वह पछाड़ खाकर नीचे गिर पड़ा और फिर कभी नहीं उठ सका।

हिरण्याक्ष की मृत्यु के बाद सभी ओर विजय के शंख बज उठे। ब्रह्माजी और इंद्र सहित सभी देवताओं ने हर्षध्वनि करते हुए भगवान् वराह पर पुष्प-वर्षा की और वराह रूपी भगवान् विष्णु की स्तुति करने लगे।

इस प्रकार भगवान् विष्णु ने दैत्य हिरण्याक्ष को मारकर देवी पृथ्वी का उद्धार किया। उस समय भगवान् विष्णु के वराह रूप को देखकर देवी पृथ्वी उन पर अत्यंत मोहित हो गईं और उनके मन में उन्हें पति-रूप में वरण करने की इच्छा उत्पन्न हुई।

वह भगवान् विष्णु की प्रार्थना करते हुए बोलीं, ''हे प्रभु! आपने हिरण्याक्ष से मेरी रक्षा करके मुझे नया जीवन प्रदान किया है। हे देव! आपके इस रूप पर मैं अत्यंत मुग्ध हूँ और मेरी इच्छा है कि आप मुझे पति के रूप में प्राप्त होकर अपने समान ही एक तेजस्वी पुत्र प्रदान करें।''

भगवान् वराह का तेज हजारों सूर्यों के समान देदीप्यमान था। देवी पृथ्वी की बात सुनकर भगवान् विष्णु वराह रूप को त्यागकर अपने मनोहारी रूप में प्रकट हुए और देवी पृथ्वी को पत्नी-रूप में स्वीकार करते हुए बोले, ''हे देवी! तुम्हारी मनोकामना पूर्ण करने के लिए मैं तुम्हें पत्नी के रूप में स्वीकार करने को तैयार हूँ; किंतु यह अवश्य स्मरण रहे कि तुम्हें पुत्र की प्राप्ति होते ही मैं पुनः विष्णु-लोक को प्रस्थान कर जाऊँगा।''

देवी पृथ्वी ने विष्णु की यह शर्त स्वीकार कर ली। उसी समय भगवान् विष्णु और देवी पृथ्वी का विवाह संपन्न हुआ। विवाह के उपरांत विष्णुजी और देवी पृथ्वी एक वर्ष के लिए एकांत स्थान की ओर प्रस्थान कर गए।

उचित समय पर देवी पृथ्वी के अंश से एक बालक का जन्म हुआ। वह बालक भगवान् विष्णु के समान मनोहारी रूपवाला था। भगवान् विष्णु ने उस बालक का नाम 'मंगल' रखा और उसे अपनी शक्तियाँ प्रदान कीं। यही बालक भविष्य में मंगलदेव के नाम से प्रसिद्ध हुए। विष्णुजी ने उन्हें ग्रह-रूप में स्थापित होने का वर प्रदान किया।

शास्त्रों में भगवान् मंगलदेव की उत्पत्ति की एक और कथा प्रचलित है–

एक बार दक्ष प्रजापति के मन में यह अहंकार उत्पन्न हो गया कि उनके समान शक्तिशाली और देवताओं का हितैषी इस संसार में दूसरा कोई नहीं है। इसी अहंकार के अधीन होकर उन्होंने एक बार भगवान् शिव का अपमान कर दिया। भगवान् शिव अपने इस अपमान को चुपचाप सहकर गण-सहित कैलास लौट आए।

भगवान् शिव से अपने विरोध को प्रकट करने और उन्हें पुनः अपमानित

करने के लिए दक्ष ने कनखल तीर्थ में एक बड़े यज्ञ का आयोजन किया। उस यज्ञ में ब्रह्मा, विष्णु सहित अनेक देवी-देवताओं, ऋषि-मुनियों को आमंत्रित किया गया। दक्ष ने सभी आमंत्रित अतिथियों को अच्छे-अच्छे स्थानों पर ठहराया और उनका बहुत सम्मान किया; किंतु शिवजी को बुलाया तक नहीं।

शिवजी की माया से मोहित होकर देवताओं को भी इस बात का ध्यान नहीं रहा कि वे आमंत्रित नहीं हैं। केवल शिव-भक्त दधीच ने प्रजापति दक्ष को बताया कि शिवजी के बिना यज्ञ पूर्ण रूप से सफल नहीं होगा, तो दक्ष ने शिवजी को अपशब्द कहना आरंभ कर दिया। उन्हें कपाली, श्मशानवासी, अमंगलसूचक कहकर विष्णुजी को सब देवों का मूल बताया।

दधीच शिव की निंदा नहीं सुन सके। वे बोले, "दक्ष, शिव के बिना यह यज्ञ अयज्ञ हो गया है। इस यज्ञ में तुम्हारा विनाश हो जाएगा।" इतना कहकर दधीच यज्ञशाला से निकलकर अपने आश्रम को चल पड़े। अनेक शिव-भक्तों ने भी यज्ञ का त्याग कर दिया।

उधर जब सती को अपने पिता के यज्ञ के बारे में पता चला और शिवजी को आमंत्रित न करने पर उन्हें बड़ा आश्चर्य हुआ। यह जानने के लिए कि पिता ने ऐसा दुष्ट-कर्म क्यों किया, सती ने शिव से अपने पिता के यहाँ जाने की अनुमति माँगी।

सती यह भी जानना चाहती थीं कि ऋषि-मुनि और देवगण आदि उनके पिता दक्ष के प्रति उसके इस व्यवहार के लिए कैसी प्रतिक्रिया व्यक्त कर रहे हैं। शिवजी ने सती को यज्ञ में जाने की अनुमति दे दी और उनके साथ अपने रुद्र-गण को भी सुरक्षा के लिए भेज दिया।

यज्ञ-स्थल पर जाकर सती ने देखा कि अलग-अलग देवों का भाग रखा हुआ है, लेकिन शंकरजी का भाग कहीं नहीं है। तब बहुत क्रोधित होकर सती ने पिता से पूछा कि उन्होंने शिवजी को आमंत्रित क्यों नहीं किया? सती ने देवताओं से भरी सभा में घोषणा की कि सारी हवन-सामग्री और मंत्र शिवमय हैं, इसलिए शिवजी के बिना यह यज्ञ सफल नहीं हो सकता। सती ने सभी देवताओं को खरी-खोटी सुनाई।

इस पर दक्ष ने कठोरता से सती से कहा, "तुम यहाँ क्यों आई हो? तुम्हें किसने बुलाया है? तुम्हारा पति अकुलीन, उद्दंड और दुरात्मा है। मैंने मूर्खता की, जो ब्रह्माजी के कहने पर उसके साथ तुम्हारा विवाह कर दिया था। मैं उसे अब नहीं अपना सकता।"

दक्ष की बातें सुनकर सती को बहुत दुःख हुआ। उन्होंने अनुभव किया कि

वह ऐसे पापी पिता की संतान हैं, जो शिव-निंदक है। अतः इस शरीर को बचाकर क्या करना। यह सोचकर सती ने भरी सभा में आत्मदाह करने की घोषणा की और अपने पिता दक्ष को नरकगामी होने का शाप दिया। योग द्वारा अपने ही शरीर से अग्नि उत्पन्न करके उन्होंने प्राण त्याग दिए।

यह देखकर यज्ञ-सभा में हाहाकार मच गया। सभी लोग चिंतित हो उठे। अनेक शिव-गणों ने तो सती के साथ ही प्राण त्याग दिए, बाकी दक्ष पर प्रहार करने के लिए दौड़े। उन आक्रमणकारी गणों का क्रोध देखकर भगवान् भृगु ने यज्ञकुंड में आहुति देकर ऋभु नामक सैकड़ों वीरों को प्रकट किया। उनके साथ शिव-गणों का भयंकर युद्ध हुआ। ऋभुओं ने अनेक शिव-गणों को मार गिराया।

ऋभुओं से पराजित होकर शिव-गण कैलास पहुँचे और सारी घटना बताई। इस पर शिवजी को इतना क्रोध आया कि उन्होंने अपनी जटा से एक केश उखाड़कर पर्वत पर दे मारा। केश के दो टुकड़े हो गए। उसके एक भाग से महा-पराक्रमी वीरभद्र और दूसरे भाग से महाकाली उत्पन्न हुईं।

भगवान् शिव ने वीरभद्र को आदेश दिया कि वह इसी समय जाकर अहंकार से भरे दक्ष के यज्ञ को नष्ट कर दे और जितने भी गंधर्व, यक्ष, देवता आदि वहाँ हों, उन्हें भस्म कर दे। शंकरजी ने वीरभद्र को आज्ञा दी कि वह पत्नी सहित दक्ष को मार डाले और दधीच द्वारा बताए गए सारे शिव-विरोधियों को नष्ट करके जल्दी लौटे। शिवजी की आज्ञा पाकर वीरभद्र बहुत बड़ी सेना लेकर दक्ष के यज्ञ-विनाश के लिए चल पड़े।

दक्ष प्रजापति ने भगवान् विष्णु के चरण पकड़कर अपनी रक्षा की प्रार्थना की। सभी देवगण भी यज्ञ की रक्षा के लिए विष्णुजी से प्रार्थना करने लगे। इसी समय वीरभद्र सेना के साथ वहाँ पहुँच गए। विष्णुजी वीरभद्र के तेज को ठीक प्रकार से समझकर वहाँ से अंतर्धान हो गए। ब्रह्माजी व कुछ अन्य देवता भी चले गए।

सभी देवताओं को वहाँ से प्रस्थान करते देखकर दक्ष प्रजापति को अपना जीवन संकट में नजर आने लगा और वह अपने प्राणों की रक्षा के लिए हिरण का रूप धारण करके यज्ञ-वेदी से भागा।

दक्ष प्रजापति को भागते देखकर वीरभद्र ने दोनों हाथों से उसे पकड़ लिया। तब दक्ष के हितैषी भृगु ऋषि अन्य ऋषि-मुनियों के साथ दक्ष की सहायता के लिए आगे बढ़े। वीरभद्र ने अपनी दृष्टि मात्र से ही भृगु आदि ऋषियों को भस्म कर यज्ञ भंग कर दिया।

तत्पश्चात् वीरभद्र ने दक्ष की छाती को पैर से दबाया और दोनों हाथों से

गरदन मरोड़कर तोड़ डाली और सिर को यज्ञकुंड की अग्नि में जला दिया।

इस प्रकार दक्ष का यज्ञ नष्ट-भ्रष्ट हो गया। दक्ष का वध करने के बाद वीरभद्र के क्रोध का वेग और बढ़ गया तथा वह तीनों लोकों को नष्ट करने के लिए उद्धत हो गया।

वीरभद्र के इस रौद्र रूप को देखकर सभी देवता भयभीत हो उठे और वे ब्रह्माजी के साथ भगवान् शिव की शरण में उपस्थित हुए और उनसे रक्षा करने की प्रार्थना करते हुए बोले, ''हे भोलेनाथ! आपके द्वारा उत्पन्न वीरभद्र दक्ष के यज्ञ को नष्ट करने के उपरांत भी सृष्टि के संहार में लिप्त है। उसने तीनों लोकों को नष्ट करने का प्रण किया है। हे प्रभु! आप वीरभद्र के क्रोध को शांत करके हमारी रक्षा करें।''

देवताओं की रक्षा करने के लिए भगवान् शिव वीरभद्र के समक्ष प्रकट हुए और बोले, ''हे पुत्र वीरभद्र! अहंकारी दक्ष को दंडित करने के लिए ही हमने तुम्हारी उत्पत्ति की थी। तुमने यह कार्य करके अपने जन्म को सार्थक किया है। मैं तुम्हारी भक्ति और सेवाभाव से प्रसन्न होकर वर प्रदान करता हूँ कि तुम अब, अन्य ग्रहों के समान नक्षत्र मंडल में ग्रह-रूप में स्थापित होकर मंगल देव के नाम से प्रसिद्ध होगे। संपूर्ण देवलोक में तुम्हें अन्य ग्रहों से श्रेष्ठ स्थान प्राप्त होगा। तुम मनुष्यमात्र के लिए शांति व समृद्धि के प्रदायक बनोगे। सृष्टि के कल्याण में तुम्हारा महत्त्वपूर्ण योगदान होगा।''

तभी से भगवान् शिव के आदेशानुसार वीरभद्र ग्रह के रूप में नक्षत्र मंडल में सम्मिलित हो गए और मंगलदेव के नाम से प्रसिद्ध हुए। देवताओं की सभा में मंगल देव को श्रेष्ठ स्थान प्राप्त है। ब्रह्माजी की सभा भी इनके बिना अपूर्ण समझी जाती है।

नव-ग्रहों में मंगल ग्रह को विशेष स्थान प्राप्त है। इनकी कृपा-दृष्टि शीघ्र प्राप्त करने के लिए साधकों को नीचे दिए गए मंत्रों में से किसी भी एक मंत्र का जप करना चाहिए—

ॐ क्रां क्रीं क्रौं सः भौमाय नमः।

ॐ अं अंगारकाय नमः।

□

20

बुध देव

बुध देव देवगुरु बृहस्पति और तारा की संतान हैं। कुछ धर्मग्रंथों में इन्हें चंद्रमा और तारा की संतान और बृहस्पति देव को पालक पिता कहा गया है। इनकी बुद्धि की श्रेष्ठता का लोहा सभी देवता मानते हैं। ब्रह्माजी ने इनकी बुद्धि की

गहराई को देखते हुए ही इन्हें नव-ग्रहों में स्थान प्रदान किया था। बुध ग्रह का वर्ण कनेर पुष्प के समान है। इनके मस्तक पर स्वर्ण-मुकुट और गले में पीले पुष्पों की माला सुशोभित होती है। ये सदैव सुनहरे वस्त्र धारण करते हैं। सिंह इनका वाहन है। ये अपने हाथों में तलवार, ढाल, गदा और वरमुद्रा धारण किए होते हैं।

बुध देव मिथुन और कन्या राशि के स्वामी हैं। इनकी महादशा सत्रह वर्ष तक की होती है। बुध अपने भक्तों की सच्ची भक्ति से प्रसन्न होकर उन्हें धन, वैभव और बुद्धि प्रदान करते हैं। जिन साधकों के लिए बुधदेव अशुभ होते हैं, उन्हें प्रत्येक अमावस्या को व्रत करना चाहिए। व्रत के उपरांत हरे वस्त्र, हरे फल, कपूर, शस्त्र और षट्‌रस भोजन का दान करना चाहिए।

धार्मिक ग्रंथों और शास्त्रों में इनकी उत्पत्ति की कथा इस प्रकार वर्णित है—

चंद्रमा देवगुरु बृहस्पति देव के परम शिष्यों में से एक थे। शास्त्रों, वेदों, नीति और धर्म की शिक्षा प्राप्त करने के लिए चंद्रमा ने बृहस्पति देव को अपना गुरु स्वीकार किया और अनेक वर्षों तक उनकी सेवा में रहकर ज्ञान अर्जित किया। जब चंद्रदेव की शिक्षा पूर्ण हुई तो नियम के अनुसार उन्होंने बृहस्पति देव को गुरुदक्षिणा देने का विचार किया। यह सोचकर वह गुरुदक्षिणा में अनेक प्रकार के फल, मिठाई, अन्न, वस्त्र और पशुशाला के लिए पशु लेकर बृहस्पति देव की सेवा में उपस्थित हुए और उनसे विनती करते हुए बोले, "हे परम पूज्य गुरुदेव! मैंने वर्षों तक आपके पास रहकर सभी शास्त्रों का विधिवत् अध्ययन किया है। आपकी कृपा के फलस्वरूप ही मुझे बुद्धि और विद्या का उचित ज्ञान प्राप्त हुआ है। अतः आप गुरुदक्षिणा में यह तुच्छ भेंट स्वीकार करके मुझ पर कृपा करें।"

चंद्रदेव का कथन सुनकर देवगुरु बृहस्पति बोले, "हे चंद्रदेव! गुरु का कर्तव्य अपने शिष्यों को उच्च-विद्या प्रदान करना होता है। इसमें कुछ हद तक उनका स्वयं का ही स्वार्थ निहित होता है। वे यह सोचते हैं कि उनके शिष्य उनकी विद्या को ग्रहण करके विश्व भर में उसका सदुपयोग करके समाज-कल्याण में महत्त्वपूर्ण योगदान देंगे। मैंने भी यही सोचकर अपने ज्ञान-सरोवर से तुम्हें विद्या का दान प्रदान किया है। अतः मैं इस गुरुदक्षिणा को कैसे स्वीकार कर सकता हूँ। तुम मेरे द्वारा दिए गए ज्ञान का सदुपयोग करके स्वयं ही मुझे गुरुदक्षिणा प्रदान कर दोगे।"

चंद्रदेव बोले, "हे गुरुदेव! यह आपकी महानता की चरमसीमा है कि आपने मुझ जैसे तुच्छ शिष्य को अपनी शिक्षा के उपयुक्त पाया। किंतु हे देव! गुरुदक्षिणा दिए बिना मैं गुरु-ऋण से मुक्त नहीं हो सकता। आप इस ऋण को

कम करने में मेरी सहायता कीजिए और इस दक्षिणा को स्वीकार कीजिए।''

चंद्रदेव के तर्कों के समक्ष देवगुरु बृहस्पति को झुकना ही पड़ा। उन्होंने गुरुदक्षिणा स्वीकार करने के लिए कुछ मंत्रों का उच्चारण किया और चंद्रदेव से गुरुदक्षिणा का एक भाग झोली में डालने को कहा।

तभी देवराज इंद्र का एक सेवक वहाँ उपस्थित हुआ और देवगुरु बृहस्पति को प्रणाम करते हुए बोला, ''हे गुरुदेव! देवराज इंद्र इसी समय आपसे किसी समस्या पर विचार-विमर्श करना चाहते हैं। इस कारण उन्होंने आपसे अतिशीघ्र सभा में उपस्थित होने की प्रार्थना की है। आप शीघ्र ही उनकी सभा में चलने का कष्ट करें।''

देवगुरु बृहस्पति दुविधा में फँस गए। वे गुरुदक्षिणा के कार्य को अधूरा भी नहीं छोड़ सकते थे और न ही देवराज इंद्र के संदेशवाहक को खाली लौटा सकते थे। अत: उन्होंने चंद्रमा से कहा कि 'गुरुदक्षिणा वह गुरुमाता तारा को दे दें' और स्वयं इंद्र की सभा में उपस्थित होने के लिए चले गए।

चंद्रदेव देवी तारा की अनुमति लिये बिना ही कुटिया के भीतर चले गए। उस समय संध्या-पूजन का समय था। आश्रम में भगवान् की पूजा करने से पूर्व स्नान करके पवित्र होने का नियम था। इसी नियम का पालन करने के लिए देवी तारा उस समय स्नान कर रही थीं।

कुटिया में प्रवेश करते ही चंद्रदेव ने देवी तारा को स्नान करते हुए देखा। देवी तारा के रूप-सौंदर्य देखते ही चंद्रदेव उन पर आसक्त हो गए और प्रेमपूर्ण शब्दों में बोले, ''हे सुंदरी! क्या आप ही देवी तारा हैं? आपका रूप अद्‌भुत है। आपका यौवन खिले हुए फूलों के समान है। मैं आपको देखते ही स्वयं के अस्तित्व से अनभिज्ञ हो गया हूँ। आपका रूप-सौंदर्य मेरे नेत्रों को भ्रमित कर रहा है। क्या मैं स्वप्न देख रहा हूँ अथवा यह सत्य है? कृपया मेरा मार्गदर्शन करें देवी।''

चंद्रदेव की अनाचारपूर्ण वाणी सुनकर देवी तारा अत्यंत क्रोधित होते हुए बोलीं, ''हे दुष्ट! तू कौन है? किसने तुझे इस कुटिया में प्रवेश करने की अनुमति दी? तुम अवश्य ही कोई दैत्य हो, जो धर्म और नीति की मर्यादाओं का उल्लंघन करके इस प्रकार के वचन बोल रहे हो। तुम शायद जानते नहीं हो कि मैं देवगुरु बृहस्पति की धर्मपत्नी तारा हूँ। तुम्हारे इस कृत्य को जानकर मेरे पति तुम्हें भस्म भी कर सकते हैं।''

देवी तारा का परिचय जानकर चंद्रदेव बोले, ''हे देवी! इस प्रकार क्रोध का प्रदर्शन न करें। मैं देवगुरु बृहस्पति का शिष्य और इस सृष्टि का सबसे सुंदर

एवं बलशाली देव चंद्र हूँ। इंद्र की सभा में रत्न के समान सुशोभित हूँ। कामदेव भी मेरी सुंदरता से ईर्ष्या करते हैं। स्वयं भगवान् शिव भी मुझे अपने मस्तक पर सुशोभित करके चंद्रशेखर कहलाते हैं। मेरा हृदय तुम्हारी सुंदरता देखकर तुम पर मोहित हो गया है। मैं तुम्हें पत्नी के रूप में स्वीकार करके तुम्हें संसार के सभी सुख प्रदान करना चाहता हूँ।''

देवी तारा बोली, ''हे दुष्ट चंद्र! तुम देवगुरु बृहस्पति के शिष्य हो और मैं उनकी धर्मपत्नी हूँ। इस नाते मैं तुम्हारी गुरुमाता हुई। गुरुमाता साक्षात् माँ के समान होती है। माता के लिए ऐसे शब्दों का प्रयोग करना तुम्हें शोभा नहीं देता। इससे गुरु और शिष्य के पवित्र संबंधों का अपमान होता है। हे चंद्र! धर्म और नीति की शिक्षा ग्रहण करके तुम्हें यह अवश्य ज्ञात हो जाना चाहिए कि पराई स्त्री, पराई संपत्ति और पराए वैभव पर कभी भी कुदृष्टि नहीं डालनी चाहिए। अतः हे चंद्र! तुम शीघ्र ही यहाँ से चले जाओ।''

तारा की इन बातों का चंद्र पर कोई प्रभाव नहीं हुआ और वह देवी तारा से अपने साथ चलने का हठ करने लगे। देवी तारा ने विवश होकर अपने सेवकों को बुलाया और उन्हें चंद्र को बाहर निकालने का आदेश दिया। किंतु चंद्र माया के वशीभूत थे। उन्होंने अस्त्रों का प्रयोग करके सभी सेवकों को भगा दिया और स्वयं देवी तारा को जबरदस्ती पकड़कर कुटिया से बाहर ले आए।

उधर बृहस्पति देव इंद्र की सभा से लौट रहे थे, तभी एक सेवक ने उन्हें यह सारी घटना कह सुनाई। अपने शिष्य चंद्रमा की यह करतूत सुनकर बृहस्पति देव को अत्यंत पीड़ा हुई और वह शीघ्र ही अपने आश्रम में पहुँचे।

वहाँ चंद्रदेव देवी तारा को पकड़कर अपने वाहन में बैठाने का प्रयास कर रहे थे। जब देवगुरु बृहस्पति देव ने यह देखा तो वह क्रोधित होते हुए चंद्रमा से बोले, ''हे चंद्र! मैंने तुम्हें अपने पुत्र-रूप में स्वीकार किया और तुमने मेरे विश्वास को ही खंडित कर डाला। मेरे द्वारा दी गई विद्या को तुम वासना की अग्नि में जलाकर पल भर में ही भूल गए। क्या यही तुम्हारी गुरुदक्षिणा है? क्या इसी कार्य के लिए तुमने मुझे गुरु-रूप में स्वीकार किया था?''

देवगुरु बृहस्पति की बात सुनकर चंद्रदेव बोले, ''हे गुरुदेव! आप आज भी मेरे लिए पूजनीय हैं; किंतु मैं देवी तारा का मोह किसी भी अवस्था में नहीं त्याग सकता। इनके लिए मैं सभी नियमों और नीति-चक्रों को तोड़ सकता हूँ।''

जब चंद्रदेव किसी भी प्रकार से देवी तारा को छोड़ने को तैयार नहीं हुए, तब देवगुरु बृहस्पति ने पति-धर्म का पालन करते हुए उन्हें युद्ध के लिए ललकारा। तारा के रूप-सौंदर्य से चंद्रदेव इतने दिग्भ्रमित और पथभ्रष्ट हो गए थे कि उन्होंने

देवगुरु बृहस्पति से ही युद्ध आरंभ कर दिया।

देवगुरु बृहस्पति ने चंद्रमा पर अनेक अस्त्र-शस्त्रों से वार किए। उन्होंने अपनी समस्त शस्त्र-विद्याओं का प्रयोग किया, किंतु सब व्यर्थ गया। अंत में उन्होंने अग्नि-विद्या के माध्यम से चंद्रदेव को जलाने का प्रयास किया; किंतु चंद्रदेव ने उनके इस अस्त्र को भी निष्फल कर दिया।

तब चंद्रदेव ने देवगुरु बृहस्पति पर मूर्छास्त्र चलाया। इस अस्त्र के फलस्वरूप बृहस्पति देव मूर्च्छित होकर गिर पड़े और युद्ध समाप्त हो गया। बृहस्पति देव के बाद किसी भी सेवक में चंद्रदेव का सामना करने का बल नहीं था और वह देवी तारा को चंद्रलोक ले गए।

देवराज इंद्र को जब चंद्रमा के इस घृणित कार्य की जानकारी मिली तो वह अन्य देवगणों के साथ चंद्रमा के पास गए और उन्हें भिन्न-भिन्न प्रकार से धर्म व नीति की बातें बताते हुए समझाने लगे। किंतु चंद्रदेव ने किसी भी देवता की बात सुनने और देवी तारा को लौटाने से इनकार कर दिया। थक-हारकर सभी देवता भगवान् शिव की शरण में उपस्थित हुए और उनसे देवी तारा को चंद्रमा की कैद से मुक्त करवाने की प्रार्थना करने लगे।

तब चंद्रमा को दंडित करने के लिए भगवान् शिव स्वयं अपने गण और इंद्र आदि देवताओं के साथ चंद्रलोक पहुँचे। भगवान् शिव को देखकर चंद्रमा 'शनि देव, मंगल देव, दैत्यों और नक्षत्रों के साथ युद्ध-स्थल में आ डटे। भगवान् शिव और चंद्रमा के मध्य छह मास तक युद्ध हुआ। युद्ध के परिणामस्वरूप चारों ओर हाहाकार मच गया।

सृष्टि के कल्याण और युद्ध को रोकने के लिए तब ब्रह्मदेव वहाँ प्रकट हुए और चंद्रदेव से बोले, "हे चंद्र! भगवान् शिव इस ब्रह्मांड में परब्रह्म के रूप में स्थापित हैं। भगवान् शिव से युद्ध करने का तात्पर्य है साक्षात् परब्रह्म के साथ युद्ध करना। इस युद्ध में तुम्हारी विजय कदापि नहीं हो सकती। एक स्त्री के लिए तुम्हें अपने वैभव, ऐश्वर्य, मान-सम्मान और प्राणों से हाथ धोना पड़ेगा। अत: हे मूर्ख! तुम तारा को लौटाकर भगवान् शिव से अपने अपराध की क्षमा माँग लो। भगवान् शिव अत्यंत दयालु हैं। वे तुम्हें अवश्य क्षमा कर देंगे।"

ब्रह्माजी के कथन को सुनकर चंद्रदेव के अंतर्मन में सत्य का प्रकाश उत्पन्न हो गया। उन्हें आत्मग्लानि हुई और वे भगवान् शिव के चरणों में जाकर अपने अपराधों की क्षमा-याचना करने लगे। भगवान् शिव ने चंद्रदेव को क्षमा कर दिया और कैलास लौट गए।

चंद्रदेव ने देवी तारा को सम्मानपूर्वक आठ घोड़ों से जुते रथ पर बिठाकर

देवगुरु बृहस्पति के पास भेज दिया।

देवी तारा छह मास तक चंद्रदेव के पास रह चुकी थीं, अतः देवगुरु बृहस्पति ने उन्हें पुनः पत्नी-रूप में अस्वीकार कर दिया और आश्रम को देवी तारा को सौंपकर स्वयं देवलोक में निवास करने के लिए चले गए। तारा ने आश्रम में रहते हुए अपना संपूर्ण ध्यान और समय प्रभु-भक्ति में लगाना आरंभ कर दिया।

उचित समय के पश्चात् तारा ने एक सुंदर और कांतिवान् बालक को जन्म दिया। जन्म के समय से ही वह बालक चंद्र-किरणों से युक्त था। उसके गले में चंद्रमणि सुशोभित थी। उस बालक का नाम 'बुध' रखा गया।

बालक बुध बाल्यकाल से ही धार्मिक प्रवृत्ति का था। वह अत्यंत बुद्धिमान भी था। शीघ्र ही उसकी बुद्धि और विद्या का लोहा आश्रम के सभी ऋषि-मुनि मानने लगे।

एक बार देवर्षि नारद देवी तारा के आश्रम की ओर आ निकले। वहाँ बालक बुध को देखकर देवर्षि नारद के मन में उसकी बुद्धि की परीक्षा लेने की बात उत्पन्न हुई। उन्होंने शीघ्र ही एक साधु का रूप धारण किया और बालक बुध के निकट पहुँचकर भोजन की इच्छा व्यक्त की और उन्हें मनोवांछित फल प्रदान करने की बात कही।

बालक बुध ने साधु बने नारद के लिए भोजन का प्रबंध कर दिया। भोजन के उपरांत साधु बने नारद ने बालक बुध से कोई भी मनोवांछित वस्तु माँगने की बात कही।

बालक बुध सोचते हुए बोले, "हे ऋषिवर! यदि आप कुछ देना ही चाहते हैं तो अपनी तपस्या और भक्ति का कुछ फल मुझे प्रदान करने की कृपा करें।"

बालक बुध की बात सुनकर देवर्षि नारद ने ऐश्वर्य, धन व अन्य सुख-सुविधाएँ माँगने के लिए कहा। किंतु बुध अपने हठ पर अड़े रहे। अंत में जब ऋषि बने नारद ने बुध से इन सुखों का त्याग करने का कारण पूछा तो वह बोले, "हे ऋषिवर! आपने मुझे जिन वस्तुओं को माँगने के लिए कहा है, उन्हें तो मनुष्य अपने जीवन में कभी भी अर्जित कर सकता है। किंतु वर्षों तक किए गए कठोर तप और प्रभु-भक्ति का फल अर्जित करने के लिए मानव को अनेक जन्म लेने पड़ते हैं। आपके वर के प्रभाव मात्र से यह सब मुझे क्षण भर में प्राप्त हो जाएगा। फिर मैं क्यों इन व्यर्थ की वस्तुओं की कामना करूँ।"

बालक बुध की तीव्र बुद्धि और तर्कसंगत बातों को सुनकर देवर्षि नारद अपने असली रूप में प्रकट हुए और बोले, "हे पुत्र! मैंने जीवन में आज तक तुम जैसा बुद्धिमान और प्रभु-भक्त बालक नहीं देखा। तुमने अपनी एक ही इच्छा

से संसार के सभी सुख प्राप्त कर लिये हैं। मैं तुम्हारी मनोकामना पूर्ण करता हूँ और तुम्हारी बुद्धि के समक्ष अपनी हार स्वीकार करता हूँ।'' इस प्रकार बुध देव की बुद्धि के समक्ष देवर्षि नारद को भी नतमस्तक होना पड़ा।

देवर्षि नारद जब स्वर्गलोक गए तो उन्होंने बालक बुध के विषय में बृहस्पति देव को बताया और बोले, ''हे देवगुरु! स्वर्गलोक में आपकी बुद्धि और विद्या के सामने कोई भी देव नहीं टिक सकता, उसी प्रकार पृथ्वी पर बालक बुध की बुद्धि-क्षमता का लोहा सभी ऋषि-मुनि, मनुष्य और गंधर्व तक मानते हैं। उसके समान विवेकशील, बुद्धिमान और शास्त्रों में पारंगत व्यक्ति पृथ्वी पर कोई भी नहीं है।''

नारद के मुख से बालक बुध की प्रशंसा सुनकर देवगुरु बृहस्पति मंत्रमुग्ध हो गए और उन्होंने उनसे बुध के पिता और गोत्र के बारे में बताने के लिए कहा। देवर्षि बोले, ''हे गुरुदेव! इस ब्रह्मांड में आपके समान बुद्धिमान और शास्त्रों का ज्ञाता केवल आपका अंश ही हो सकता है। बालक बुध आपका ही पुत्र है। आपकी पत्नी देवी तारा बुध की माता हैं।''

देवगुरु बृहस्पति को बुध के जन्म की जानकारी हुई तो पितृ-प्रेम के कारण उनके मन में बालक बुध से मिलने की इच्छा उत्पन्न हुई।

वह आश्रम में बालक बुध को देखने आए। बालक बुध उस समय वन में गए हुए थे। आश्रम में बृहस्पति देव को देखते ही देवी तारा भाव-विभोर हो गईं और उन्हें प्रणाम करते हुए उनकी विधिवत् पूजा-अर्चना करने लगीं।

कुछ समय पश्चात् बालक बुध भी वहाँ आ पहुँचे। देवी तारा ने बालक बुध को बृहस्पति देव के चरण-स्पर्श करने की आज्ञा दी। जब बालक बुध बृहस्पति देव के निकट आए तो बृहस्पति देव की दृष्टि बालक के गले में पड़ी चंद्रमणि की ओर गई। चंद्रमणि देखते ही उन्हें बालक से विरक्ति हो गई और वे बालक को आशीर्वाद दिए बिना ही स्वर्ग लौट गए।

देवगुरु बृहस्पति के इस प्रकार विरक्त होकर जाने से बालक बुध के मन में कौतूहल जाग उठा और वे अपनी माता से इसका कारण बताने का हठ करने लगे। देवी तारा बालक बुध को सत्य बताते हुए बोलीं, ''हे पुत्र! देवगुरु बृहस्पति ही तुम्हारे पिता हैं। नीच चंद्र ने कामदेव के वशीभूत होकर मेरा हरण करके मुझे अपवित्र कर दिया। इसी कारण से तुम्हारे पिता बृहस्पति देव ने मेरा परित्याग कर दिया है।''

चंद्रदेव द्वारा किए गए नीच कर्म और देवगुरु द्वारा देवी तारा का त्याग करने की बात सुनकर बुध का मन दुःख के सागर में डूब गया। अंत में अपनी माता

का सम्मान लौटाने का निश्चय करके वह बृहस्पति देव के पास पहुँचे और उनसे विनती करते हुए बोले, ''हे पिताश्री! आप भलीभाँति जानते हैं कि मैं आपका ही पुत्र हूँ। इसी नाते मैं आपसे यह जानना चाहता हूँ कि नीच चंद्र के कर्म का फल आपने मेरी माता को क्यों दिया? इसमें उनका क्या दोष है?''

बालक बुध के मुख से नीति की बात सुनकर देवगुरु बृहस्पति बोले, ''हे पुत्र! यह सत्य है कि तुम मेरे ही पुत्र हो। तुम्हारे अंदर मेरी ही आत्मा की ज्योति प्रज्वलित हो रही है। किंतु यह सब जानते हुए भी मैं तुम्हें अथवा तुम्हारी माता को स्वीकार नहीं कर सकता। धर्म-शास्त्रों के अनुसार, स्त्री जिस मनुष्य के घर में गर्भवती होती है, उसकी संतान उसी घर और कुल की मानी जाती है। तुम्हारी माता भी चंद्रलोक में गर्भवती हुईं। इस कारण मैं तुम्हें स्वीकार नहीं कर सकता।''

बुध बोले, ''हे पिताश्री! यदि कोई कार्य स्त्री की इच्छा के विरुद्ध हुआ हो तो स्त्री को दोषी नहीं माना जा सकता। आप तो धर्म और शास्त्रों के ज्ञाता हैं। आपको यह अवश्य ज्ञात होना चाहिए कि दुष्ट की दुष्टता का फल केवल दुष्ट को ही प्राप्त होना चाहिए।''

बुध के नीति-वचनों से बृहस्पति पराजित हो गए और उन्होंने बुध से कहा, ''हे पुत्र! मैं तुम्हारी बातों से अत्यंत प्रभावित हूँ। यदि तुम ब्रह्माजी को अपनी तपस्या से प्रसन्न कर लोगे तो मैं तुम्हें अपना पुत्र और तारा को पुनः अपनी पत्नी स्वीकार कर लूँगा।''

बुध अपनी माता का सम्मान लौटाने के लिए ब्रह्माजी को प्रसन्न करने के लिए कठोर तपस्या में लीन हो गए। उनकी तपस्या अनेक वर्षों तक चली। अंत में उनकी तपस्या से प्रसन्न होकर ब्रह्माजी प्रकट हुए और बोले, ''हे पुत्र! मैं तुम्हारी तपस्या से प्रसन्न हूँ। माँगो, तुम्हें क्या वर चाहिए? मैं तुम्हारी समस्त इच्छाएँ पूर्ण करूँगा।''

बुध बोले, ''हे प्रभु! मैं केवल यही वर चाहता हूँ कि बृहस्पति देव मेरी माता को सम्मान सहित स्वीकार करें और मुझे पुत्र का गौरव प्रदान करें।''

तब ब्रह्माजी ने यह उद्घोषणा की कि 'बुध बृहस्पति देव की ही संतान हैं। चंद्र द्वारा तारा का हरण करने से पूर्व ही वह गर्भवती थीं।' साथ ही ब्रह्माजी ने बुध की बुद्धि से प्रभावित होकर उन्हें भूतल का स्वामी बनाकर ग्रह-रूप में स्थापित होने का वर प्रदान किया।

ब्रह्माजी के सत्य उजागर करने से बृहस्पति देव ने देवी तारा को पत्नी-रूप में स्वीकार करके बुध को पुत्र का स्थान प्रदान किया। ब्रह्माजी के वरदान के कारण ही बुधदेव ग्रह-रूप में आकाशमंडल में स्थापित होकर भूतल के स्वामी कहलाए।

एक बार महाराज मनु के सामने राज्य से संबंधित एक गंभीर समस्या उत्पन्न हो गई। राज्य के सभी बुद्धिजीवी उस समस्या के समाधान में असमर्थ हो गए। अंत में विवश होकर उन्होंने देवर्षि नारद का स्मरण किया। नारद ने प्रकट होकर महाराज मनु को बुद्धि और विवेक के देवता बुध को प्रसन्न करने और उनसे उपाय पूछने का परामर्श दिया। महाराज मनु ने बुधवार के दिन बुध देव की विधिवत् पूजा-आराधना की। तत्पश्चात् ब्राह्मणों को बुध की प्रिय वस्तुओं का दान दिया गया। महाराज मनु की इस आराधना से बुध देव अत्यंत प्रसन्न हुए और उन्होंने महाराज मनु की समस्या का समाधान कर दिया।

बुध देव की बुद्धि और विवेक से प्रभावित होकर महाराज मनु ने उनसे अपनी गुणवती और धार्मिक विचारोंवाली कन्या इला को पत्नी-रूप में स्वीकार करने की प्रार्थना की। शीघ्र ही मनु-पुत्री इला और बुध देव का विवाह संपन्न हो गया। इला और बुध के संयोग से एक बालक की उत्पत्ति हुई। आगे चलकर यही बालक बुध-पुत्र महाराज पुरूरवा के नाम से विख्यात हुआ।

बुध देव की शुभता होने से साधक को धन, वैभव, विद्या और बुद्धि की प्राप्ति होती है। किंतु यदि कुंडली में बुध-ग्रह अशुभता लिये हुए हो तो नीचे दिए गए बुध-मंत्रों में से किसी भी एक मंत्र का नियमित और नियमानुसार जप करना चाहिए–

ॐ ब्रां ब्रीं ब्रौं सः बुधय नमः।

ॐ बुं बुधय नमः।

□

21

बृहस्पति देव

बृहस्पति देवताओं के गुरु-पद पर आसीन हैं। उन्हें बुद्धि, विद्या और धन का देवता कहा जाता है। वे न्यायशास्त्र और वेदों के ज्ञाता हैं। बृहस्पति देव पीले वर्ण के हैं। वे पीले रंग के वस्त्र धारण करते हैं। उनके शीश पर स्वर्णमुकुट और गले में पुखराज की सुंदर माला है। कमल-पुष्प पर आसीन बृहस्पति देव के तीन हाथों में दंड, रुद्राक्ष की माला और पात्र सुशोभित हैं। उनका चौथा हाथ वर-मुद्रा में है, जो अपने भक्तों को वर प्रदान करके उनकी समस्त मनोकामनाएँ पूर्ण करता है।

उनकी कृपा-दृष्टि प्राप्त करनेवाले मनुष्य विद्वान्, न्यायप्रिय, धनवान् और सद्व्यवहार वाले होते हैं। अपने भक्तों पर प्रसन्न होकर यह उन्हें बुद्धि, विद्या और ऐश्वर्य प्रदान करते हैं। बृहस्पति देव विपत्ति में अपने भक्तों की रक्षा करके उनके कष्टों का अंत करते हैं।

देवगुरु बृहस्पति देव धनु और मीन राशि के स्वामी हैं। उनकी महादशा सोलह वर्ष की होती है। जिस मनुष्य से बृहस्पति देव रुष्ट हो जाते हैं, उसे कैंसर, पीलिया, शोध आदि रोग हो जाते हैं। विद्या और धन-लक्ष्मी उससे रूठकर उसका परित्याग कर जाती है। ऐसे में बृहस्पति देव का व्रत करके और पीली वस्तुओं का दान करके उन्हें प्रसन्न किया जा सकता है।

धार्मिक ग्रंथों के अनुसार बृहस्पति देव की तीन पत्नियाँ शुभा, तारा और ममता हैं। शुभा से बृहस्पति देव को सात पुत्रियों–भानुमति, राका, अर्चिस्मती, महामति, महिष्मति, सिनोवली और हविष्मती की प्राप्ति हुई। जबकि तारा से बृहस्पति देव को सात पुत्र और एक कन्या स्वाहा की प्राप्ति हुई। तीसरी पत्नी से दो पुत्र–कच और भरद्वाज का जन्म हुआ।

धार्मिक ग्रंथों और शास्त्रों के अनुसार, देवगुरु बृहस्पति की जन्म की कथा इस प्रकार है–

प्राचीनकाल में अंगिरा नामक महर्षि हुए। महर्षि अंगिरा अत्यंत मृदुभाषी और सात्त्विक प्रवृत्ति के ऋषि थे। वे सदैव प्रभु-भक्ति में लीन रहते थे। निस्संतान होने के कारण उनकी पत्नी भी उन्हीं के समान धार्मिक कार्यों में निमग्न रहती थी।

एक बार जब महर्षि अंगिरा अपनी पत्नी के साथ आश्रम में बैठे थे, तब उनकी पत्नी विनती करते हुए बोली, ''हे देव! विवाह किए हमें अनेक वर्ष हो गए, किंतु अब तक हमें संतान का मुख देखना नसीब नहीं हुआ। मैं भी अन्य स्त्रियों की तरह मातृ-सुख भोगना चाहती हूँ। आप कुछ ऐसा उपाय करें कि शीघ्र ही हमें संतान की प्राप्ति हो।''

पत्नी की बात सुनकर महर्षि अंगिरा बोले, ''हे देवी! यह सब हमारे हाथ में नहीं है। प्रभु-इच्छा के समक्ष सभी को शीश झुकाना पड़ता है। तुम प्रभु की भक्ति करती रहो। यदि प्रभु की इच्छा हुई तो हम अवश्य ही संतान-सुख भोगेंगे।''

पति की बात सुनकर वह हठ भरे स्वर में बोली, ''हे देव! मैंने प्रभु की भक्ति सदा मन से की है; किंतु शायद हमारी भक्ति में ही कोई कमी है, जो उन्होंने अभी तक इसे स्वीकार नहीं किया। ब्रह्माजी सृष्टि के रचनाकर्ता हैं। हमें संतान-सुख प्राप्त होगा अथवा नहीं, इसका उन्हें अवश्य ज्ञान होगा। आप एक बार ब्रह्माजी की शरण में जाकर उनसे विनती करें। वे अवश्य ही इसका कोई उपाय बताएँगे।''

पत्नी के हठ को देखकर महर्षि अंगिरा ब्रह्माजी की शरण में गए और स्तुति करने के बाद उनसे बोले, ''हे परमपिता! आप सृष्टि के रचनाकार और उसके पालनकर्ता हैं। आपसे इस संसार का कोई भी सत्य छुपा नहीं है। मैं आपकी शरण में हूँ। कृपया मुझे बताएँ कि क्या मेरे भाग्य में संतान-सुख भोगना लिखा है?''

महर्षि अंगिरा की विनती सुनकर ब्रह्माजी ने अपने नेत्र बंद किए और अपना ध्यान केंद्रित करते हुए योग-निद्रा में लीन हो गए।

कुछ समय के पश्चात् ब्रह्माजी ने अपने नेत्र खोले और महर्षि अंगिरा को संबोधित करते हुए बोले, ''हे महर्षि! तुम्हारे भाग्य में संतान का सुख अवश्य लिखा है, किंतु तुम्हारी पत्नी के कर्म-दोषों के कारण यह सुख तुम्हें अत्यंत कठिनाई से प्राप्त होगा।''

ब्रह्माजी की बात सुनकर महर्षि अंगिरा इसका उपाय पूछते हुए बोले, ''हे ब्रह्म देव! आप हमारी सहायता करें। इसका कोई सरल उपाय बताएँ, जिससे हम इस सुख का भोग कर सकें।'' तब ब्रह्माजी बोले, ''महर्षि अंगिरा, यदि आप इस सुख का भोग करना चाहते हैं तो आपको पुंसवन यज्ञ करना होगा। यज्ञ तभी पूर्णत: सफल होगा, जब सनत्कुमार यज्ञ के भागीदार होंगे।''

ब्रह्माजी से आज्ञा लेकर महर्षि अंगिरा सनत्कुमार की कृपा-दृष्टि प्राप्त करने के लिए उनकी सेवा में उपस्थित हुए।

सनत्कुमार की स्तुति करने के बाद महर्षि अंगिरा बोले, ''हे शिव-पुत्र! मैं आपके पास एक विनती लेकर आया हूँ। मुझे आशा है कि आप मेरी तुच्छ विनती स्वीकार करके मुझे अपनी कृपा से कृतार्थ करेंगे।''

सनत्कुमार द्वारा पूछने पर अपने आने का प्रयोजन बताते हुए महर्षि अंगिरा बोले, ''हे दयानिधान! ब्रह्माजी के अनुसार मुझे संतान का सुख तभी प्राप्त होगा, जब मैं पुंसवन यज्ञ का फल प्राप्त करूँगा। इस संसार में पुंसवन यज्ञ के आप ही सर्वश्रेष्ठ ज्ञाता हैं। अत: आप इस यज्ञ के भागीदार बनकर इस यज्ञ को सफल बनाएँ।''

महर्षि अंगिरा की विनती सुनकर सनत्कुमार बोले, ''हे महर्षि! आप निश्चित रहें, मैं आपके पुंसवन यज्ञ में अवश्य सम्मिलित होकर आपकी सहायता करूँगा। आप यज्ञ की तैयारी आरंभ करें।'' सनत्कुमार से आश्वासन पाकर महर्षि आश्रम में लौट आए और पुंसवन यज्ञ की तैयारी करने लगे।

उचित मुहूर्त्त और सनत्कुमार की अध्यक्षता में महर्षि अंगिरा ने पुंसवन यज्ञ का आरंभ किया। जैसे-जैसे यज्ञ-मंत्रों और यज्ञ-आहुतियों की संख्या बढ़ती गई वैसे-वैसे उसमें से निकलनेवाली यज्ञ-ज्वालाएँ तीव्र होती गईं।

अंत में यज्ञ से प्रसन्न होकर भगवान् विष्णु प्रकट हुए। भगवान् श्रीविष्णु को देखकर महर्षि अंगिरा ने कमल-पुष्पों और गंगाजल से उनकी स्तुति की।

श्रीविष्णु बोले, ''हे महर्षि! तुम्हारा यज्ञ पूर्ण हुआ। मैं तुम्हें इस यज्ञ का फल प्रदान करने के लिए प्रकट हुआ हूँ। यह संतान-प्राप्ति फल ग्रहण करो। इसे अपनी पत्नी को खिला देना। शीघ्र ही तुम्हें संतान का सुख प्राप्त होगा।''

महर्षि अंगिरा ने उस फल को ग्रहण करके अपनी पत्नी को खिला दिया। इस प्रकार पुंसवन यज्ञ पूर्ण हुआ।

उचित समय पर ऋषि-दंपती को एक पुत्र-रत्न की प्राप्ति हुई। बालक बृहस्पति के जन्म लेते ही सभी दिशाएँ पीली किरणों से प्रकाशमान हो उठीं। आकाश में देवताओं ने इस बालक पर पुष्पों की वर्षा की। महर्षि ने इस बालक का नाम 'बृहस्पति' रखा। बालक बृहस्पति बाल्यकाल से ही पीत आभा से युक्त थे। भगवान् विष्णु के आशीर्वाद से उत्पन्न होने के कारण उनमें अनेक दिव्य शक्तियाँ स्वत: ही उत्पन्न हो गईं।

बालक बृहस्पति के जन्म के कुछ दिनों बाद ही देवर्षि नारद महर्षि के आश्रम में पहुँचे। ऋषि दंपती ने देवर्षि नारद का आदर-सत्कार करने के बाद उनसे बालक का भविष्य बताने की प्रार्थना की। देवर्षि नारद ने उस बालक के भाग्य-चिह्नों को देखकर भविष्यवाणी की कि "यह बालक आकाश में सूर्य के समान सृष्टि के अंत तक स्थापित रहेगा। सभी देवताओं में इसका स्थान श्रेष्ठ होगा। वे इसी के परामर्श के अनुसार आचरण करेंगे।"

महाभारत में वर्णित एक कथा के अनुसार बृहस्पति के दो भाई उत्तथ और संवर्तक थे। उनकी वर-स्त्री नामक एक बहन भी थी।

बालक बृहस्पति परम शिव-भक्त थे। बाल्यकाल से ही उनके मन में प्रभु-भक्ति का बीज अंकुरित हो गया था। वह आश्रम के अन्य ऋषि-पुत्रों के साथ मिलकर भगवान् शिव की पूजा-आराधना करते थे।

एक बार रात्रि के समय महर्षि अंगिरा अपनी कुटिया में विश्राम कर रहे थे। तब बालक बृहस्पति ने उनसे भगवान् शिव के स्वरूप के बारे में पूछा।

बालक बृहस्पति की जिज्ञासा को देखकर महर्षि उसे समझाते हुए बोले, "हे पुत्र! भगवान् शिव परमब्रह्म हैं। वह ही सृष्टि के रचयिता, पालनकर्ता और संहारक हैं। उनका स्वरूप निराकार है। अपनी भक्ति करनेवाले भक्तों को वह उनके मन में स्थापित स्वरूपों के आधार पर दर्शन देते हैं। वह केवल सच्ची भक्ति से ही प्रसन्न होकर अपने भक्तों को तीनों लोकों का सुख प्रदान कर देते हैं।"

पिता के मुख से शिव-स्वरूप की महिमा सुनकर बालक बृहस्पति बोले, "पिताश्री, यदि भगवान् शिव केवल भक्ति से ही प्रसन्न होकर भक्तों को दर्शन देते हैं तो मैं भी उनकी नियमित भक्ति करता हूँ। किंतु उन्होंने मुझे कभी दर्शन नहीं दिए।"

पुत्र के प्रश्न का उत्तर देते हुए महर्षि बोले, "हे पुत्र! यदि भक्ति लालसा और स्वार्थ के वशीभूत होकर की जाए तो उसका क्षणिक फल तो प्राप्त होता है,

किंतु भगवान् प्राप्त नहीं होते। भगवान् को प्राप्त करने के लिए अनेक वर्षों तक निस्स्वार्थ भाव से सांसारिक सुखों का त्याग करके कठोर तपस्या करनी पड़ती है।''

भगवान् शिव को प्राप्त करने का उपाय जानकर बालक बृहस्पति ने पिता से कहा, ''पिताश्री, मैं भी भगवान् शिव को प्राप्त करना चाहता हूँ। आप मुझे वन में जाकर तप करने की आज्ञा प्रदान करें।''

ऋषि दंपती ने इसे भगवान् की इच्छा जानकर उन्हें तप करने की आज्ञा प्रदान कर दी। माता-पिता की आज्ञा मिलने पर बृहस्पति उसी समय वन के लिए प्रस्थान कर गए।

वन में बृहस्पति ने अनेक वर्षों तक कठोर तपस्या की। उनका सारा शरीर के चारों ओर मिट्टी का एक पर्वत खड़ा हो गया। अनेक प्रकार के कीड़ों, साँप व बिच्छुओं ने उसमें बाँबियाँ बना लीं; किंतु बृहस्पति बिना किसी भय के निरंतर शिव-उपासना करते रहे।

बृहस्पति की तपस्या का तेज इतना तीव्र हो गया कि देवराज इंद्र का आसन भी डोलने लगा। उन्हें यह भय हो गया कि इंद्रासन प्राप्त करने के लिए ही बृहस्पति इतना कठोर तप कर रहे हैं। उसने बृहस्पति की तपस्या खंडित करने के लिए वरुण देव, पवन देव और अग्नि देव को भेजा। वरुण देव ने भयंकर वर्षा, पवन देव ने वायु के तेज तूफान और अग्नि देव ने अग्नि की भयंकर ज्वालाओं से बृहस्पति की तपस्या भंग करने का प्रयास किया; किंतु तीनों मिलकर भी उनकी तपस्या खंडित न कर सके।

तीनों देवताओं के असफल होने पर स्वयं देवराज इंद्र अमोघ वज्र के साथ प्रकट हुए। उसने तपस्या में लीन बृहस्पति पर वज्र का तीक्ष्ण प्रहार किया। भगवान् शिव अपने भक्तों के सभी कष्टों का नाश करके उनकी विपत्ति में रक्षा करते हैं। उन्होंने प्रकट होकर अपने त्रिशूल से वज्र के प्रहार को निष्फल कर दिया। भगवान् शिव को वहाँ देखकर इंद्र भयभीत हो गया और उनकी स्तुति करके स्वर्ग को लौट गया।

तब भगवान् शिव बृहस्पति से बोले, ''हे पुत्र बृहस्पति! तुम्हारी तपस्या सफल हुई। तुमने अपनी निस्स्वार्थ भक्ति और तप के बल से मुझे प्राप्त कर लिया है। माँगो, तुम्हें क्या वर चाहिए? मैं तुम्हारी समस्त इच्छाएँ पूर्ण करने का वचन देता हूँ।''

भगवान् शिव की स्तुति करने के बाद बृहस्पति बोले, ''हे प्रभु! मैंने यह तपस्या किसी फल की इच्छा से नहीं की। मेरा उद्देश्य केवल आपकी दया-दृष्टि प्राप्त करना है।''

बृहस्पति की बात सुनकर भगवान् शिव बोले, "हे पुत्र! जो भी भक्त निस्स्वार्थ भाव और सच्चे हृदय से मेरी तपस्या करता है, उसके कण-कण में मैं स्वयं सूक्ष्म रूप में विद्यमान रहता हूँ। तुमने भी स्वार्थ-रहित होकर मेरी तपस्या की है, अतः मैं तुम्हें देवगुरु का पद प्रदान करते हुए यह वर देता हूँ कि तुम आकाश में ग्रह-रूप में स्थापित होकर संसार का कल्याण करोगे। सभी ग्रहों में तुम सबसे अधिक पूजनीय और आदरणीय होगे।"

इस प्रकार अपनी निस्स्वार्थ भक्ति और कठोर तप के बल पर भगवान् शिव को प्रसन्न करके बृहस्पति देव देवताओं के गुरु-पद और ग्रह-रूप में प्रतिष्ठित हुए।

देवगुरु के पद पर बृहस्पति देव के आसीन होने से स्वर्ग का शासन सुचारु रूप से चलने लगा। उनकी कृपा-दृष्टि के परिणामस्वरूप स्वर्ग के वैभव और ऐश्वर्य में वृद्धि होती गई।

एक बार इंद्र ने किसी बात पर देवगुरु बृहस्पति का अपमान कर दिया। उसी समय देवगुरु बृहस्पति स्वर्ग का त्याग करके तपस्या में लीन हो गए। देवगुरु बृहस्पति की अनुपस्थिति में सभी देवगण भोग-विलास में डूब गए। तब उचित अवसर जानकर दैत्यों ने स्वर्ग पर अधिकार करने के लिए देवताओं पर आक्रमण कर दिया। देवासुर संग्राम अनेक वर्षों तक चला। धीरे-धीरे इस युद्ध में देवताओं की शक्ति क्षीण होने लगी और असुर देवताओं पर भारी पड़ने लगे।

अंत में देवता असुरों से पराजित हो गए। पराजित इंद्र आदि देवगण को अपनी जान बचाकर वन में जाकर छुपना पड़ा।

एक बार देवर्षि नारद घूमते-घूमते वन में जा निकले। वहाँ इंद्र ने उनसे इस विपत्ति से बचने का उपाय पूछा। देवर्षि नारद ने उन्हें ब्रह्माजी की शरण में जाने का परामर्श दिया।

सभी देवगण ब्रह्माजी की शरण में उपस्थित हुए और उनकी स्तुति करते हुए बोले, "हे परम पिता! दैत्यों ने हमें पराजित करके स्वर्ग पर अधिकार कर लिया है और हम अपने प्राणों को बचाने के लिए वन-वन भटक रहे हैं। उनके अत्याचारों से चारों ओर हाहाकार मच गया है। हे प्रभु! हम सब आपकी शरण में आए हैं। आप हमारी और सृष्टि की रक्षा करें।"

ब्रह्माजी बोले, "हे इंद्र! तुमने देवगुरु बृहस्पति का अपमान करके अपने भाग्य को श्रीहीन कर दिया है। देवगुरु बृहस्पति नक्षत्र-मंडल में एक ग्रह के रूप में भी स्थापित हैं। जब तक उनकी कृपा-दृष्टि तुम पर रही, तुम स्वर्ग के शासक थे और स्वर्ग में चारों ओर सुख-शांति का वास था। उनके द्वारा स्वर्ग का त्याग करते ही तुम्हारी शक्तियाँ और वैभव समाप्त हो गया। यदि तुम देवगुरु को प्रसन्न कर लो

तो तुम्हारी सभी समस्याओं का समाधान हो जाएगा।''

ब्रह्माजी का कथन सुनकर इंद्र को अपने किए पर पश्चात्ताप हुआ। बृहस्पति देव की कृपा-दृष्टि प्राप्त करने के लिए वह अन्य देवगण के साथ उनकी शरण में गया और उनसे क्षमा की प्रार्थना करते हुए बोला, ''हे देवगुरु! मेरे अपराध का मुझे इतना कठोर दंड न दें। मेरे हृदय में पश्चात्ताप की अग्नि प्रज्वलित है। आप मेरा अपराध क्षमा करके मुझे कृतार्थ करें। मैं आपके पुत्र के समान हूँ और पिता पुत्र से कभी भी रुष्ट नहीं होते। नेत्र खोलें देवगुरु और हमारे कष्टों का नाश करें। हम सब आपकी शरण में हैं।''

इंद्र की करुण विनती सुनकर बृहस्पति देव ने इंद्र के अपराध को क्षमा कर दिया। देवासुर संग्राम में देवताओं की पराजय की बात सुनकर बृहस्पति देव ने इंद्र को शक्ति-प्राप्ति का यज्ञ करने की आज्ञा दी। देवगुरु बृहस्पति का आशीर्वाद प्राप्त करने के बाद इंद्र ने शीघ्र ही शक्ति-यज्ञ की तैयारी आरंभ कर दी।

उचित समय पर यज्ञ आरंभ किया गया। इस यज्ञ के पुरोहित स्वयं बृहस्पति देव थे। यज्ञ की तीव्र लपटों में आहुतियाँ डालकर मंत्रों का उच्चारण किया जाने लगा। देवताओं के इस यज्ञ की सूचना दैत्यों को मिल गई। वे अपनी समस्त शक्ति के साथ यज्ञ-स्थली पर पहुँचे और यज्ञ में विघ्न डालने लगे। दैत्यों के इस कृत्य से यज्ञ भंग होने लगा।

तब यज्ञ को पूर्ण करने के लिए देवगुरु बृहस्पति ने रक्षोघ्र मंत्रों का उच्चारण किया। रक्षोघ्र मंत्रों का जप करते ही यज्ञ-वेदी के चारों ओर रक्षा-चक्र निर्मित हो गया। इस रक्षा-चक्र के कारण दैत्य शक्तिहीन हो गए और यज्ञ को भंग न कर सके। अंत में बृहस्पति देव की सहायता से यज्ञ पूर्ण हो गया।

यज्ञ के पूर्ण होते ही देवता पुनः शक्ति-संपन्न हो गए। शक्तिशाली होते ही देवताओं ने दैत्यों को युद्ध के लिए ललकारा। देवगुरु के आशीर्वाद से देवता युद्ध में विजयी हुए। इस प्रकार बृहस्पति देव की कृपा-दृष्टि प्राप्त करते ही इंद्र को स्वर्ग का सुख, वैभव और ऐश्वर्य पुनः प्राप्त हो गया।

नीचे दिए गए किसी भी बृहस्पति-मंत्र का जप करके शीघ्र ही बृहस्पति देव की कृपा प्राप्त की जा सकती है—

ॐ ग्रां ग्रीं ग्रौं सः गुरवे नमः।

ॐ बृं बृहस्पतये नमः।

□

22

शुक्र देव

दैत्यगुरु शुक्राचार्य ही आकाश-मंडल में शुक्र ग्रह के रूप में विद्यमान हैं। जिस प्रकार बृहस्पति देव देवताओं के देवगुरु हैं, उसी प्रकार शुक्र देव दैत्यों के गुरु-पद पर आसीन हैं। ये दैत्यों के पुरोहित और मार्गदर्शक हैं। दैत्यों पर उनकी कृपा-दृष्टि सदैव रहती है। श्वेत कमल-पुष्प पर विराजमान दैत्य गुरु शुक्राचार्य श्वेत वर्ण के हैं। उनके सिर पर स्वर्ण-मुकुट और गले में माला सुशोभित होती है। भगवान् विष्णु के समान उनके चार हाथ हैं, जिनमें दंड, रुद्राक्ष की माला, पात्र और वरमुद्रा सुशोभित हैं। उनके रथ में आठ अश्व जुते होते हैं।

ब्रह्माजी ने उन्हें ग्रह के रूप में स्थापित करके तीनों लोकों का उद्धार करने का परामर्श दिया। तभी से शुक्राचार्य वृष्टि-अवृष्टि, भय-अभय उत्पन्न करके प्राणियों के उद्धार का कार्य करते हैं। इन्हें ब्रह्माजी की सभा में उपस्थित

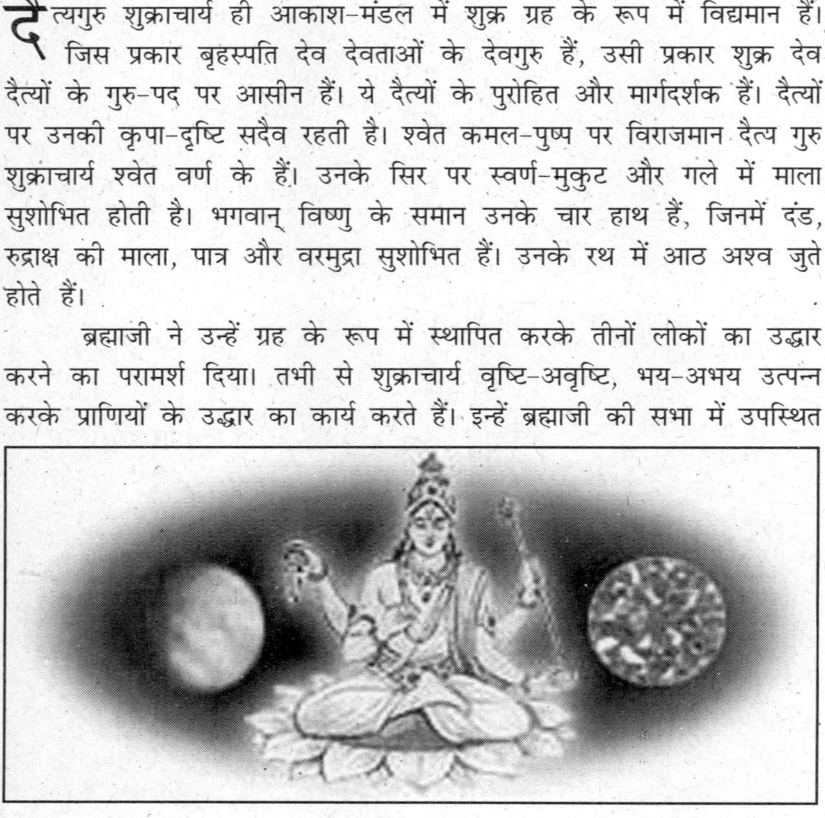

रहने का अधिकार प्राप्त है। इन्होंने अपनी समस्त धन-संपदा दैत्यों को प्रदान करके तपस्वी की भाँति जीवन व्यतीत करना स्वीकार किया।

शुक्र ग्रह वृष और तुला राशि के स्वामी हैं। इनकी महादशा बीस वर्ष की होती है। इनकी शांति के लिए साधक को इनकी पूजा-अर्चना करके श्वेत वस्तुओं का दान करना चाहिए।

शास्त्रों और धार्मिक ग्रंथों में शुक्र देव की उत्पत्ति की कथा इस प्रकार वर्णित है–

एक बाद दैत्यों ने स्वर्ग पर अधिकार करने के लिए देवताओं पर आक्रमण कर दिया। देवताओं को पृथ्वी पर होनेवाले यज्ञों और पूजन का फल प्राप्त होता था, जिससे उनकी शक्ति में वृद्धि होती गई। इसके परिणामस्वरूप युद्ध में देवताओं ने दैत्यों को पराजित कर दिया और उन्हें मार-मारकर स्वर्ग से खदेड़ दिया।

इस पराजय से दैत्य विचलित हो उठे। उन्होंने पृथ्वी पर होनेवाले सभी यज्ञों और पूजन को समाप्त करने का निर्णय किया। इसके लिए उन्होंने ऋषि-मुनियों द्वारा किए जानेवाले यज्ञों और पूजन को भंग करना आरंभ कर दिया। वे आश्रम में जाकर यज्ञ को अपवित्र कर देते और ऋषि-मुनियों पर अत्याचार करते। जब दैत्यों के अत्याचार बढ़ गए और ऋषियों के लिए यज्ञ व पूजन करना असंभव हो गया, तब दैत्यों के अत्याचारों से मुक्ति पाने के लिए भृगु ऋषि ने पत्नी के साथ भगवान् शिव की कठोर तपस्या आरंभ कर दी।

भृगु ऋषि की तपस्या अनेक वर्षों तक चली। अंत में प्रसन्न होकर भगवान् शिव ने दर्शन देते हुए ऋषि दंपती को मनोवांछित वर माँगने को कहा। भगवान् शिव को साक्षात् देखकर भृगु ऋषि आत्मविभोर हो गए और उनकी स्तुति करके दैत्यों से रक्षा करने की प्रार्थना करते हुए बोले, ''हे भोलेनाथ! हम ऋषि-मुनियों का नित्य-कर्म ईश्वर की पूजा-अर्चना और तपस्या करना है। दैत्य हमारे इस नित्य-कर्म में बाधा उत्पन्न कर रहे हैं। अतः हे प्रभु! दैत्यों से हमारी रक्षा करें।''

भृगु ऋषि की प्रार्थना सुनकर भगवान् शिव उन्हें वर देते हुए बोले, ''हे भृगु! मैं तुम्हें यह वर देता हूँ कि त्रिदेवों के अतिरिक्त कोई भी देव, दानव, गंधर्व और मनुष्य आपकी आज्ञा के बिना आपके आश्रम में प्रविष्ट नहीं कर सकेंगे। जो भी इस नियम का उल्लंघन करेगा, उसकी समस्त शक्तियाँ क्षीण हो जाएँगी और वह पवित्र अग्नि में जलकर भस्म हो जाएगा।''

इसके बाद भगवान् शिव ने ऋषि-पत्नी ख्याति से वर माँगने के लिए कहा।

तब ख्याति बोली, ''हे प्रभु! पत्नी के सब कर्म पति की सेवा के लिए ही होते हैं। आपने उनकी इच्छा पूर्ण करके मेरी समस्त अभिलाषाएँ स्वतः ही

पूर्ण कर दीं। अब मुझे अन्य किसी वस्तु की आवश्यकता नहीं रही।''

ख्याति की बात सुनकर भगवान् शिव बोले, ''हे पुत्री! यह ठीक है कि पत्नी का कर्म पति के कर्म पर निर्भर करता है। किंतु उसका फल उसे स्वयं ही स्वीकार करना पड़ता है। भृगु ऋषि को मैं उनकी तपस्या का फल प्रदान कर चुका हूँ। तुम्हारी तपस्या का फल प्रदान करना अभी शेष है। बिना तुम्हें वर प्रदान किए मैं कैलास नहीं जा सकता। अतः हे पुत्री! निस्संकोच होकर अपना मनोवांछित वर माँगो।''

ख्याति ने भगवान् शिव से पुत्र-प्राप्ति का वरदान माँगा। भगवान् शिव उसे वर देकर अंतर्धान हो गए। शिवजी के वर के कारण उचित समय पर ख्याति और भृगु ऋषि को एक पुत्र-रत्न की प्राप्ति हुई। भृगु ऋषि ने उस बालक का नाम 'शुक्र' रखा।

शुक्र बाल्यकाल से ही बड़े सात्त्विक और धार्मिक विचारोंवाले बालक थे। अपने पिता के समान वे भी अनन्य शिव-भक्त थे। उनकी शिव-भक्ति निस्स्वार्थ और कामना रहित थी।

एक बार भृगु ऋषि तपस्या के लिए वन को जाने लगे, तब शुक्र ने भी साथ चलने की प्रार्थना की। शुक्र की प्रार्थना सुनकर पहले तो भृगु ऋषि ने उन्हें साथ ले जाने से इनकार कर दिया, उन्हें तरह-तरह के भय दिखाए। किंतु अंत में उनके हठ के सामने उन्हें झुकना पड़ा और वह शुक्र के साथ वन के लिए प्रस्थान कर गए।

वन में जाकर भृगु ऋषि ने शिवलिंग की स्थापना की और पूजा-अर्चना के बाद घोर तपस्या में लीन हो गए। पिता के तपस्या में लीन होने के बाद शुक्र प्रतिदिन फूल और गंगाजल लाकर शिवलिंग की पूजा-आराधना करने लगे।

इधर दैत्यों ने देवताओं पर पुनः आक्रमण कर दिया। देवताओं ने दैत्यों को पराजित कर दिया और उनका समूल नाश करने के उद्‌देश्य से उनका पीछा आरंभ कर दिया। दैत्य अपनी जान बचाकर वन-वन भटके, किंतु हर ओर उन्हें देवताओं ने घेर लिया।

अंत में भटकते हुए वे भृगु ऋषि के आश्रम में जा पहुँचे। वे आश्रम की सीमा पर खड़े होकर ऋषि-पत्नी ख्याति से अपनी रक्षा की प्रार्थना करते हुए बोले, ''हे माता! हमारी रक्षा करें। देवता हमारे वंश का समूल नाश करना चाहते हैं। हम अपने प्राणों को बचाते हुए वन-वन घूम रहे हैं। अब हम सब आपकी शरण में हैं। शरणागत की रक्षा करें। हमें आश्रम में प्रवेश करने की अनुमति प्रदान करें।''

दैत्यों की करुण पुकार से ऋषि-पत्नी का मन पिघल गया और उन्होंने भृगु ऋषि से मानसिक संबंध स्थापित करके दैत्यों को आश्रय देने की अनुमति माँगी।

भृगु ऋषि ने मानसिक संदेश द्वारा शरणागत की रक्षा करने की आज्ञा दे दी। इस प्रकार दैत्य भृगु ऋषि के आश्रम में प्रविष्ट हो गए और वहाँ हर्षपूर्वक रहने लगे।

दैत्यों को ढूँढ़ते हुए इंद्र आदि देवगण भी भृगु ऋषि के आश्रम में पहुँच गए। वहाँ दैत्यों को देखकर उन्होंने माता ख्याति से आश्रम में प्रवेश करने की आज्ञा माँगी। ऋषि-पत्नी ख्याति देवताओं से बोलीं, ''हे पुत्रो! शरणागत की रक्षा करना इस आश्रम की मर्यादा रही है, चाहे वे दैत्य ही क्यों न हों। मैं तुम्हें इस आश्रम में प्रवेश करने की आज्ञा देकर आश्रम की मर्यादा भंग नहीं होने दूँगी। उचित यही होगा कि आप सभी लौट जाएँ।''

देवताओं ने उन्हें विभिन्न प्रकार से समझाने का प्रयास किया, किंतु वह अपने वचन पर अडिग रहीं। अंत में देवताओं को विवश होकर लौटना पड़ा।

यह देखकर दैत्य अत्यंत खुश हुए। उन्होंने कूटनीति से काम लेने की बात सोची। वे आश्रम से बाहर आकर देवताओं पर आक्रमण करने लगे। जब देवता उनके प्रहारों को काटते हुए उन्हें मारने के लिए आगे बढ़ते तो वे सभी आश्रम में भाग जाते। आश्रम की सीमाओं पर आकर देवता विवश होकर स्वर्ग में वापस लौट जाते। इससे देवताओं को क्षति होने लगी। अंत में सभी देवता भगवान् विष्णु के समक्ष उपस्थित हुए और उनसे रक्षा करने की विनती की।

विष्णुजी भृगु ऋषि के आश्रम में पहुँचे। भगवान् विष्णु को देखकर ख्याति ने उनकी स्तुति की और उनसे वहाँ आने का कारण पूछा। विष्णुजी ने ख्याति को धर्म और नीति की बातें समझाते हुए दैत्यों को सौंपने के लिए कहा।

विष्णुजी का कथन सुनकर ख्याति बोलीं, ''हे प्रभु! मेरा धर्म इस समय मुझे शरणागत की रक्षा करने के लिए प्रेरित कर रहा है। मैं किसी भी अवस्था में अपने धर्म से विमुख नहीं हो सकती। अतः हे देव! आप मुझे वह कार्य करने के लिए प्रेरित न करें, जिससे मेरे धर्म का नाश हो जाए।''

तब लोक-कल्याण के लिए भगवान् विष्णु ने ख्याति को मृत्यु का भय दिखाया।

ऋषि-पत्नी ख्याति बोलीं, ''हे प्रभु! यदि धर्म को बचाने और लोक-कल्याण के लिए मेरी मृत्यु आवश्यक है तो मैं इसके लिए सहर्ष तैयार हूँ।''

अंत में विवश होकर भगवान् विष्णु ने अपने सुदर्शन चक्र से ख्याति के सिर को धड़ से अलग कर दिया। प्राणों का अंत होते ही ख्याति की आत्म-ज्योति भगवान् विष्णु में समाहित हो गई। ख्याति की मृत्यु के बाद विष्णुजी ने आश्रम में शरण लिये हुए दैत्यों को समाप्त कर दिया।

ख्याति की मृत्यु से ब्रह्मांड में हलचल उत्पन्न हो गई। इस हलचल से भृगु ऋषि की तपस्या खंडित हो गई और उन्होंने अपने नेत्र खोल दिए। शुक्र को अत्यंत आश्चर्य हुआ और उन्होंने अपने पिता से इसका कारण पूछा। पुत्र के पूछने पर भृगु ऋषि ने उन्हें सबकुछ बता दिया।

माता की मृत्यु का समाचार सुनकर शुक्र को भगवान् विष्णु पर अत्यंत क्रोध आया और उन्होंने उनसे बदला लेने का संकल्प किया।

भृगु ऋषि ने शुक्र को हर प्रकार से समझाया, किंतु शुक्र ने उनकी कोई भी बात सुनने से इनकार कर दिया। उन्होंने उसी समय भगवान् शिव को प्रसन्न करने के लिए तप आरंभ कर दिया। शुक्र की तपस्या एक हजार वर्ष तक चली। वह विभिन्न प्रकार से भगवान् शिव का पूजन करने लगे।

अंत में उनकी कठोर तपस्या से प्रसन्न होकर भगवान् शिव प्रकट हुए और उनसे बोले, "हे पुत्र! तुम्हारे समान एक हजार वर्ष तक कठोर तप न तो किसी ने किया है और न ही कोई कर सकता है। मैं तुम्हारे इस कठोर तप से अत्यंत प्रसन्न हूँ। पुत्र, इस तपस्या के फल के रूप में जो भी वर माँगना चाहो, माँग लो।"

भगवान् शिव को साक्षात् देखकर शुक्र ने उनका विधिवत् पूजन किया और फिर उनसे वर माँगते हुए बोले, "हे भोलेनाथ! मृत-संजीवनी विद्या प्राप्त करने के लिए मैंने कठोर तप किया है। यदि आप प्रसन्न हैं तो मुझे यह विद्या प्रदान करने की कृपा करें।"

शुक्र को वर प्रदान करने के बाद भगवान् शिव वहाँ से अंतर्धान हो गए। इस प्रकार अपने तप के बल पर शुक्र ने मृत-संजीवनी विद्या प्राप्त की। इस विद्या के प्रयोग से शुक्र ने सभी मृत दैत्यों को पुनर्जीवित कर दिया। पुनर्जीवित होते ही दैत्यों ने शुक्र को अपना हितैषी जानकर दैत्यगुरु स्वीकार कर लिया। तभी से शुक्र 'दैत्यगुरु शुक्राचार्य' कहलाने लगे।

बाद में शुक्र के मार्गदर्शन में ही दैत्यों ने इंद्र आदि देवताओं को पराजित करके स्वर्ग पर अधिकार स्थापित किया। शुक्राचार्य की शक्तियों के आगे भगवान् विष्णु भी असहाय होकर युद्ध में पराजित हो गए। इस प्रकार शुक्राचार्य ने विष्णुजी को पराजित कर उनसे अपनी माता की मृत्यु का प्रतिशोध लिया।

एक बार शिवजी मंदराचल पर्वत पर पार्वती के साथ विहार कर रहे थे। तभी पार्वती ने मूँगे, स्वर्ण और कमल की प्रभावाले अपने हाथों से शिवजी के नेत्र बंद कर लिये तो वहाँ बड़ा अंधकार फैल गया। महेश्वर के शरीर से पार्वती के हाथों का स्पर्श होने के कारण वहाँ से पसीना जल बनकर प्रवाहित होने लगा। उस जल से एक विकराल, काले रंग का, कुरूप, भयंकर, अंधा और बेडौल जीव उत्पन्न हुआ। पार्वती के पूछने पर शंकरजी ने अपने नेत्र बंद करने का यह फल बताया। उसका नाम अंधक अथवा 'अंधकासुर' रखा गया।

शिव ने यह भी कहा कि "तुम्हारे हाथों में लगे मेरे मस्तक के पसीने से उत्पन्न यह बालक तुम्हारी संतान है, अतः तुम्हीं इसके पालन-पोषण का प्रबंध करो।" इस प्रकार अंधकासुर का जन्म हुआ। पार्वती पुत्र की भाँति अंधक का लालन-पालन करने लगीं।

उन दिनों स्वर्ग पर अधिकार करने के लिए दैत्यों और देवताओं में भयंकर युद्ध होते रहते थे। उस समय कश्यप ऋषि का पुत्र हिरण्याक्ष दैत्यों का राजा था। उसने दैत्यगुरु शुक्राचार्य से देवताओं पर विजय पाने का उपाय पूछा।

शुक्राचार्य उपाय बताते हुए बोले, "हे दैत्यराज! यदि तुम भगवान् शिव को प्रसन्न करके उनसे एक बलशाली और अजेय पुत्र प्रदान करने का वर प्राप्त कर लो तो तुम्हारी शक्ति में वृद्धि हो जाएगी और तुम सरलता से देवताओं को युद्ध में पराजित कर दोगे।"

दैत्यगुरु शुक्राचार्य के परामर्श से दैत्यराज हिरण्याक्ष पुत्र-प्राप्ति की कामना मन में लिये उस वन में तप करने के लिए आया। उसके मन में शिव के दर्शन की इच्छा थी, अतः वह क्रोध आदि दोषों को अपने नियंत्रण में रखकर तपस्या में जुट गया।

हिरण्याक्ष की तपस्या से प्रसन्न होकर पिनाकधारी शिव उसके सामने प्रकट हुए और उसे इच्छित वर माँगने के लिए कहा। हिरण्याक्ष ने शिव की स्तुति करते हुए कहा, "हे चंद्रभाल! मैंने आपकी तपस्या इसलिए की है, क्योंकि मेरे उत्तम पराक्रम तथा दैत्य कुल के अनुरूप मेरा कोई पुत्र नहीं है। यदि आप मुझे वर देना चाहते हैं तो मुझे एक परम बलशाली पुत्र प्रदान कीजिए।"

शिवजी ने कहा, "दैत्य वीर! तुम्हारे भाग्य में पुत्र होना नहीं लिखा है, किंतु तुम्हारी तपस्या के फलस्वरूप मैं तुम्हें अपना एक बलशाली और अजेय पुत्र प्रदान करता हूँ। संसार में वह तुम्हारे ही समान पराक्रमी और अजेय होगा।"

इस प्रकार शिवजी ने समझा-बुझाकर हिरण्याक्ष को अपना वह अंधा पुत्र सौंप दिया। शिवजी से पुत्र प्राप्त कर लेने के बाद वह प्रचंड पराक्रमी दैत्य

संपूर्ण देवताओं को जीतकर पृथ्वी को पाताल में उठा ले गया।

तब भगवान् विष्णु ने वराह अवतार धारण कर हिरण्याक्ष का वध किया और पृथ्वी को उस राक्षस के चंगुल से मुक्त करवाया। हिरण्याक्ष की मृत्यु के बाद अंधक के पिता के परिवारवालों ने उसे राजा बनने के अयोग्य बताकर उसका अपमान किया।

अपमानित अंधक दैत्यगुरु शुक्राचार्य की शरण में गया और उनसे सहायता करने की विनती की। शुक्राचार्य ने उसे ब्रह्माजी को प्रसन्न करके वर प्राप्त करने को कहा। दैत्यगुरु शुक्राचार्य का आशीर्वाद प्राप्त करके अंधकासुर कठोर तप करने लगा। उसने विभिन्न प्रकार से ब्रह्माजी की पूजा-अर्चना की। जब ब्रह्माजी प्रसन्न होकर प्रकट हुए तो उसने यह वरदान माँगा कि 'उसकी नेत्र-ज्योति ठीक हो जाए व वह देवता और दानवों के हाथों न मारा जाए।'

तब ब्रह्माजी ने उसे शिवजी के अतिरिक्त अन्य किसी से भी न मारे जाने का वर दे दिया।

वर प्राप्त करते ही अंधकासुर की शक्तियाँ बढ़ गईं और वह उनका दुरुपयोग करने लगा। उसके अत्याचार हद से ज्यादा बढ़ गए और उसने स्वर्ग पर आक्रमण करके देवताओं से युद्ध आरंभ कर दिया।

दैत्यों और देवताओं के मध्य भयंकर युद्ध हुआ। अंत में जब देवताओं की शक्ति क्षीण होने लगी, तब वे भगवान् विष्णु की शरण में गए और उनसे रक्षा करने की प्रार्थना की। भगवान् विष्णु ने सुदर्शन चक्र से अनेक दैत्यों को मार डाला।

भगवान् विष्णु के इस दैत्य-संहार को देखकर अंधकासुर भयभीत हो गया। वह घबराकर दैत्यगुरु शुक्राचार्य की शरण में गया और उनसे मृत-संजीवनी विद्या द्वारा मरे हुए दैत्यों को पुनर्जीवित करने की प्रार्थना की।

उसकी विनती सुनकर शुक्राचार्य ने उसकी रक्षा करने का वचन दिया। तत्पश्चात् शुक्राचार्य युद्ध-स्थल पर गए और भगवान् शिव का स्मरण करके एक-एक दैत्य पर मृत-संजीवनी विद्या का प्रयोग करने लगे। इस विद्या के प्रयोग से युद्ध में मारे गए सभी दैत्य पुनर्जीवित हो गए।

इस प्रकार युद्ध में देवता जितने भी राक्षसों का संहार करते, दैत्यगुरु शुक्राचार्य मृत-संजीवनी विद्या से उन सभी दैत्यों को पुनर्जीवित कर देते और वे पूरी शक्ति से पुनः देवताओं पर आक्रमण कर देते। दैत्यगुरु शुक्राचार्य को भगवान् शिव से यह वरदान प्राप्त था कि 'उन पर कोई भी विजय प्राप्त नहीं कर पाएगा और न ही उन्हें कोई मार सकेगा।' इस कारण देवता शुक्राचार्य के

सामने विवश हो गए।

अंत में देवगण शिवजी की शरण में गए और उन्हें शुक्राचार्य के कार्यों की जानकारी दी। शिवजी ने क्रोधित होकर नंदी से कहा कि "शुक्राचार्य को बंदी बनाकर यहाँ उठा लाओ।"

नंदी शिवजी की आज्ञा से शुक्राचार्य को बंदी बनाने के लिए गए; किंतु वे किसी भी प्रकार से शुक्राचार्य को बंदी न बना सके। तब नंदी ने भगवान् शिव का स्मरण किया। शिव का स्मरण करने से वहाँ शिव-शक्ति प्रकट हुई।

शिव-शक्ति को देखकर शुक्राचार्य ने अपने सभी अस्त्र-शस्त्र त्यागकर उसे प्रणाम करते हुए सहर्ष आत्मसमर्पण कर दिया। शिव-शक्ति ने शुक्राचार्य को बाँध लिया। तब नंदी शिव-शक्ति से बँधे शुक्राचार्य को शिवजी के पास लाए।

शिव ने फल की तरह शुक्राचार्य को निगल लिया। शुक्राचार्य सौ वर्षों तक शिवजी के उदर में भ्रमण करते रहे, लेकिन उन्हें बाहर निकलने का मार्ग नहीं मिला। शिव के उदर में शुक्राचार्य को पाताल सहित सातों लोक, ब्रह्मा, विष्णु, इंद्र, आदित्य और अप्सराओं के विभिन्न भवन तथा संपूर्ण ब्रह्मांड के दर्शन हुए।

तब शुक्राचार्य ने भगवान् शिव की कृपा-दृष्टि प्राप्त करने के लिए एक मंत्र का जप आरंभ किया। उस मंत्र के प्रभाव से शुक्राचार्य शिव के लिंग-मार्ग से शुक्र (वीर्य) के रूप में बाहर निकले। पार्वती ने उन्हें पुत्र-रूप में स्वीकार किया।

शिव मुसकराते हुए बोले, "भृगु के श्रेष्ठ पुत्र! क्योंकि तुम मेरे लिंग-मार्ग से शुक्र की तरह निकले हो, इसलिए तुम 'शुक्र' कहलाओगे। अब तुम मेरे पुत्र हो गए। तुम्हारे द्वारा रचित मंत्र संसार में महामृत्युंजय मंत्र के नाम से विख्यात होगा। जो भी साधक इस मंत्र का नियमित और नियमानुसार जप करेगा, उसकी समस्त मनोकामनाएँ पूर्ण होंगी और उसे शिव-कृपा की प्राप्ति होगी।"

दैत्यगुरु शुक्राचार्य द्वारा रचित महामृत्युंजय मंत्र भगवान् शिव का प्रिय मंत्र है। इस मंत्र की रचना करके शुक्राचार्य ने देव, दैत्य, मनुष्य आदि को शिव-कृपा प्राप्त करने का सबसे सरल और उत्तम साधन प्रदान किया।

सृष्टि के कल्याण के लिए भगवान् शिव ने अपनी शक्तियों द्वारा सभी दैत्यों को समाप्त कर दिया। भगवान् शिव के कारण दैत्यगुरु शुक्राचार्य भी दैत्यों के लिए कुछ न कर सके। दैत्यों के नाश से शुक्राचार्य का मन अशांत हो गया। उन्होंने दैत्यगुरु के पद का त्याग कर दिया और विचलित होकर इधर-उधर

भटकने लगे।

उन्हें इस प्रकार भटकते देख भगवान् शिव ने ब्रह्माजी को उनके मन को शांत करने के लिए भेजा। ब्रह्माजी शुक्राचार्य के सम्मुख प्रकट होकर बोले, ''हे शुक्र देव! सृष्टि के कल्याण के लिए दैत्यों का नाश आवश्यक था। इसके लिए आप अपने को दोषी न समझें। यह सब पहले से ही नियत था। अतः अब आप ब्रह्मांड में ग्रह-रूप में स्थापित होकर सृष्टि के पालन में मेरी सहायता कीजिए।''

ब्रह्माजी के सांत्वना भरे शब्दों से प्रेरित होकर शुक्राचार्य ने पृथ्वी का त्याग कर दिया और आकाश में ग्रह के रूप में स्थापित हो गए। तभी से दैत्यगुरु शुक्राचार्य शुक्र ग्रह के नाम विख्यात हुए।

शुक्र ग्रह की कृपा-दृष्टि प्राप्त करने के लिए नीचे दिए गए शुक्र-मंत्रों में से किसी भी मंत्र का जप किया जा सकता है–

ॐ द्रां द्रीं द्रौं सः शुक्राय नमः।

ॐ शुं शुक्राय नमः। □

23

शनि देव

शनि देव को नव-ग्रहों में विशेष स्थान प्राप्त है। शनि देव न्यायप्रिय और सभी को समान रूप से उनके अच्छे-बुरे कर्मों का फल प्रदान करनेवाले देवता हैं।

यह सूर्य देव और छाया के पुत्र हैं। इनका वर्ण श्याम तथा वाहन गिद्ध है। इनके सिर पर स्वर्णमुकुट, गले में माला तथा शरीर पर नीले रंग के वस्त्र सुसज्जित होते हैं। ये हाथों में धनुष, बाण, त्रिशूल और वर-मुद्रा धारण करते हैं। कालभैरव, हनुमान, बुध और राहु इनके प्रिय मित्र हैं।

शनिदेव मकर और कुंभ राशि के स्वामी ग्रह हैं। इनके प्रभाव में आने वाला मनुष्य गंभीर, त्यागी, तपस्वी और क्रोधी स्वभाव का हो जाता है। यह प्रत्येक राशि में तीस-तीस महीने रहते हैं। इनकी क्रूर दृष्टि जिस मनुष्य पर पड़ती है वह वातरोग, कैंसर, शुगर, गुरदा, त्वचा रोग आदि से ग्रसित हो जाता है। जिस पर ये कृपा करते हैं, उसके सभी कष्टों को समाप्त कर उसे धन-धान्य से परिपूर्ण कर देते हैं। शनि देव की कृपा-दृष्टि प्राप्त करने के लिए उनकी पूजा-आराधना के साथ-साथ काली वस्तुओं का दान देना लाभकारी होता है।

शास्त्रों और धार्मिक ग्रंथों में सूर्यपुत्र शनि देव की उत्पत्ति की कथा इस प्रकार वर्णित है–

सूर्य देव जब सुकुमार अवस्था के थे, तब विश्वकर्मा ने उन्हें हर प्रकार से सुयोग्य और सुपात्र मानकर अपनी पुत्री संज्ञा का विवाह उनके साथ कर दिया। उनके विवाह में सभी देवगण, ऋषि, मुनि, गंधर्व आदि सम्मिलित हुए।

विवाह के पश्चात् संज्ञा की तीन संतान मनु, यम और यमुना उत्पन्न हुईं। संध्या अत्यंत कोमल और शांत प्रकृति की थी, इस कारण वह सूर्य देव के तेज को अधिक दिनों तक सहन न कर सकी। तब उसने योगबल के माध्यम से अपनी छाया को जीवंत बनाकर उसे सूर्य भगवान् की सेवा में रहने के लिए कहा और स्वयं उत्तराकुश में जाकर तपस्या में लीन हो गई। संज्ञा के इस प्रतिरूप का एक नाम 'संवर्णा' भी था।

छाया में संज्ञा के समस्त गुणों का समावेश था, इसलिए भगवान् सूर्य देव को इस परिवर्तन का ज्ञान नहीं हुआ। वे उसे संज्ञा समझकर व्यवहार करते रहे।

कुछ समय के बाद छाया के घर शनि देव का जन्म हुआ। शनि देव जन्म से ही श्याम वर्ण के थे। जन्म के बाद जब सूर्य देव उन्हें देखने गए तो शनि देव के श्याम वर्ण को देखकर वे खिन्न हो गए और उन्होंने शनि देव को अपना पुत्र मानने से इनकार कर दिया। सूर्य देव के इस व्यवहार से छाया अत्यंत व्यथित हो गई।

तब छाया सूर्य देव को सत्य बताते हुए बोली, "हे कृपानिधान! यम के समान शनि भी आपका ही पुत्र है। वास्तव में मैं आपकी पत्नी संज्ञा की

प्रतिरूप छाया हूँ। यही कारण है कि शनि का वर्ण श्याम है। आपकी प्रथम पत्नी संज्ञा यम के जन्म के बाद ही मुझे यहाँ स्थापित करने के बाद स्वयं तपस्या के लिए उत्तराकुश में चली गईं। तब से मैं आपकी द्वितीय पत्नी के रूप में आपकी सेवा में उपस्थित हूँ।''

छाया के मुख से यह वचन सुनकर सूर्य देव छाया और शनि देव से उपेक्षा का व्यवहार करने लगे। इस उपेक्षा के कारण शनि देव बाल्यकाल से ही उद्दंड और क्रूर बन गए।

एक बार किसी कारण से यम ने क्रोध में आकर माता छाया पर चरण-प्रहार कर दिया। तब छाया ने यम को मृत-आत्माओं का अधिपति होने का शाप दे दिया। जब सूर्य देव को यह पता चला तो वे अत्यंत क्रोधित हुए और उन्होंने यम को मिले शाप को वरदान में बदल दिया। सूर्य देव का क्रोध इतने से ही शांत नहीं हुआ।

प्रतिशोध की भावना से प्रेरित होकर उन्होंने शनि देव को शाप देते हुए कहा, ''हे शनि! तुम्हारी माता का व्यवहार पक्षपातपूर्ण है। उसकी दृष्टि में राग-द्वेष और क्रूरता की भावना है। तुम उसके ही पुत्र हो। तुम्हारे अंदर भी उसके सभी गुण-अवगुणों का समावेश है। अतः मैं तुम्हें शाप देता हूँ कि तुम्हारी दृष्टि में भी क्रूरता स्थायी रूप से रहेगी।''

तभी से शनि देव की दृष्टि क्रूरतापूर्ण हो गई और वे दूसरों को अपनी क्रूर दृष्टि से बचाने के लिए सिर झुकाकर रहने लगे।

एक अन्य कथा के अनुसार–

शनिदेव बाल्यकाल से ही भगवान् श्रीकृष्ण के परम भक्त थे। वे सदा उनकी भक्ति में मग्न रहा करते थे। शनिदेव के युवा होने पर सूर्य देव ने उनका विवाह चित्ररथ की पुत्री के साथ कर दिया। उनकी पत्नी सती और तेजस्विनी थी।

एक बार उसने शनिदेव से पुत्र पाने की इच्छा प्रकट की। अपनी पत्नी की इच्छा को जानकर शनिदेव ने उन्हें पुत्र-वर देने का वचन दिया और उससे ऋतु-स्नान करके आने को कहा। पति-आज्ञा से वह ऋतु-स्नान करने के बाद उनके पास आई। किंतु उस समय शनिदेव भगवान् श्रीकृष्ण की पूजा-अर्चना में व्यस्त थे। वह बाहर बैठकर ही शनिदेव की पूजा-आराधना समाप्त होने की प्रतीक्षा करने लगी।

शनिदेव पूजा-आराधना में इतने मग्न हो गए कि उन्हें अपनी पत्नी का ध्यान ही न रहा। जब वह पूजा-आराधना करने के बाद बाहर आए, तब ऋतु-काल समाप्त हो चुका था।

ऋतु-काल के निष्फल होने पर उनकी पत्नी अत्यंत क्रोधित हो गई और शनिदेव को शाप देते हुए बोली कि "आज से तुम जिसे भी देख लोगे, उसके सुखों का उसी समय नाश हो जाएगा और वह दुःखी जीवन व्यतीत करेगा।"

पत्नी से शाप मिलने पर शनिदेव ने कहा, "हे देवी! तुम्हें इस प्रकार क्रोधित नहीं होना चाहिए। तुम्हें यह समझना चाहिए कि संसार में भगवान् की भक्ति से बढ़कर दूसरा कोई सुख नहीं है। उस समय मैं भगवान् श्रीकृष्ण से तुम्हारी मनोकामना पूर्ण करने का आशीर्वाद प्राप्त कर रहा था। तुमने व्यर्थ ही आवेश में आकर मुझे शाप दे डाला। अब सृष्टि के कल्याण के कारण मुझे अपना शीश नीचा करके जीवन व्यतीत करना पड़ेगा, जिससे किसी निर्दोष पर मेरी क्रूर दृष्टि न पड़े और उसका अहित न हो।"

शनिदेव के वचन सुनकर उनकी पत्नी को पश्चात्ताप हुआ। किंतु शाप को लौटाया नहीं जा सकता था। तभी से शनिदेव सृष्टि-कल्याण के लिए सिर नीचा करके रहने लगे।

पिता सूर्य देव के व्यवहार से रुष्ट होकर शनि देव उनसे शत्रु-भाव रखने लगे और उन्होंने भगवान् शिव को प्रसन्न करके उनकी कृपा-दृष्टि प्राप्त करने का संकल्प लिया। इसके लिए उन्होंने कठोर तप आरंभ कर दिया।

उनका यह तप हजारों वर्षों तक चला। उनके तप के फलस्वरूप चारों दिशाओं में हाहाकार मच गया। इंद्र, वरुण, अग्नि आदि देवताओं ने उनका तप खंडित करने के अनेक प्रयास किए; किंतु शनि देव तपस्या में अडिग रहे।

अंत में उनके कठोर तप से प्रसन्न होकर भगवान् शिव उनके समक्ष प्रकट हुए और बोले, "हे शनि! तुम्हारी कठोर तपस्या से मैं प्रसन्न हुआ। तुम्हें वर प्रदान करने के लिए ही मैं यहाँ आया हूँ। माँगो, तुम्हें क्या वर चाहिए! मैं तुम्हारी समस्त इच्छाओं को पूर्ण करूँगा।"

भगवान् शिव को अपने समक्ष देखकर शनिदेव अत्यंत प्रसन्न हुए और उनकी स्तुति करते हुए बोले, "हे दयानिधान! सूर्य देव के समक्ष मेरी माता सदा पराजित हुई हैं। सूर्य देव ने मुझे और मेरी माता को अस्वीकार करके अनेक बार प्रताड़ित और अपमानित किया है। मेरी यह इच्छा है कि मैं सूर्य देव से भी अधिक शक्तिशाली बनूँ। अतः हे प्रभु! आप मुझे शक्तिशाली बनने का वर प्रदान करें।"

शनिदेव की प्रार्थना सुनकर भगवान् शिव बोले, ''हे शनि! मैं तुम्हें सूर्य देव से भी अधिक शक्तिशाली बनने का वर प्रदान करता हूँ। नव-ग्रहों में तुम्हारा विशिष्ट स्थान होगा। तुम सभी को उनके जीवन में ही उनके अच्छे व बुरे कर्मों का फल प्रदान करोगे। इसलिए देवता, ऋषि-मुनि, गंधर्व, राक्षस, मनुष्य आदि सभी तुमसे भयभीत रहेंगे।''

भगवान् शिव से वर-प्राप्ति के पश्चात् शनिदेव को नव-ग्रहों में विशिष्ट स्थान की प्राप्ति हुई और तब से आज तक वह सभी को उनके अच्छे व बुरे कर्मों का फल प्रदान करते हैं।

एक बार शिवलोक में गणेश के जन्म-दिवस पर एक बड़ा आयोजन किया गया। इस आयोजन में सभी देवता, ऋषि, मुनि आदि उपस्थित थे। शनिदेव को भी इस आयोजन में सम्मिलित होने के लिए आमंत्रित किया गया।

इंद्र आदि सभी देवताओं ने बालक गणेश को भेंट और आशीर्वाद प्रदान किया, किंतु शनि देव एक ओर सिर नीचा किए खड़े रहे। जब शिवजी की नजर उन पर पड़ी तो वह उनके निकट गए और बोले, ''शनि देव, सभी देवताओं ने गणेश को आशीर्वाद प्रदान किया, किंतु आप अभी तक सिर झुकाए एक ओर खड़े हैं। इसका क्या कारण है?''

तब शनि देव बोले, ''भगवन्! मुझे क्षमा करें, किंतु इस समय मैं अत्यंत व्यथित हूँ। मेरी दृष्टि किसी का भी अहित कर सकती थी, इसलिए मैं सिर झुकाए एक ओर खड़ा हूँ।''

जब भगवान् शिव ने शनि देव से व्यथित होने का कारण पूछा तब शनि देव बोले, ''हे प्रभु! कल प्रातःकाल से ही मेरी कुदृष्टि आप पर पड़ेगी। इसी कारण से मैं व्यथित हूँ।''

शनि देव की बात सुनकर भोलेनाथ हँसते हुए बोले, ''शनि देव, आपकी दृष्टि केवल मनुष्य, ऋषि-मुनियों आदि का अहित कर सकती है। देवताओं का इस पर कोई असर नहीं होगा। आप निश्चिंत रहें।''

शनि देव शांत-भाव से बोले, ''हे भोलेनाथ! मेरी दृष्टि किसी से भी भेदभाव नहीं करती। उसके लिए सभी एक समान हैं। आपने मुझे आशीर्वाद देते हुए स्वयं ही स्पष्ट किया था कि देवता, ऋषि-मुनि, मनुष्य आदि मुझसे समान रूप से भयभीत रहेंगे। कल निश्चित ही मेरी दृष्टि आपका अहित करेगी।''

इतना कहने के बाद शनिदेव वहाँ से चले गए।

दूसरे दिन प्रातःकाल शिवजी सोचने लगे कि 'शनि देव के कथनानुसार उनकी दृष्टि मेरा अहित करेगी। शनि देव की दृष्टि से बचने के लिए मैं शिवलोक

से अंतर्धान हो जाऊँगा और इस प्रकार मैं उनकी क्रूर दृष्टि से बच जाऊँगा।' यह सोचकर महादेव शिवलोक से अंतर्धान हो गए।

शनि देव जब शिवलोक में पहुँचे तो माता पार्वती से उन्हें भगवान् शिव के अंतर्धान होने की बात पता चली। वह मन-ही-मन मुसकराते हुए वहीं बैठकर भगवान् शिव के आगमन की प्रतीक्षा करने लगे।

इधर अंतर्धान होने के बाद शिव जी घने जंगल में प्रकट हुए। वहाँ उन्होंने हाथियों के एक समूह को विचरण करते देखा। शिवजी ने स्वयं को भी एक हाथी में परिवर्तित कर लिया और उनके समूह में जा मिले। शिवजी सारा दिन हाथी बनकर घास खाते रहे और मुसकराते रहे कि 'आज शनिदेव का वचन व्यर्थ चला जाएगा।'

संध्या के समय भगवान् शिव अपने असली रूप में प्रकट हुए और कैलास की ओर चल पड़े। कैलास पहुँचते ही उन्होंने शनि देव को अपनी प्रतीक्षा में पाया। शनि देव ने महादेव को प्रणाम किया।

शनि देव को आशीर्वाद देने के बाद भगवान् शिव मुसकराते हुए बोले, "हे शनि देव! आज आपका वचन मिथ्या हो गया। आपकी क्रूर दृष्टि मेरा अहित नहीं कर पाई। आज यह सिद्ध हो गया कि तुम्हारी क्रूर दृष्टि त्रिदेवों का अहित नहीं कर सकती।"

शिवजी की बात सुनकर शनि देव बोले, "हे प्रभु! आपने ऐसा कौन सा उपाय किया था, जिससे आप मेरे प्रकोप से बच सके? कृपया मेरी जिज्ञासा शांत करें।" तब शिवजी ने उन्हें जंगल में प्रकट होने और हाथी बनकर सारा दिन वन में गुजारने की बात बताई।

तब शनि देव हाथ जोड़कर बोले, "हे भगवन्! मेरी क्रूर दृष्टि के कारण ही आज आपको सारा दिन हाथी बनकर वन में कष्ट उठाना पड़ा। मेरी क्रूर दृष्टि का यही फल आपको प्राप्त होना था।"

शनि देव की बात सुनकर भगवान् शिव आश्चर्य में पड़ गए और बोले, "शनि देव, हम यह मानते हैं कि हम स्वयं भी तुम्हारे प्रकोप से नहीं बच पाए, किंतु तुम्हारी दृष्टि केवल पाप करनेवालों को ही बुरे फल प्रदान करती है। मैंने ऐसा कौन सा पाप किया था, जिसका यह फल भुगतना पड़ा?"

शनि देव बोले, "हे प्रभु! माता सती की मृत्यु विधि के विधान के अनुसार तय थी। किंतु आपने क्रोध में आकर यज्ञ-वेदी में अनेक निर्दोष प्राणियों के प्राणों का हरण किया। इसी पाप के फलस्वरूप आपको यह कष्ट उठाना पड़ा।"

शनिदेव के निष्पक्ष व्यवहार को देखकर भगवान् शिव अत्यंत प्रसन्न हुए और उन्होंने शनि देव को सदा निष्पक्ष रहने का आशीर्वाद प्रदान किया।

पिप्पलाद ऋषि को वरदान

पिप्पलाद ऋषि भगवान् शिव के अनन्य भक्त थे। एक बार अनेक वर्षों तक कठोर तप करने के बाद पिप्पलाद ऋषि अपने आश्रम में लौटे। आश्रम में लौटते ही उन्हें अपनी माता का करुण रुदन सुनाई पड़ा। वह जब अपनी माता की कुटिया में पहुँचे तो वहाँ उन्हें मृत्यु-शय्या पर अपने पिता का शव पड़ा दिखाई दिया। शव के पास ही उनकी माता विलाप कर रही थी।

पिप्पलाद ऋषि ने माता से पिता की मृत्यु का कारण पूछा तो वह बोली, "हे पुत्र! कुछ दिनों पूर्व तुम्हारे पिता के ऊपर शनि देव की क्रूर दृष्टि पड़ी, जिससे वह किसी रोग से पीड़ित हो गए और अंत में मृत्यु को प्राप्त हो गए।"

माता की बात सुनकर पिप्पलाद को शनिदेव पर अत्यंत क्रोध आया और उन्होंने शनिदेव को दंडित करने का संकल्प किया।

पिता का अंतिम संस्कार करने के बाद पिप्पलाद ऋषि पुनः तपस्या करने के लिए वन में चले गए। वहाँ उन्होंने कठोर तपस्या करने के बाद ब्रह्माजी को प्रसन्न किया और उनसे ब्रह्म-शक्ति प्रदान करने की प्रार्थना की।

पिप्पलाद ऋषि को ब्रह्म-शक्ति प्रदान करते हुए ब्रह्माजी बोले, "हे ऋषिवर! मैं तुम्हें यह शक्ति प्रदान करता हूँ। किंतु सावधान! यदि तुम इसका दुरुपयोग करोगे तो यह वापस मेरे पास लौट आएगी।"

ब्रह्म-शक्ति प्राप्त करने के बाद पिप्पलाद शनि देव की खोज में निकल गए। वन-वन घूमते हुए अंत में उन्हें शनि देव मिल गए। उन्हें देखते ही वे उन्हें ललकारते हुए बोले, "हे दुष्ट शनि! तुमने मेरे पिता के प्राणों को हरकर अपनी मृत्यु का आह्वान किया है। आज तुम्हें मुझसे कोई नहीं बचा सकता। अंतिम समय में अपने इष्ट-देव को याद कर लो।"

इसके बाद पिप्पलाद ऋषि ने शनि देव पर ब्रह्म-शक्ति का प्रहार कर दिया। परंतु ब्रह्म-शक्ति शनि देव के चरणों पर प्रहार करके लुप्त हो गई।

पिप्पलाद ऋषि यह देखकर आश्चर्यचकित रह गए और उन्होंने भगवान् शिव का स्मरण किया। स्मरण करते ही वहाँ भगवान् शिव प्रकट हुए और बोले, "हे ऋषिवर! तुम ज्ञानी हो। तुम्हें यह समझना चाहिए कि तुम्हारे पिता की मृत्यु इसी प्रकार निश्चित थी और मृत्यु से पूर्व उन्हें उनके कर्मों का फल प्रदान

करना आवश्यक था। इसमें शनि देव का कोई दोष नहीं है। वह उनकी मृत्यु का एक माध्यम मात्र हैं। अत: क्रोध का त्याग कर शनि देव की स्तुति करो।''

भगवान् शिव की बात सुनकर पिप्पलाद ऋषि की आँखें खुल गईं और वह शनि देव की स्तुति करते हुए बोले, ''हे शनि देव! मैंने मोह-माया के वशीभूत होकर आप पर शक्ति प्रहार किया। मुझ अज्ञानी को क्षमा करें।''

तब शनि देव बोले, ''हे ऋषिवर! इस प्रकार शोक मत करो। यह सब भी विधि के विधान के अनुसार नियत था। मैं तुम्हारी मातृ-पितृ भक्ति से अत्यंत प्रसन्न हूँ। मैं तुम्हें वर देता हूँ कि जो भी मनुष्य तुम्हारे प्रतीक-स्वरूप पीपल वृक्ष का नियमित और श्रद्धापूर्वक पूजन करेगा, उस पर मेरी कुदृष्टि का प्रतिकूल प्रभाव कभी नहीं पड़ेगा। उसके समस्त कष्टों का अंत होगा और सभी मनोकामनाएँ पूर्ण होंगी।''

इस प्रकार शनिदेव ने अपने लिए शत्रुता का भाव रखनेवाले पिप्पलाद ऋषि को भी वर प्रदान कर दिया और उसके द्वारा किए शक्ति-प्रहार को सहर्ष स्वीकार कर लिया।

तभी से शनिदेव की कृपा-दृष्टि प्राप्त करने के लिए मनुष्य, ऋषि-मुनि आदि पीपल के वृक्ष की पूजा-अर्चना करने लगे। ब्रह्म-शक्ति के चरण-प्रहार के फलस्वरूप ही शनि देव की चाल धीमी हो गई।

दशरथ को वरदान

एक बाद अयोध्या के राजा दशरथ अपने दरबार में बैठे हुए थे। तभी ज्योतिषियों का एक समूह वहाँ उपस्थित हुआ। राजा दशरथ ने उन्हें आदर-सत्कार से बिठाया और उनसे वहाँ आने का कारण पूछा।

ज्योतिषियों ने उन्हें बताया कि 'ज्योतिष के अनुसार, शनि देव रोहिणी नक्षत्र का भेदन करनेवाले हैं और यदि शनि देव रोहिणी नक्षत्र का भेदन कर दें तो पृथ्वी पर बारह साल के लिए भयंकर अकाल पड़ जाएगा। चारों ओर मौत का तांडव आरंभ हो जाएगा। मनुष्य सहित सभी जीव भोजन के अभाव में प्राणों का त्याग कर देंगे।'

ज्योतिषियों की यह बात सुनकर राजा दशरथ बोले, ''हे मान्यवर! आप इस संकट से बचने का कोई उपाय बताएँ। मैं जीते-जी पृथ्वी का विनाश नहीं देख सकता। इससे बचने के लिए जो भी उपाय हो, मैं करने को तैयार हूँ।''

ज्योतिषियों ने कहा, ''हे राजन्! इस संकट से बचने का केवल एक

ही उपाय है। यदि कोई व्यक्ति शनि देव को रोहिणी नक्षत्र भेदन करने से रोक दें तो इससे बचा जा सकता है।''

तब राजा दशरथ ने शनि देव से युद्ध करने का निश्चय किया और अस्त्र-शस्त्रों से सुसज्जित होकर शनि देव के समक्ष पहुँच गए। शनिदेव ने उनसे वहाँ आने का कारण पूछा। राजा दशरथ ने शनि देव को प्रणाम कर उनकी स्तुति की और उन्हें सारी स्थिति समझाते हुए युद्ध के लिए ललकारा।

राजा दशरथ की कर्तव्य-निष्ठा को देखकर शनि देव अत्यंत प्रसन्न हुए और उन्हें वर देते हुए बोले, ''हे दशरथ! मैं तुम्हारे इस अदम्य साहस और कर्तव्य-निष्ठा से अत्यंत प्रसन्न हूँ। मैं तुम्हें वचन देता हूँ कि जब तक सूर्य, चंद्रमा, नक्षत्र आदि इस सृष्टि में विद्यमान हैं, मैं रोहिणी नक्षत्र का भेदन नहीं करूँगा।'' इस प्रकार शनि देव ने राजा दशरथ को वर प्रदान करके संपूर्ण पृथ्वी को जीवनदान दिया।

शनिदेव पर शनि-दृष्टि

हमारे धार्मिक ग्रंथों और पुराणों के अनुसार केवल शनि देव ही ऐसे न्यायप्रिय और निष्पक्ष ग्रह हैं, जिन्होंने स्वयं के कर्मों के फल को भी सहर्ष स्वीकार किया। इसकी कथा इस प्रकार है–

अन्य मनुष्यों के समान रावण पर भी शनि दशा आरंभ होनी थी, इसलिए शनि देव लंका जा रहे थे। मार्ग में उन्हें विशाल समुद्र पार करना पड़ना। समुद्र पार करते समय उन्होंने समुद्र में अपनी परछाईं देखी। परछाईं देखते ही शनि देव पर अपनी ही दृष्टि का कुप्रभाव हो गया।

लंका पहुँचते ही रावण ने उन्हें बंदी बना लिया और अग्नि के ऊपर उलटा लटका दिया। इस प्रकार शनि देव ने अपने कर्मों का फल निष्पक्ष रूप से प्राप्त किया। लंका-दहन के समय हनुमान को शनि देव उलटे लटके मिले। तब उन्होंने शनि देव को रावण की कैद से मुक्त करवाया और उनकी शनि दशा को समाप्त किया। शनिदेव ने हनुमान को वरदान देते हुए कहा कि ''जो मनुष्य तुम्हारा स्मरण करेगा, उस पर मेरी क्रूर दृष्टि कभी नहीं पड़ेगी। जिस प्रकार तुमने मेरे दु:खों का हरण किया है, उसी प्रकार मैं भी तुम्हारे भक्तों के सभी दु:खों को समाप्त कर मनोवांछित फल प्रदान करूँगा।'' इसके बाद शनि-दशा के कारण ही रावण युद्ध में श्रीराम के हाथों पराजित होकर मृत्यु को प्राप्त हुआ।

शनि देव को शीघ्र प्रसन्न करने के लिए नीचे लिखे मंत्रों में से किसी एक शनि-मंत्र का जप करना चाहिए–

ॐ प्रां प्रीं प्रौं सः शनैश्चराय नमः।

ॐ शं शनैश्चराय नमः।

□

24

राहु और केतु

राहु-केतु एक ही व्यक्ति के दो अलग-अलग भाग हैं। राहु हिरण्यकशिपु की पुत्री सिंहिका और दैत्य विप्रचित्तिकी के सबसे बड़े पुत्र हैं। इनके सौ भाई और भी थे। इन सब में राहु सबसे बड़े थे। विष्णुपुराण के अनुसार, विष्णुजी ने अपने सुदर्शन चक्र से राहु के सिर को धड़ से अलग कर दिया, किंतु अमृत पीने के कारण राहु का सिर कटने के बाद भी जीवित रहा। राहु का सिर राहु और धड़ केतु कहलाया।

राहु का वर्ण काला और मुख भयंकर है। इनके सिर पर स्वर्ण-मुकुट, गले में स्वर्ण-माला और शरीर पर काले वस्त्र सुशोभित होते हैं। इनका प्रिय वाहन सिंह है। यह अपने हाथों में त्रिशूल, तलवार, ढाल और वर-मुद्रा धारण करते हैं।

राहु एक छाया ग्रह है। इसकी महादशा अठारह वर्ष की होती है। यह

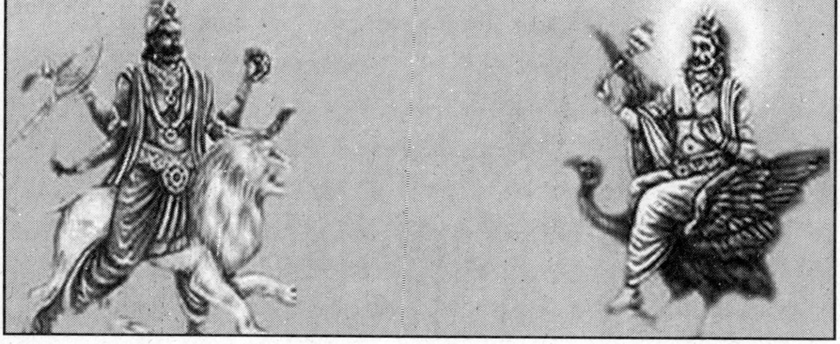

प्रायः अशुभ प्रभाव देनेवाला ग्रह है। इसकी शांति के लिए महामृत्युंजय मंत्र का नियमित जप करना चाहिए।

राहु के धड़ ने भी एक रूप धारण किया। यह रूप केतु कहलाया। केतु का वर्ण धूम्र और आकृति विकृत है। राहु के समान इनके सिर पर भी स्वर्ण-मुकुट और गले में स्वर्ण माला सुशोभित है। इनके दो हाथ हैं, जिनमें गदा और वर-मुद्रा सुशोभित है। इनका वाहन गिद्ध है।

राहु की अपेक्षा केतु साधकों के लिए अधिक लाभकारी, फलदायी और शुभ होता है। केतु की महादशा सात वर्ष की होती है। जिस साधक के लिए यह अशुभ होता है, उसके लिए यह अनिष्टकारी और कष्टदायक होता है। इसकी शुभता प्राप्त करने के लिए तेल, काले तिल, शस्त्र, कंबल, नीले रंग के पुष्प आदि का दान करके महामृत्युंजय मंत्र का जप करना श्रेष्ठ होता है। इससे प्रसन्न होकर यह साधकों की मनोकामनाएँ पूर्ण करते हैं।

धार्मिक ग्रंथों और शास्त्रों में राहु व केतु की उत्पत्ति की कथा इस प्रकार वर्णित है–

एक बार देवराज इंद्र ने महर्षि दुर्वासा की दी हुई दिव्य पुष्प माला को अपने हाथी के मस्तक पर रख दिया। हाथी ने उस माला को भूमि पर गिराकर अपने पैरों तले कुचल दिया। यह देखकर महर्षि दुर्वासा अत्यंत क्रोधित हुए और उन्होंने इंद्र को शाप दे डाला कि 'शीघ्र ही त्रिभुवन तेजहीन हो जाएगा और देवगण शक्तिहीन एवं श्रीहीन हो जाएँगे।''

महर्षि दुर्वासा के शाप के परिणामस्वरूप कुछ समय पश्चात् त्रिभुवन तेजहीन होने लगा। देवगण दुर्बल और श्रीहीन हो गए। दैत्यराज बलि ने इस अवसर का लाभ उठाकर देवताओं पर आक्रमण कर दिया। इस युद्ध में देवता पराजित हुए। पराजित देवताओं को दैत्यों ने स्वर्ग से खदेड़ दिया और इंद्रासन पर अधिकार कर लिया। स्वर्ग में चारों तरफ दैत्यराज बलि का साम्राज्य स्थापित हो गया।

सभी देवता श्रीविष्णु की शरण में पहुँचे और महर्षि दुर्वासा के शाप से मुक्ति पाने का उपाय पूछने लगे। श्रीविष्णु बोले, ''पुनः श्रीयुक्त होने के लिए आप लोगों को अमृतपान करना होगा। अमृत समुद्र के गर्भ में मिलेगा, जिसकी प्राप्ति के लिए समुद्र-मंथन आवश्यक है।'' भगवान् विष्णु की बात सुनकर इंद्र आदि देवता समुद्र-मंथन के लिए तैयार हो गए और शीघ्र ही इस कार्य को समाप्त कर राक्षसों को पराजित करने की सोचने लगे।

तभी श्रीहरि ने कहा, ''देवराज इंद्र, समुद्र-मंथन का कार्य इतना सरल

नहीं है। देवता इस कार्य को अकेले नहीं कर सकते। इस कार्य के लिए आपको राक्षसों की भी सहायता लेनी होगी।''

इस प्रकार भगवान् विष्णु के परामर्श को मानकर इंद्र आदि देवता दैत्यराज बलि के दरबार में पहुँचे और दैत्यों से संधि कर उन्हें समुद्र-मंथन के लिए तैयार कर लिया। अमृत दैत्यों और देवों में आधा-आधा बँटेगा, इस बात पर भी सहमति हुई।

समुद्र-मंथन के लिए दैत्यों और देवों ने मिलकर मंदराचल पर्वत को जड़ से उखाड़ लिया और समुद्र की ओर चल पड़े, लेकिन शीघ्र ही वे थककर चूर हो गए। स्थिति यह हो गई थी कि पर्वत किसी भी क्षण देव और दानवों को अपने नीचे कुचल देता। तभी देवराज इंद्र ने श्रीविष्णु का स्मरण किया। भगवान् विष्णु ने तुरंत प्रकट होकर मंदराचल को अपने वाहन गरुड़ पर रख लिया। गरुड़ समुद्र की ओर उड़ चला।

भगवान् विष्णु की सहायता से शीघ्र ही मंदराचल पर्वत को समुद्र में स्थापित कर दिया गया। किंतु समुद्र-मंथन के लिए इतनी बड़ी रस्सी मिलना संभव नहीं था। तभी श्रीविष्णुजी ने देवताओं की इस समस्या का समाधान कर दिया और वासुकि नाग को नेति के रूप में प्रयोग करने का आदेश दिया।

भगवान् विष्णु के आदेशानुसार वासुकि नाग नेति के रूप में पर्वत से लिपट गया। समुद्र-मंथन के लिए देवताओं और दैत्यों ने तुरंत कार्य आरंभ कर दिया। समुद्र-मंथन में हिरण्यकशिपु की पुत्री सिंहिका और दैत्य विप्रचित्तिकी का पुत्र राहु भी सम्मिलित था। सर्वप्रथम देव और दानवों ने मिलकर समुद्र का विधि-वत् पूजन किया। सभी ने मिलकर समुद्र की स्तुति की और उससे कृपा करने की प्रार्थना की।

समुद्र-मंथन में वासुकि को मुँह की ओर से दैत्यों ने और पूँछ की ओर से देवों ने पकड़े रखा। इस कठिन कार्य में देवताओं, दैत्यों और वासुकि को भी बहुत श्रम करना पड़ा। इस श्रम के कारण उसके मुँह से विष की तेज फुंकार निकल रही थी। यह विष की फुंकार रह-रहकर दैत्यों को आहत कर देती थी। किंतु फिर भी सभी लोग समुद्र-मंथन में अपना-अपना योगदान दे रहे थे।

यद्यपि समुद्र-मंथन का कार्य आरंभ हो गया था, तथापि इसका कोई परिणाम नहीं निकल पा रहा था। समुद्र की सतह पर रखा होने के कारण मंदराचल पर्वत ठीक प्रकार से घूम नहीं पा रहा था। तब देवताओं की सहायता करने के लिए भगवान् विष्णु ने एक अति विशाल कच्छप का रूप धारण

किया और मंदराचल पर्वत के नीचे आधार के रूप में स्थित हो गए। कच्छप-अवतारी श्रीविष्णु की पीठ का आधार पाकर मंदराचल पर्वत सुगमतापूर्वक घूमने लगा। समुद्र-मंथन का कार्य तेजी से होने लगा। मंथन से समुद्र की लहरें ऊँची-ऊँची लहराने लगीं।

अचानक तभी मंथन के फलस्वरूप समुद्र में से एक दिव्य कमंडलु निकला। उसके निकलते ही देवता और दानवों में चीख-पुकार मच गई। वातावरण में अंधकार छाने लगा। दोनों पक्षों के अनेक लोग मूर्च्छित होकर गिर पड़े। समुद्र से निकले इस कमंडलु में अत्यंत तीव्र कालकूट विष भरा था।

देवराज इंद्र सहित अनेक देवता भोले शंकर की शरण में कैलास पहुँचे और सृष्टि को बचाने की प्रार्थना की। शिवजी ने उन्हें आश्वस्त किया और तुरंत ही समुद्र-तट पर आ पहुँचे। कालकूट विष को उन्होंने अपनी हथेलियों में इकट्ठा किया और मुँह में डाल लिया। विष को उन्होंने अपने कंठ से नीचे नहीं जाने दिया। इस प्रयास में उनका कंठ नीला पड़ गया और वे 'नीलकंठ' के नाम से विख्यात हुए।

यह समुद्र-मंथन हजारों साल चलता रहा। इस प्रकार के मंथन से अब समुद्र का जल आश्चर्यजनक आकार लेने लगा था। सर्वप्रथम समुद्र में से सूर्य, चंद्रमा और ध्रुव तारा प्रकट हुए। भगवान् श्रीविष्णु ने ध्रुव को मंदराचल पर्वत के ऊपर आकाश में स्थापित कर दिया और सूर्य व चंद्रमा उसके चारों ओर परिक्रमा करने लगे। इससे ॠतुएँ, मौसम, वनस्पति, फल, फूल अस्तित्व में आए और भगवान् विष्णु की कृपा से सृष्टि का चक्र चल निकला। इस प्रकार भगवान् विष्णु 'चक्रपाणि' नाम से विख्यात हुए।

इसके पश्चात् समुद्र में से चार तत्त्व-पृथ्वी, अग्नि, जल और वायु निकले। निकलते ही वे चारों तत्त्व चारों दिशाओं में फैल गए। श्रीविष्णु ने चारों हाथों द्वारा उन्हें नियंत्रित कर लिया। अग्नि उनका चक्र, जल उनका कमल, वायु उनका शंख एवं पृथ्वी उनकी गदा बनी और वे चारों दिशाओं में तरल रूप में फैलकर सारे ब्रह्मांड को नियंत्रित करने लगे।

अब की बार देवी लक्ष्मी निकलीं। भाग्य और वैभव की देवी लक्ष्मी। श्री की देवी लक्ष्मी अपने साथ अनेक उपहार लाईं—कामधेनु, कल्पवृक्ष, कौस्तुभ मणि, रंभा अप्सरा, सुरा की देवी, ऐरावत श्वेत हाथी, उच्चैःश्रवा सात मुँहोंवाला उड़न-घोड़ा, शार्ङ्ग रंग धनुष, पाञ्चजन्य शंख।

समुद्र-मंथन चलता रहा और अंत में धन्वंतरि अमृत का कलश लेकर समुद्र से अवतीर्ण हुए। अमृत देखते ही राक्षसों में हड़कंप मच गया। उन्होंने

धन्वंतरि से अमृत का कलश छीन लिया। राक्षस एक-दूसरे से लड़ने-झगड़ने लगे। देवगण असमंजस की दशा में खड़े थे। भगवान् विष्णु ने उन्हें धैर्य बँधाया और बोले, "देवगण, आप चिंता न करें। मैं इस अमृत को प्राप्त करने का कोई उपाय करता हूँ।"

इतना कहने के बाद भगवान् विष्णु ने तुरंत ही एक सुंदर नारी का रूप धारण कर लिया। उनका यह रूप मोहिनी अवतार था। अपने सामने एक अति सुंदर नारी को खड़ा देखकर सभी राक्षसों ने झगड़ना बंद कर दिया और नारी को एकटक होकर देखने लगे।

नारी बने भगवान् विष्णु ने उनसे इस लड़ाई का कारण पूछा। इस प्रकार सुंदर नारी के प्रश्न पूछने पर राक्षसों ने सभी बातें कह सुनाईं।

राक्षसों की बातें सुनकर उस नारी ने कहा, "हे दानवो! तुम व्यर्थ ही इतना समय और बल नष्ट कर रहे हो। यदि तुम चाहो तो मैं स्वयं ही यह अमृत तुम्हें बराबर-बराबर बाँटकर पिला दूँ।" इस प्रकार मोहिनी की सुंदरता से प्रभावित होकर राक्षस इस बात पर सहमत हो गए। राक्षसों के सहमत होने पर मोहिनी ने देवों और दानवों को अलग-अलग पंक्तियों में बैठ जाने को कहा।

सभी असुर विश्व-मोहिनी के रूप-जाल में उलझे एकटक उन्हें देखते रहे और मोहिनी-अवतारी भगवान् विष्णु देवताओं को अमृतपान कराते रहे तथा असुरों को साधारण जल। मोहिनी के रूप में खोए असुर उनकी इस लीला को न समझ पाए।

भगवान् विष्णु देवताओं को अमृतपान कराते हुए जब अंतिम छोर तक पहुँचे, तब उनकी इस माया को दैत्य राहु जान गया। अमृतपान करने के लिए उसने देव-रूप धारण कर लिया और देवताओं की पंक्ति के पास पहुँचकर सूर्य व चंद्रमा के बीच में बैठ गया।

मोहिनी बने विष्णुजी ने देवता के भ्रम में राहु को भी अमृत पिला दिया। अमृत पीने के तुरंत बाद ही चंद्रमा और सूर्य उसकी असली सूरत को पहचान गए। उन्होंने तुरंत मोहिनी बने विष्णुजी को संकेत द्वारा सारी बात बताई। सूर्य और चंद्रमा का संकेत समझकर भगवान् विष्णु क्रोधित हो उठे और मोहिनी का रूप त्यागकर अपने वास्तविक रूप में प्रकट हो गए।

मोहिनी को भगवान् विष्णु के रूप में बदलते देखकर दैत्य राहु डरकर वहाँ से भागा। भगवान् विष्णु ने अपने सुदर्शन चक्र से राहु की गरदन काट दी। सुदर्शन चक्र से कटते ही राहु दो भागों में विभाजित हो गया। लेकिन

अमृत पी लेने के कारण राहु के शीश और धड़ दोनों जीवित रहे। इनमें सिर राहु कहलाया और धड़ केतु के नाम से प्रसिद्ध हुआ।

ग्रह-रूप में स्थापना

जब भगवान् विष्णु ने अपने सुदर्शन चक्र से राहु का मस्तक काटा, तब राहु का मस्तक तो वहीं रह गया, किंतु उसका धड़ गौतमी नदी के तट पर जाकर गिरा। अमृतपान के कारण राहु और केतु दोनों ही अमर हो गए।

जब इंद्र आदि देवगण इस तथ्य से अवगत हुए तो वे अत्यंत भयभीत हो गए और भगवान् शिव की शरण में उपस्थित हुए। भगवान् शिव ने उनसे वहाँ आने का कारण पूछा। तब इंद्र बोले, ''हे महादेव! दैत्य राहु ने आसुरी माया से देवता का रूप धारण करके अमृतपान कर लिया है। भगवान् विष्णु भी उसे समाप्त करने में असफल रहे। हे प्रभु! यदि अब उस दैत्य के हृदय में तीनों लोकों पर विजय करने का विचार उत्पन्न हो गया तो उसे कोई भी नहीं रोक सकेगा। अतः हे प्रभु! आप इसका कुछ उपाय करें और आनेवाले संकट से हमारी रक्षा करें। हम सब आपकी शरण में हैं।''

भगवान् शिव बोले, ''हे देवगण! सृष्टि के कल्याण के लिए उस दैत्य का विनाश आवश्यक है। आप निश्चिंत रहें। मैं शीघ्र ही उस दैत्य के संहार का कोई उपाय करता हूँ।'' इतना कहने के बाद भगवान् शिव ने अपने नेत्र बंद करके अपनी श्रेष्ठ शक्तियों का आवाहन किया। आवाहन करते ही शिवजी के तीसरे नेत्र से एक प्रकाश-किरण निकलकर विभिन्न मानव आकार लेने लगी।

तब भगवान् शिव चंडिका से बोले, ''हे देवी! मैं अपनी समस्त शक्तियाँ तुम्हारे नेतृत्व में राहु के विनाश के लिए प्रस्तुत करता हूँ। तुम शीघ्र जाकर राहु का नाश करो।''

भगवान् शिव ने अपनी शक्तियों के मानवाकार रूप को चंडिका के नेतृत्व में राहु का संहार करने के लिए भेज दिया।

राहु के कटे मस्तक को चंडिका ने अपने अधिकार में ले लिया और उसके धड़ को ढूँढ़ने चल पड़ीं। राहु का धड़ भी अमृतपान के कारण जीवित था। उसने चंडिका को देखा तो युद्ध के लिए ललकारा।

केतु की ललकार सुनकर चंडिका आश्चर्यचकित हुई। राहु का मस्तक उनके पास था, किंतु तब भी उसका धड़ उन्हें युद्ध के लिए ललकार रहा

था। चंडिका ने राहु का मस्तक देवताओं को सौंपा और स्वयं केतु के साथ युद्ध करने लगी।

चंडिका ने केतु पर अनेक शक्तियों का प्रहार किया। उसे विभिन्न प्रकार के माया के जाल में फँसाकर समाप्त करने का प्रयास किया, किंतु वह केतु का अहित नहीं कर सकी। यह युद्ध अनेक दिनों तक चलता रहा।

धीरे-धीरे इस युद्ध की भयानकता बढ़ती गई। इसका प्रभाव सृष्टि के अन्य भागों पर भी पड़ने लगा। देवी चंडिका और शिव-शक्तियाँ किसी भी प्रकार से राहु के धड़ को पराजित नहीं कर पा रही थीं।

तब युद्ध को समाप्त करवाने के उद्‌देश्य से सभी देवता ब्रह्माजी की शरण में गए और उनसे विनती करते हुए बोले, "हे परमपिता! दैत्य राहु और देवी चंडिका के मध्य भयंकर युद्ध हो रहा है। किंतु इस युद्ध का कोई परिणाम नजर नहीं आ रहा। अमृतपान करने से राहु अमर हो गया है और उसे दिव्य शक्तियाँ प्राप्त हो गई हैं। अतः हे प्रभु! अब आप ही कोई उपाय कीजिए।"

ब्रह्माजी ने देवताओं को सहायता का आश्वासन दिया और उनसे युद्ध-स्थल पर जाकर राहु की स्तुति करने का परामर्श दिया।

ब्रह्माजी के परामर्शानुसार सभी देवगण युद्ध-स्थल पर पहुँचकर राहु की स्तुति करने लगे। स्तुति से प्रसन्न होकर राहु ने युद्ध बंद कर दिया। तभी वहाँ ब्रह्माजी प्रकट हुए और राहु से बोले, "हे पुत्र! अमृतपान करने से तुम्हें समाप्त करना किसी भी प्राणी व शक्ति के लिए असंभव है। तुम्हारे शरीर का नाश होने के बाद भी तुम जीवित रहोगे। अतः हे पुत्र! इस दैत्य शरीर का त्याग करके अब तुम देवगण में अपना स्थान ग्रहण करो।"

ब्रह्माजी की बात सुनकर राहु का विवेक जाग्रत् हो गया और उसने अपने शरीर के नाश का रहस्य देवी चंडिका को बता दिया। देवी चंडिका ने राहु के धड़ को फाड़ दिया और उसमें से अमृत-रस निकालकर उसका पान कर लिया। इस प्रकार राहु के शरीर का नाश हो गया। तब देवताओं ने राहु से प्रसन्न होकर उसके सिर और धड़ को छाया-ग्रह के रूप में स्थापित होने का आशीर्वाद प्रदान किया। तभी से राहु का सिर 'राहु' के नाम से और धड़ 'केतु' के नाम से छाया ग्रह के रूप में आकाश में स्थापित है।

अमृतपान के समय सूर्यदेव और चंद्रदेव के कारण राहु को अपने शरीर का त्याग करना पड़ा। तभी से राहु सूर्यदेव और चंद्रदेव का विरोधी हो गया। जब राहु छाया ग्रह के रूप में स्थापित हुआ तो उसने प्रतिशोध के वशीभूत होकर सूर्य और चंद्रमा को अपनी छाया से ढक लिया। सूर्य और चंद्रमा के

अदृश्य होने से सृष्टि में हाहाकार मच गया।

तब ब्रह्माजी राहु के पास गए और उनसे बोले, "हे पुत्र! तुम अपने प्रतिशोध की अग्नि में संपूर्ण सृष्टि को मत जलाओ। सूर्य और चंद्र के अभाव में सृष्टि अपूर्ण है। अतः हे पुत्र! तुम सूर्य और चंद्रमा को केवल एक-एक दिन के लिए अपनी छाया में रखकर मुक्त कर दो।"

राहु ने ब्रह्माजी की बात स्वीकार करते हुए सूर्य और चंद्रमा को अपनी छाया से मुक्त कर दिया और केवल पूर्णिमा के दिन चंद्रमा को और अमावस्या के दिन सूर्य को अपनी छाया से ग्रसित करते हैं।

राहु की महादशा अठारह वर्ष की होती है। इनकी महादशा भोगनेवाले साधकों को नीचे दिए किसी भी राहु-मंत्र का नियमित और नियमानुसार जप करना चाहिए–

ॐ भ्रां भ्रीं भ्रौं सः राहवे नमः।

ॐ रां राहवे नमः।

केतु ग्रह मनुष्य के जीवन-क्षेत्र को गहराई तक प्रभावित करता है। राहु की अपेक्षा केतु अधिक सौम्य, हितकारी और शुभता प्रदान करनेवाला ग्रह है। प्रसन्न होने पर यह अपने भक्तों को यश, उन्नति व ऐश्वर्य के उच्च शिखर पर पहुँचा देता है और रुष्ट होने पर उन्हें रोगी व निर्धन बना देता है। अतः इसकी कृपा-दृष्टि प्राप्त करने के लिए व्यक्तियों को नीचे दिए गए किसी भी एक केतु-मंत्र का जप करना चाहिए–

ॐ स्रां स्रीं स्रौं सः केतवे नमः।

ॐ कें केतवे नमः।

□

आरतियाँ

आरती श्री गणेश जी

जय गणेश जय गणेश जय गणेश देवा।
माता जाकी पार्वती पिता महादेवा।
लड्डुवन का भोग लगे सन्त करें सेवा।।
एकदन्त दयावन्त चार भुजा धारी।
मस्तक सिन्दूर सोहे मूसे की सवारी।।
अन्धन को आँख देत कोढ़िन को काया।
बाँझन को पुत्र देत निर्धन को माया।।
हार चढ़े फूल चढ़े और चढ़े मेवा।
सूरदास शरण आयो सफल कीजै सेवा।।
दीनन की लाज राखो शम्भु-सुत वारी।
कामना को पूरा करो जायें बलिहारी।।

□

आरती श्री दुर्गा जी

जय अम्बे गौरी, मैया जय श्यामा गौरी।
तुमको निशदिन ध्यावत हरि ब्रह्मा शिव जी।।
मांग सिन्दूर विराजत टीको मृगमद को।
उज्ज्वल से दोऊ नैना चंद्रवदन नीको।।
कनक समान कलेवर रक्ताम्बर राजै।
रक्त पुष्प गल माला कंठन पर साजै।।
केहरि वाहन राजत खड्ग खप्पर धारी।
सुर-नर-मुनिजन सेवत तिनके दुःखहारी।।
कानन कुण्डल शोभित नासाग्रे मोती।
कोटिक चंद्र दिवाकर राजत सम ज्योति।।
शम्भु निशम्भु बिढारे महिषासुर घाती।
धूम्र विलोचन नैना निशदिन मदमाती।।
चण्ड-मुण्ड संहारे, शोणित बीज हरे।
मधु-कैटभ दोऊ मारे, सुर भयहीन करे।।
ब्रह्माणी, रुद्राणी, तुम कमला रानी।
आगम निगम बखानी, तुम शिव पटरानी।।
चौंसठ योगिनी गावत नृत्य करत भैरू।
बाजत ताल मृदंगा अरु बाजत डमरू।।
तुम ही जग की माता, तुम ही हो भरता।
भक्तन की दुःख हरता, सुख संपत्ति करता।।
भुजा अष्ट अति शोभित वरमुद्रा धारी।

मनवांछित फल पावत सेवत नर नारी।।
कंचन थाल विराजत अगर कपूर बाती।
मालकेतु में राजत कोटि रतन ज्योती।।
माँ अम्बे की आरती जो कोई नर गावे।
कहत शिवानंद स्वामी सुख-संपत्ति पावे।।

□

आरती श्री लक्ष्मी जी

ओ३म् जय लक्ष्मी माता, मैया जय लक्ष्मी माता।
तुमको निशिदिन सेवत हर विष्णु विधाता।।
उमा, रमा, ब्रह्माणी, तुम ही जग-माता।
सूर्य-चन्द्रमा ध्यावत, नारद ऋषि गाता।।
दुर्गा रूप निरंजनि, सुख-सम्पत्ति दाता।
जो कोई तुमको ध्यावत, ऋद्धि-सिद्धि पाता।।
तुम पाताल-निवासिनि, तुम ही शुभदाता।
कर्म-प्रभाव-प्रकाशिनि, भवनिधि की त्राता।।
जिस घर में तुम रहतीं, सब सद्‌गुण आता।
सब सम्भव हो जाता, मन नहिं घबराता।।
तुम बिन यज्ञ न होते, वस्त्र न कोई पाता।
खान-पान का वैभव, सब तुमसे आता।।
शुभ-गुण मंदिर सुन्दर, क्षीरोदधि-जाता।
रत्न चतुर्दश तुम बिन, कोई नहीं पाता।।
माँ लक्ष्मीजी की आरती, जो कोई जन गाता।
उर आनन्द समाता, पाप उतर जाता।।

□

आरती श्री संतोषी माता जी

जय संतोषी माता, मैया जय संतोषी माता।
अपने सेवक जन को सुख संपत्ति दाता।।
सुन्दर चीर सुनहरी, माँ धारण कीन्हों।
हीरा पन्ना दमके, तन श्रृंगार लीन्हों।।

गेरू लाल छटा छवि, बदन कमल सोहे।
मन्द हसत करुणामयी, त्रिभुवन मन मोहे।।
स्वर्ण सिंहासन बैठी, चँवर ढुरे प्यारे।
धूप, दीप, मधुमेवा, भोग धरे न्यारे।।

गुड़ अरु चना परमप्रिय तेहि संतोष कियो।
संतोषी कहलाई, मन आनंद दियो।।
शुक्रवार प्रिय मानत, आज दिवस सोही।
भक्त मण्डली छाई, कथा सुनत मोही।।

मंदिर जगमग ज्योति, मंगल ध्वनि छाई।
विनय करें हम बालक, चरनन सिर नाई।।
भक्ति भावमय पूजा, अंगीकृत कीजै।
जो मन बसे हमारे, इच्छा फल दीजै।।

दुखी दरिद्री रोगी, संकट मुक्त किये।
बहु धन-धान्य भरे घर, सुख सौभाग्य दिये।।
ध्यान धर्‌यो जो तेरो, मनवांछित फल पायो।
पूजा कथा श्रवणकर, घर आनंद आयो।।

शरण गहे की लज्जा, राखियो जगदम्बे।
संकट तू ही निवारे, दयामयी अंबे।।
संतोषी माँ की आरती, जो कोई नर गावे।
ऋद्धि-सिद्धि सुख-सम्पत्ति, जी भरके पावे।।

□

आरती श्री वैष्णो जी

जै वैष्णवी माता, मैया जै वैष्णवी माता।
हाथ जोड़ तेरे आगे, आरती मैं गाता।।
शीश पे छत्र बिराजे, मूरतिया प्यारी।
गंगा बहे चरणों में, ज्योति जगे न्यारी।।
ब्रह्मा वेद पढ़े नित द्वारे, शंकर ध्यान धरे।
सेवक चँवर डुलावत, नारद नृत्य करे।।
सुन्दर गुफा तुम्हारी, मन को अति भावे।
बार-बार देखन को, ऐ माँ मन चावे।।
भवन पे झण्डे झूलें, घंटा ध्वनि बाजे।
ऊँचा पर्वत तेरा, माता प्रिय लागे।।
पान सुपारी ध्वजा नारियल, भेंट पुष्प मेवा।
दास खड़े चरणों में, दर्शन दो देवा।।
जो जन निश्चय करके, द्वार तेरे आवे।
उसकी इच्छा पूरण माता हो जावे।।
इतनी स्तुति निशदिन, जो नर भी गावे।
कहते सेवक ध्यानूँ, सुख संपत्ति पावे।।

□

आरती श्री गंगा जी

ओ३म् जय गंगे माता, मैया जय गंगे माता।
जो नर तुमको ध्याता, मनवांछित फल पाता।।
चन्द्र सी ज्योति तुम्हारी, जल निर्मल आता।
शरण पड़े जो तेरी, सो नर तर जाता।।
ओ३म् जय गंगे माता.।।
पुत्र सगर के तारे, सब जग को ज्ञाता।
कृपा दृष्टि तुम्हारी, त्रिभुवन सुख पाता।।
ओ३म् जय गंगे माता.।।
एक बार जो प्राणी, शरण तेरी आता।
यम की त्रास मिटाकर, परमगति पाता।।
ओ३म् जय गंगे माता.।।
आरती मातु तुम्हारी जो जन नित गाता।
सेवक वही सहज में, मुक्ति को पाता।।
ओ३म् जय गंगे माता.।।

□

आरती श्री शिव जी

ॐ जय शिव ओंकारा, प्रभु जय शिव ओंकारा।
ब्रह्मा, विष्णु, सदाशिव, अर्द्धांगी धारा।।
एकानन चतुरानन पंचानन राजै।
हंसासन गरुड़ासन वृषवाहन साजै।।
दो भुज चारु चतुर्भुज दसभुज अति सोहै।
त्रिगुन रूप निरखते त्रिभुवन जन मोहे।।
अक्षमाला वनमाला मुण्डमाला धारी।
चंदन मृगमद सोहे भाले शुभकारी।।
श्वेताम्बर पीताम्बर बाघाम्बर अंगे।
सनकादिक ब्रह्मादिक प्रेतादिक संगे।।
कर के मध्य कमंडलु चक्र त्रिशूलधारी।
सुखकारी दुःखहारी जगपालन कारी।।
ब्रह्मा विष्णु सदाशिव जानत अविवेका।
प्रणवाक्षर में शोभित ये तीनों एका।।
त्रिगुणस्वामीजी की आरती जो कोई नर गावे।
कहत शिवानन्द स्वामी सुख सम्पत्ति पावे।।

□

आरती श्री जगदीश जी

ओ३म् जय जगदीश हरे, स्वामी जय जगदीश हरे।
भक्त जनन के संकट क्षण में दूर करे।।
जो ध्यावे फल पावे दुख विनसे मन का।
सुख संपत्ति घर आवे कष्ट मिटे तन का।।
मात-पिता तुम मेरे शरण गहूँ किसकी।
तुम बिन और न दूजा आस करूँ जिसकी।।
तुम पूरण परमात्मा तुम अंतर्यामी।
पारब्रह्म परमेश्वर तुम सबके स्वामी।।
तुम करुणा के सागर तुम पालन कर्ता।
मैं मूरख खल कामी कृपा करो भर्ता।।
तुम हो एक अगोचर सबके प्राणपति।
किस विधि मिलूँ दयामय तुमको मैं कुमति।।
दीनबंधु दुःखहर्ता तुम रक्षक मेरे।
करुणा हस्त उठाओ द्वार पड़ा तेरे।।
विषय विकार मिटाओ पाप हरो देवा।
श्रद्धा भक्ति बढ़ाओ संतन की सेवा।।
तन मन धन सबकुछ है तेरा।
तेरा तुझको अर्पण क्या लागे मेरा।।
श्री जगदीशजी की आरती जो कोई नर गावे।
कहत शिवानंद स्वामी सुख संपत्ति पावे।।

□

आरती श्री सत्यनारायण जी

जय लक्ष्मी रमणा, स्वामी जय लक्ष्मी रमणा।
सत्यनारायण स्वामी जन पातक हरणा।।
रत्न जड़ित सिंहासन अद्‌भुत छविराजे।
नारद करत निरंजन घंटा ध्वनि बाजे।।
प्रगट भए कलिकारण द्विज को दरस दियो।
बूढ़ो ब्राह्मण बन के कंचन महल कियो।
दुर्बल भील कठारो, जिन पर कृपा करी।
चंद्र चूड़ इक राजा, जिनकी विपद हरी।।
वैश्य मनोरथ पायो श्रद्धा तज दीनी।
सो फल भोग्यो प्रभुजी फिर स्तुति कीनी।।
भाव-भक्ति के कारण छिन-छिन रूप धरयो।
श्रद्धा धारण कीन्हीं जिनके काज सरयो।।
ग्वाल-बाल संग राजा बन में भक्ति करी।
मनवांछित फल दीन्हा दीनदयालु हरी।।
चढ़त प्रसाद सवायो कदली फल मेवा।
धूप दीप तुलसी से राजी सत्यदेवा।।
सत्यनारायणजी की आरती जो कोई नर गावे।
ऋद्धि-सिद्धि सुख-सम्पति जी भर के पावे।।

□

श्री राम स्तुति

श्री रामचंद्र कृपालु भजु मन हरण भव भय दारुणम्।
नव कंजलोचन कंज मुख, कर कंज, पद कंजारुणम्।।
कन्दर्प अगणित अमित छवि नव नील नीरद सुन्दरम्।
पटपीत मानहुँ तड़ित रुचि शुचि नौमि जनक सुतावरम्।।
भजु दीनबंधु दिनेश दानव दैत्यवंश निकन्दनम्।
रघुनंद आनंदकंद कौशलचंद दशरथ नन्दनम्।।
सिर मुकुट कुंडल तिलक चारु उदारु अंग विभूषणम्।।
आजानुभुज शरचाप धर संग्राम जित खरदूषणम्।
इति वदति तुलसीदास शंकर शेष मुनि मन रंजनम्।।
मम हृदय कंज निवास कुरु कामादि खलदल गंजनम्।।

छंद : मनु जाहिं राचेउ मिलहि सो बरु सहज सुन्दर साँवरो।
करुणा निधान सुजान शील सनेहू, जानत रावरो।।
एहि भाँति गौरि असीस सुनि सिय सहित हियँ हरषी अली।
तुलसी भवानिहि पूजि पुनि पुनि मुदित मन मन्दिर चली।।

सोरठा : जानि गौरि अनुकूल सिय हिय हरषु न जाइ कहि।
मंजुल मंगल मूल बाम अंग फरकन लगे।।

□

आरती श्री कुंज बिहारी जी

आरती कुंज बिहारी की, श्री गिरिधर कृष्ण मुरारी की।
गले में वैजन्ती माला, बजावें मुरली मधुर बाला,
श्रवण में कुण्डल झल काला, नन्द के आनन्द नन्दलाला।
गगन सम अंग कांति काली, राधिका चमक रही आली।
लतन में ठाढ़े बनमाली,
भ्रमर सी अलक, कस्तूरी तिलक,
चन्द्र सी झलक, ललित छवि श्यामा प्यारी की।
श्री गिरिधर कृष्ण मुरारी की।।
कनकमय मोर मुकुट विलसैं, देवता दर्शन को तरसैं,
गगन से सुमन रासि बरसैं, बजे मुरचंग, मधुर मिरदंग,
ग्वालिनी संग, अतुल रति गोप कुमारी की।।
श्री गिरिधर कृष्ण मुरारी की।।
जहाँ से प्रकट भई गंगा, कलुष कलि हारिणी श्रीगंगा।
स्मरण से होत मोह भंगा, बसी शिव शीश, जटा के बीच,
हरै अघ कीच, चरण छवि श्रीबनवारी की।।
श्री गिरिधर कृष्ण मुरारी की।।
चमकती उज्ज्वल तट रेणू, बजा रहे वृन्दावन वेणू,
चहूँ दिशि गोपी ग्वाल धेनू, हँसत मृदु मन्द, चाँदनी चन्द,
कटत भव फन्द, टेर सुनु दीन दुखारी की।।
श्री गिरिधर कृष्ण मुरारी की।।

आरती श्री हनुमान जी की

आरती कीजै हनुमान लला की। दुष्टदलन रघुनाथ कला की।। टेक।।
जाके बल से गिरिवर काँपै। रोग-दोष जाके निकट न झाँपै।।
अंजनि पुत्र महा बलदाई। संतन के प्रभु सदा सहाई।।
दे बीरा रघुनाथ पठाये। लंका जारि सीय सुधि लाये।।
लंका सो कोट समुद्र सी खाई। जात पवनसुत बार न लाई।।
लंका जारि असुर संहारे। सियारामजी के काज सँवारे।।
लक्ष्मण मूर्छित पड़े सकारे। आनि सजीवन प्रान उबारे।।
पैठी पाताल तोरि जम-कारे। अहिरावन की भुजा उखारे।।
बायें भुजा असुर दल मारे। दाहिने भुजा संतजन तारे।।
सुर नर मुनि आरती उतारें। जै जै जै हनुमान उचारें।।
कंचन थार कपूर लौ छाई। आरति करत अंजना माई।।
जो हनुमान (जी) की आरती गावै। बसि बैकुंठ परमपद पावै।।

□□□